인간의 고난, 하나님의 침묵 그리고 십자가

세움북스는 기독교 가치관으로 교회와 성도를 건강하게 세우는 바른 책을 만들어 갑니다.

인간의 고난, 하나님의 침묵 그리고 십자가
암 투병 중인 한 조직신학자의 은퇴 설교집

초판 1쇄 발행 2024년 10월 20일

지은이 | 박　만
펴낸이 | 강인구

펴낸곳 | 세움북스
등　록 | 제2014-000144호
주　소 | 서울시 종로구 대학로 19 한국기독교회관 1010호
전　화 | 02-3144-3500
팩　스 | 02-6008-5712
이메일 | cdgn@daum.net

디자인 | 참디자인

ISBN 979-11-93996-20-1 (03230)

인간의 고난
하나님의 침묵
그리고 십자가

암 투병 중인 한 조직신학자의 은퇴 설교집

박만 지음

세움북스

추천의 글

김명용 교수
장로회신학대학교 전 총장
온신학아카데미 원장

　이 설교집을 읽으면서 눈물이 저절로 흘러내립니다. 깊고 깊은 고난의 시간을 보낸 부산장신대학교 박만 교수의 설교는 성도들의 가슴을 뚫고 들어와, 함께 울고 통곡하게 만듭니다. 그 눈물과 통곡 속에서, 그토록 찾고 찾아도 보이지 않던 주님께서 함께 계심을 발견하게 하는 설교입니다.

　조직신학자로서 박만 교수의 설교는 인생 문제의 근원을 고뇌하게 하며, 인간을 겸손하게 만들고, 인간의 한계를 깊이 깨닫게 합니다. 그러나 결코 사변적이지 않습니다. 기도가 응답되지 않아도 계속 기도해야 한다는 가르침은 매우 귀중한 가르침입니다. 박 교수의 몸부림치는 고난의 경험을 통해서 절망의 그림자가 가득 덮힌 인생에도 좌절하지 않고, 결국 보이지 않는 하나님을 찾게 만드는 힘을 얻습니다. 성도들이 이 설교집을 읽는다면, 자신이 겪고 있는 깊은 고난을 함께 겪고 있는 박 교수를 통해, 고통 속에서도 우리가 걸어가야 할 길을 발견하게 될 것입니다.

하나님 나라를 향한 작은 실천들에 대한 그의 가르침도 깊은 감명을 줍니다. 박 교수는 허황되고 거창한 실천을 말하지 않고, 고난 속에서도 하나씩, 조금씩 행할 수 있는 빛 된 실천을 그의 잔잔한 음성으로 전달해 주고 있습니다. 박만 교수는 부산장신대학교에서 매우 신실하게 교수직을 감당하며 많은 책을 쓰셨고, 많고 많은 제자들에게 사랑과 존경을 받으신 분입니다. 고난을 극복하면서 신실하게 살아가는 그의 삶이 이 설교집에 잘 나타나 있습니다. 이 설교집은 고난 속에서도 우리가 어떤 삶을 살아야 하는지를 너무나 선명하게 보여 주는 귀한 책입니다.

이 설교집은 내용이 쉬우면서도 심오하여 가슴을 뚫고 들어옵니다. 고난 속에서도 예수님을 만나고, 아무 소리도 들리지 않는 적막한 광야에서도 예수님의 음성을 들으며, 인생의 길을 찾게 하는 귀중한 은혜를 안겨 줍니다. 신학 교수로서 정년퇴임할 무렵에 20년 만에 재발한 암과 힘겹게 투병하는 박만 교수에게 하나님의 놀라운 기적과 구원의 역사가 있기를 기원합니다. 이 설교집을 통해서 수많은 성도들이 인생의 근본적인 질문에 대한 심오한 대답인 하나님께로 더욱 가까이 나아가는 큰 은혜를 누리시길 바랍니다.

추천의 글

최복순 교수
부산장신대학교 전 겸임교수
박만 교수의 아내

따로 또 함께

I. 가슴앓이

함께 있되 거리를 두라.

그래서 하늘 바람이 너희 사이에서 춤추게 하라.

서로 사랑하라.

그러나 사랑으로 구속하지는 마라.

그보다 너희 혼과 혼의 두 언덕 사이에 출렁이는 바다를 놓아두라.

서로의 잔을 채워 주되 한쪽의 잔만을 마시지 마라.

서로의 **빵**을 주되 한쪽의 **빵**만을 먹지 마라.

함께 노래하고 춤추며 즐거워하되 서로는 혼자 있게 하라.

마치 현악기의 줄들이 하나의 음악을 울릴지라도

줄은 서로 혼자이듯이

서로 가슴을 주라.

그러나 서로의 가슴 속에 묶어 두지는 마라.

오직 큰 생명의 손길만이 너희의 가슴을 간직할 수 있다.

함께 서 있으라. 그러나 너무 가까이 서 있지는 마라.

사원의 기둥들도 서로 떨어져 있고

참나무와 삼나무는 서로의 그늘 속에선 자랄 수 없다.

(칼릴 지브란 '예언자')

1989년 8월 23일 무더위에 지친 여름 끝자락! IVF와 CMF에서 선교단체 캠퍼스 간사로 활동하던 저는 신학교에서 강의하던 박만 씨를 소개받았습니다. 첫 만남에서 그가 독일어를 번역한 에밀 부르너의 『우리의 신앙』 책을 선물 받았는데, 그것이 만남을 이어 준 계기가 되었지요. 함께 기차를 타고 대성리 강변을 오가며 신앙, 문학, 심리학, 철학, 신학과 사역 등 오랜 친구처럼 많은 이야기를 나눴습니다. 초가을을 알리는 선선한 바람을 안으며 그렇게 가슴앓이를 시작했습니다.

1990년 6월 9일, 하나님 앞에서 결혼 서약으로 부부가 되어, 지금까지 34년을 함께 걷고 있습니다. 서울, 부산, 미국의 프린스톤, 캐나다의 토론토, 김해로 이어진, 멀고 긴 여정이었지요. 돌 지난 첫째 아들을 데리고 미국 프린스톤 신학교로 유학을 떠나서, 캐나다 토론토에서 함께 공부하며, 둘째와 셋째를 낳았습니다. 유학 생활 6년 반 동안 남편과 교대로 아이들을 돌보고 공부하고 생활하며, 둘이 함께 문제의 산들을 넘어왔습니다. 해산과 양육의 문제, 경제적인 문제 등 막다른 골목에 부딪혀 힘들어 주저할 때마다, 신선한 바람처럼 불어오는 하나님의 은혜로 다시 일어서곤 했습니다. 우리의 제한된 여건에서도 하나님은 늘 신실하셨습니다.

더불어 살아가는 결혼생활이란 어느 한 쪽의 옳고 그름의 문제가 아닌, 다양성과 이해의 문제임을 숱한 세월의 시행착오를 거치며 지금도 배워 갑니다. 대화와 기도를 포기하지 않고, 서로를 알리고 알아가며 여기까지 왔습니다. 서로 다른 두 사람이 한 배를 타고 공동의 풋대인 주님을 향해 나아가며, 넘어질 때에도 서로에게 신뢰와 존중을 선택했기에 가능한 일인 것 같습니다.

II. 몸앓이

귀국해서 부산장신대학교에서 24년 사역을 했습니다. 남편은 조직신학을, 저는 영성신학과 목회상담을 가르치며 학우들의 변화와 성장에 보람 있었습니다. 지방 신학대학의 열악함을 안타까워하며, 주변 지인들과 함께 장학금을 모아 학생들에게 전달하곤 했습니다. 우리 학우들에게 온기를 주셔서 그들이 공부를 이어 갈 수 있도록 손 내밀어 주신 분들께 감사드립니다.

귀국한 지 3년 반 만인 2004년 8월, 박 교수는 직장암 3기 상태에서 세 번의 수술과 항암 치료를 받았습니다. 저는 돌보미도 없이 혼자서 초등 4학년, 1학년, 네 살의 어린 세 아들을 돌보며, 남편의 건강 회복을 위해 3년간 도시락을 싸고, 강의하러 뛰어다녔습니다.

첫 수술 후 사흘 만에 두 번째 수술! 남편의 손, 팔, 배에는 소변줄, 영양줄 등 5개의 줄이 치렁치렁 주사대에 연결되어 있었어요. 자기 한 몸 가누기도 힘든 남편의 주사대를 제가 천천히 밀고 함께 걸으며, 부부의 동행을 배웠습니다. 겨우 발걸음을 떼는 그의 속도를 맞추지 못해 제가 조금이라도 빠르게 걷거나 뒤쳐지면, 주사기가 빠져 피가 났습니다. 다시 주사기를 꽂을 혈관을 찾느라 손등은 수시로 부어올랐지요. 빨리 걸을 수 있지만 기다리고 격려하며 상대와 보조를 맞추는 일! 때로 뒤쳐지지만 포기하지 않고 서로를 의지하며 힘겨운 발걸음을 떼는 일! 그것이 부부의 동행이더군요!

올해 2024년 2월부터 박 교수는 골반 부분에 다시 생긴 암으로 인해 지금 투병 중입니다. 첫 수술 이후 20년 만입니다. 그 20년 동안 함께 더 살아왔음에 감사하면서도, 안타깝고 힘든 것도 사실입니다. 종양이 골반 안에 크게 세 군데로 퍼져 있어 수술도, 항암 치료도 못 받는 상태에서 방사 선치료를 33회 받았습니다. 지금은 암 통합 치료를 하는 병원에서 지내고 있습니다. 온몸을 감싸는 통증과 무기력감으로 어떤 때에는 말하기도 힘들어하는 남편의 좁은 병실에서 저도 함께 지내고 있습니다. 몸의 아픔은 오롯이 본인 홀로 지고 갈 수밖에 없지만, 가족의 정서적 지원은 가능하니까요. 희생이 아닌, 특별한 동행으로 여기며 서로 잘 지내려 노력합니다. 건강한 때도 우리의 인생이지만, 아픈 나날도 소중한 우리의 인생이니까요.

방사선 치료 중이던 지난 6월 4일, 박 교수는 학교 은퇴식에서 명예교수로 추대되었습니다. 29년 6개월이란 반평생의 시간을 조직신학 교수로, 신학자로, 목사로 걸어온 길! '말씀의 가르침'이라는 씨앗을 사랑으로 뿌렸을 뿐인데, 그 씨앗들이 자라나 어느덧 그늘을 드리우는 나무와 숲이 되어 있음을 은퇴식 자리에서 볼 수 있었습니다. 달려와 축하해 주시고 기도로 함께해 주셔서 고맙습니다. 과분한 사랑과 존경을 받으며, 저희의 삶이 사랑과 은혜의 빚임을 새삼 고백합니다.

박 교수가 2023년에 쓴 『인생의 질문, 신앙의 답변』이 제 40회 한국기독교출판문화 부문에서 최우수 서적으로 선정되었습니다. 은퇴 전에 사도신경 해설서와 설교집 한 권을 더 출판하고 싶어 했는데, 암을 앓으며 미완의 상태로 남아 있네요. 그래도 설교집을 출간하고자 남편은 힘들지만 그간의 설교들을 찾아냈고, 저는 정성껏 원고를 다듬었습니다. 제가 남편에게 줄 선물이라 여기며! 또 책을 읽을 누군가에게 쉼과 힘을 주는 호젓한 오솔길이 되길 바라며!

이제 인생 3막입니다. 이 땅에서 우리의 3막이 어떻게 펼쳐질지 모르지만, 신실하신 주님을 바라봅니다. 다시 회복의 기회 주셔서 온몸과 맘으로 겪고 있는 고통을 말씀으로 전하며, 인생의 아픔을 위로하며 살아갈 수 있기를 기도드립니다. 인내의 한계를 넘어서는 몸의 비루한 통증에만 매몰되지 않고, 부르심을 향해 날마다 존엄하게 살고, 언젠가 존엄하게 떠날 수 있기를 기도드립니다. 오늘도 우리에게 하루를 살아갈 일용할 양식과 일용할 생명과 희망을 주심에 감사드립니다. 인생 학교에서 인생의 한계와 가능성을 체휼하며, 고통의 눈물을 겸허히 인생의 훈장으로 아름답게 빚어가는 삶! 저희와 함께 인생길을 걸어가시는 소중한 분들, 모두 고맙습니다.

추천의 글

차명호 교수
부산장신대학교 예배 · 설교학

"삶으로 드리는 예배"가 그리스도인의 삶의 정체성과 의무를 표현한다면, "삶으로 전하는 설교"는 설교자에게 요구되는 정체성과 의무입니다. 그런 면에서 박만 교수님은 하나님 앞에서 부끄럽지 않은 복음을 전하기 위해 쉼 없는 수고로 자신의 삶의 지경과 깊이를 넓히고, 다져 오신 분입니다.

제가 2005년 부산장신대학교에 임용되어 설렘을 안고 첫 채플에 참석했을 때 마침 설교자가 박만 교수님이었고, 이전 1년간 투병하시며 묵상하셨던 이야기를 담담히 복음적으로 풀어내셨습니다. 저는 말씀을 들으며 임용의 기쁨이 아닌 삶에 대한 어떤 감동의 눈물을 훔쳤던 기억이 생생합니다. 이후 20여 년간을 선배 교수님으로 뵈며 잔잔하지만 가늠할 수 없는 깊이와 맑은 우물의 청량함과 단맛을 교수님과의 대화를 통해 맛보았습니다. 박만 교수님과 함께 한 저의 학교생활은 축복이었습니다.

얼마 전, 교수님은 은퇴식 답사에서 "저는 신학 교수지만 설교자로서의 소명을 강하게 느끼며 살아왔습니다. 제가 건강했다면 은퇴식에 찾아온 분들께 저의 설교집을 선물로 드렸을 텐데…"라며 말을 흐리셨습니다. 자신의 소명의 열매가 설교가 되기를 원하시는 교수님의 간곡한 뜻은 '예배와 설교'를 가르치는 저의 마음 갯벌에 거대한 닻이 되어 깊숙이 박혔습니다. 식이 마친 다음 제가 도와드릴테니 설교집을 내시라고 권했고, 교수님은 평생 전한 설교문들을 저에게 맡기셨습니다. 이후 저는 며칠 밤낮을 마치 영상에 말을 더빙하듯 교수님의 설교 모습을 그려 가며 읽고 정리했습니다.

교수님의 설교는 인간이라면 누구나 밟고 가야 할 고통의 가시밭길과 그 길에서 마주할 수밖에 없는 하나님을 향한 절규, 그리고 그 절규의 끝자락에 가서야 다가오는 십자가의 사랑과 은혜를 올곧게 펼치고 있습니다. 현대 교회가 때로는 무심결에 때로는 의도적으로 피하는 인간의 실존적 담론을 교수님은 설교 안에서 끝까지 붙들고 있습니다. 교수님에게 삶의 고통은 설교의 동기이자 능력이고, 교수님에게 고통의 현실은 은혜의 출발점이며 고통의 극복은 세상을 향해 울려 퍼지는 승리의 메아리입니다.

"중요한 점은 우리 고통의 원인이 무엇이든 간에 하나님께서는 언제나 우리와 함께 계시며 같이 아파하시고 동행하신다는 점입니다."

교수님의 설교는 이제 글이 되어 우리와 함께 아파하시는 하나님을 우리 모두에게 전할 것입니다.

세 아들의 추천사

I. 박현 ✉

우리 삼형제를 위해서 평생 수고하시고, 부르심 받은 신학대학교에서 반평생을 헌신하며 살아오신 아버지께 존경과 감사를 드립니다. 아들들을 교회와 하나님께로 인도하여 주신 것이 저희 인생에 가장 소중한 선물임을 고백합니다. 가정, 학교, 교회를 위해 바친 아버지의 사랑이 우리를, 다른 분들을 좀 더 나은 사람으로 세워주셨습니다.

이 설교집을 읽는 모든 사람들이 이 책에 담긴 아버지의 사랑, 지혜, 용기를 얻을 겁니다. 한 명의 교수로, 목사로, 아버지로 성실하고 따뜻하게 살아오신 아버지의 삶과 성품과 전문성이 담긴 이 책을 통해 이 세상이 좀 더 밝고 따스해질 것을 기대합니다.

II. 박진 ✉

아버지의 은퇴 설교집 출판을 축하드립니다. 하루하루 힘들게 암과 투병하시면서도 설교집을 펴내신 아버지를 존경합니다! 아버지께서 첫 번째 암을 앓던 때, 형은 초등 4학년, 저는 1학년, 동생은 네 살이었어요. 아버지의 투병으로 어린 우리들이 힘들까봐 어머니는 아버지 항암치료 중에 저희들을 병원 근처에 있던 롯데월드에 데려가 주셨지요. 부모님의 그 따스한 배려를 자주 기억합니다.

아버지는 평생 강의와 설교를 통해 많은 이들에게 희망과 영감, 그리고 위로를 주셨습니다. 아버지의 설교는 복잡한 주제를 쉽고 명확하면서도 감동적으로 전달하는 능력이 탁월해서, 저와 같은 일반 대중이 쉽게 이해할 수 있습니다.

아버지의 설교에는 평생의 공부를 기초로 한 깊은 성찰과 실천적 적용이 겸비되어 있어서, 우리가 새로운 통찰을 갖게 합니다. 아버지의 따뜻한 목소리와 진정성이 담긴 이 책은 누구에게나 큰 위로와 격려가 될 것입니다. 특히 아버지께서 암으로 인한 고통의 터널을 온몸으로 지나시며 건져낸 말씀들이기에, 삶의 어려운 순간을 지나는 분들에게 큰 위로와 힘이 될 것입니다. 이 책이 많은 분들의 신앙 여정에 큰 도움이 되길 바랍니다.

III. 박영 ✉

저의 철없던 시절을 지켜봐 주신 아버지! 사랑이 가득하신 우리 아버지! 어느덧 제가 성인이 되어 아버지의 책에 제 작은 이름을 남겨봅니다. 제가 어릴 적에 아버지께서 새로운 책을 출간하셨다고 보여주실 때면, 우리 삼형제는 그 책들의 가치를 몰라 시큰둥했지요. "게임이나 만들지 또 책이에요?" "이 책값으로는 마늘빵을 몇 개 살 수 있어요?" 형들의 말이 아직도 제 마음에 재미있는 에피소드로 남아 있습니다. 이제는 제가 아버지 책의 가치를 알고, 그 책의 일부분을 장식할 수 있음에 감사할 따름입니다.

성경의 핵심적인 내용을 체계적으로 그러나 감동적으로, 간결하게 담아내시는 아버지의 설교를 들을 때마다 저는 아버지의 아들인 것이 참 뿌듯했습니다. 이 설교집에는 아버지의 30년간 삶과 사역의 경륜이 담겨 있습니다. 아버지 박 만 교수님의 신앙과 신학, 삶과 인격이 한 덩어리로 진실하게 다가옵니다. 이 책에는 신학과 성경을 바탕으로, 우리 시대의 현생을 아우르는 이야기들이 가득합니다. 이 혼탁한 세상에서 예수님을 닮는 삶이 무엇인지 방향을 제시하는 이 설교집이 여러분께도 큰 도움이 될 것이기에 힘껏 추천합니다.

제자들의 추천사

함께 공부한 후 이제는 현장에서 사역하고 있는 몇 제자들의 추천사입니다.
제게는 그 어떤 유명 인사보다도 소중하고 자랑스러운 분들입니다.
인생길과 사역의 길을 함께 걸어감에 깊이 감사드립니다.

I. 김현국 목사

"아무도 밟지 않은 눈 위에 나 있는 발자국이 누군가에게 길이 된
다"는 싯귀처럼, 교수님은 저를 비롯한 수많은 학생들에게 신앙의 발
자국을 앞서 새겨 가시는 참 선생(先生)님이십니다. 뒤 늦은 회심과 결
단으로 시작된 저의 신학대학원 생활은, 자격 없는 자신과의 끊임없
는 싸움인 동시에 부끄러워 도망치고 싶었던 시간이었습니다. 그런
저에게 박만 교수님의 조교로 곁에 머물 수 있었던 마지막 1년여의 기
간은 너무나 소중하고 아름다운 기억들로 가득합니다.

개인적인 대화 시간에, 또 수업 시간에 저는 말도 안 되는 질문들을

쏟아내곤 했습니다. 교수님은 그 질문들을 단 한 번도 가볍게 넘기지 않으시고, 기꺼이 자신의 앎과 삶으로 함께해 주셨습니다. 그런 시간들이 쌓여 가며 저는 부르심의 은혜와 목회자로 되어 가는 기적을 체험할 수 있었습니다. 이 경험은 그 어떤 수업, 어느 교수님을 통해서도 배울 수 없었던 제 인생의 소중한 선물이었습니다.

설교자가 자신의 입을 통해 외친 말씀대로 살아간다는 것은, 설교자에게 주어진 큰 숙제이자 은혜일 것입니다. 수많은 설교가 홍수처럼 넘쳐나는 요즘, 진정 생수와 같은 설교는 진실한 언어인 동시에 진실한 삶이어야 합니다. 신학자로서, 목회자로서, 그리고 설교자로서 당신의 삶으로 말씀을 살아 내시는 교수님의 이 설교집은, 그 걸음의 무게만큼이나 단단한 울림으로 다가옵니다.

신대원을 졸업한 지 20여 년이 되어 가는 지금도, 저는 여전히 선생님의 발걸음을 따라가며 목사가 되어 가고 있다는 것에 감사할 따름입니다. 저처럼 당신의 뒤를 따르는 많은 신학도와 목회자들에게 주님을 따라가는 아름다운 발걸음으로 오래오래 함께 걸어가 주시기를 소망합니다. 감사합니다. 사랑합니다.

II. 유효민 목사 ✉

24년 전 학부 1학년 때 들었던 박만 교수님의 설교가 아직도 쟁쟁하게 귓가에 울려옵니다. 심도 있게 인간의 고난과 신정론을 다루면서도, 우리가 당면할 수 있는 현실의 삶과 신앙의 문제에 깊이 뿌리내린 설교인지라, 모두가 감동하고 도전받았습니다.

'고난과 고통'은 박 교수님의 중요한 신학적 주제입니다. 개인이 겪는 심리적 고통, 신체적 아픔, 그리고 사회적 고난, 영적인 고난을 모두 아우릅니다. 그렇기에 이번에 두 번째 암 투병 중에 완성된 이 설교집은 가장 '박만다움'이라고 할 수 있는 책입니다.

이 책에는 시대의 문제를 관통하는 '예언자적' 통찰이 녹아 있습니다. 동시에 고난 중에 있는 개개인을 위로하고, 그들을 일으켜 세우는 성령의 능력이 담겨 있습니다. 메시지의 홍수 시대에 우리는 시대 문제를 역사적 안목으로 분석하고, 영적인 눈으로 대안을 제시하며, 타인을 보살피는 마음의 눈으로 영혼을 움직이는 파토스를 찾기가 어렵습니다. 무엇보다 서생의 통찰력을 쉬운 상인의 말로 표현한다는 것은 더욱 어렵습니다.

그러나 이 설교집을 통해 우리는 "나에게 오라!"(마 11:28)라고 부르시며, 회개와 소망으로 우리를 초대하는 십자가의 예수님 음성을 들을 수 있습니다. 교수님의 설교집에는 역사를 통해 시대를 분석하는 혜안(慧眼), 타인의 아픔에 공감하는 심안(心眼), 성서를 통해 대안을 제시하는 영안(靈眼)이 담겨 있습니다. 시대와 개인, 삶과 영성, 통찰과 공감을 씨줄과 날줄로 엮어 내는 제자도의 삶을 살고자 노력하는 교수님을 20여 년간 가까이서 지켜본 제자로서, 저는 누구보다 자신 있게 이 책을 추천합니다. 이 책을 펼쳐 드는 순간, 결코 쉽게 닫을 수 없을 것입니다. 이 책이 '새로운 세상, 하나님 나라'를 향해 열린 뜻밖의 '문'을 보여 주기 때문입니다.

III. 안영 목사 ✉

　하나님께서 제 인생 중반에 큰 선물을 주셨습니다. 그 인생의 전환점에서 길잡이를 해 주신 분이 박만 교수님과 최복순 교수님입니다. 평신도에서 신학의 길로 이끌어 주시고, 제 인생의 언덕길을 만날 때마다 쉼터가 되어 주셨습니다.

　신학대학원에서 수강했던 조직신학 첫 수업 시간을 잊을 수가 없습니다. 신학이 무엇이냐고 물으시던 박 교수님의 첫 질문에, 하나님을 알아 가고 사랑하는 학문이라고 저는 대답했습니다. 지금도 여전히 저는 하나님을 알아 가고 있습니다.

　교수님을 통해 하나님을 알아 가는 길목에서, 저는 10여 년 전에 경남 이주민문화센터인 라함과 벧엘선교교회를 개척하게 되었습니다. 저희 교회와 센터는 결혼 이주 여성들과 다문화 자녀들로 구성되어 있습니다. 그렇기에 타국에서 겪는 그들의 낯섦과 외로움, 서러움으로 지친 영혼들로 가득한 교회입니다.

　교수님께서 오셔서 설교해 주실 때마다 그 지친 영혼들을 성령의 손길로 어루만지시고 따뜻한 숨결로 위로해 주셔서, 여전히 한국어가 서툴고 한국 생활이 힘에 겨운 그들에게 예수님의 사랑을 맛보게 해 주십니다. 참으로 성령의 역사가 넘치는 은혜의 시간들입니다.

　박만 교수님의 설교집이 세상의 수많은 목마른 영혼들에게 위로와 긍휼이 되는 하나님 생수의 말씀으로 전해지기를 축복합니다.

IV. 조원종 목사 ✉️

신학대학원에 입학해서 처음 만난 박만 교수님은 제게는 너무 크고 탁월한 신학자로 느껴졌습니다. 교수님의 강의는 깊은 신학적 사유를 자극하고, 어려운 개념도 쉽게 이해하도록 설명해 주셨습니다. 고전적 논의부터 현대신학까지 아우르는 큰 맥락 안에서 각 주제들을 이해하도록 통전적 시각을 갖게 해 주었습니다. 교수님의 탁월함에 매료되어 강의 시간 내내 즐겁고 행복했습니다.

시간이 지나면서 교수님은 탁월한 신학자일 뿐만 아니라 따뜻한 목회자임을 알게 되었습니다. 제자들을 집으로 초대해서 경청하고 격려하며 기도해 주신 시간들을 통해 목회자로서 어떻게 섬기고 사랑해야 하는지를 구체적으로 깨달았습니다.

졸업 후 사역의 현장에서 말씀을 전해야 하는 저는 박 교수님께서 하나님과 회중 앞에 참 좋은 설교자임을 깨닫게 되었습니다. 채플 때 들었던 그분의 설교는 현실과 동떨어진 천상의 소리만도 아니었고, 그렇다고 땅의 현실에만 매인 소리도 아니었습니다. 낮은 비행을 하듯 현실을 끌어안고 하늘을 날도록 돕는 설교였습니다. 부드럽지만 선명하고, 날카롭지만 따뜻하게 우리의 비겁함을 드러내고, 진리를 선포하며 십자가의 은혜에 반응하도록 독려해 주셨습니다. 이제 목사가 되어 설교를 본격적으로 해보니, 그분의 설교가 얼마나 치열하고 열정적으로 성경 본문과 현실을 붙들어야 나오는 것인지를 깨닫습니다.

저에게 탁월한 신학자이자 따뜻한 목회자이시며, 그 누구보다 좋은 설교자인 박만 교수님의 이 책을 존경의 마음을 담아 기쁨으로 추천합니다. 가장 가까운 제자들에게도 그랬다면 이 책을 읽는 모든 독자들에게도 그러하리라 생각합니다.

V. 하나라 목사

인생의 여러 복 중에서 '좋은 선생님' 만나는 일은 큰 복이라고 말할 수 있겠습니다. 저는 제 인생 여정에서 좋은 선생님인 박만 교수님을 만났습니다. 박 교수님은 저에게 예수 제자는 어떠해야 하는지를 가까이에서 배울 수 있게 해 주신 '좋은 선생님'입니다.

신학대학원 생활 중에 만난 박 교수님은 겸손한 태도와 말씨로, 상대방의 눈높이에 맞춘 대화로 학생들을 학문의 세계로 이끌어 주셨습니다. 무엇보다 본인의 심오한 지식과 지혜의 세계를 제자들에게 아낌없이 전하고자 힘쓰셨습니다.

또 삶의 깊은 고난을 경험한 사람만이 줄 수 있는 마음을 제자들에게 베푸셨습니다. 박사 과정 첫 학기 때, 학교에서 운영하는 교수 개인 홈페이지를 폐쇄하게 되었을 때, 교수님은 그동안 연구하고 강의한 모든 자료를 당신의 홈페이지에서 그냥 내려 받을 수 있도록 해 주셨습니다. 또한 수업에 필요한 자료라고 생각하는 것은 아직 출판하지 않은 책의 최종 원고까지도 주저함 없이 내어 주셨습니다.

최근에 두 번째 암 발병으로 입원해 계신 병원을 찾았을 때, 저는 또 한 번 깊은 감명을 받았습니다. 교수님은 자신에 대해 "나는 다만 암 환자이기 이전에 예수 믿는 사람입니다. 하나님께서 허락하시는 한 말씀 사역자로 살아가겠습니다"라고 하셨습니다. 신학자로서, 목사로서 후학들을 가르치고, 함께 목회 현장을 고민하며 남은 생을 살고 싶다고 말씀하셨습니다. 제게는 하나님께 부름받은 사역자가 어떠해야 하는지를 몸소 보여 주시는 모델이셨습니다.

박 교수님의 설교집 『인간의 고난, 하나님의 침묵 그리고 십자가』를 이런 맥락에서 읽으면 더욱 공감하실 것입니다. 설교는 설교자를 그대로 담아냅니다. 박 교수님의 설교는 고난을 통과한 체험적 신앙에서 비롯됩니다. 하나님에 대한 깊은 신뢰와 감사, 평생의 독서와 삶의 깊이에서 우러난 인생에 대한 통찰, 조직신학자로서의 깊은 학문성을 숙성시켜 맑고 진솔한 언어로 풀어냅니다. 무엇보다 하나님 앞에서 성숙한 신앙인이기를 갈망하며 선포하는 복음적 설교는 하나님 말씀의 힘을 느끼게 합니다. 부디 이 설교집을 통해 많은 사람들이 진리로 자유롭게 되는 은혜를 누리기를 소망합니다.

VI. 황제연 목사 ✉

박만 교수님은 제게 신학적 사유의 문을 열어 주신 분입니다. 교수님을 통해 저는 우리의 실존 속에 깊이 관여하시는 하나님을 발견하게 되었고, 신학과 신앙, 삶이 긴밀하게 조화를 이룰 수 있음을 깨달았습니다. 신학이 단지 학문적 추구에 머무르는 것이 아니라, 우리의 삶과 믿음 속에 깊이 뿌리내릴 수 있다는 사실을 교수님은 늘 몸소 보여 주셨습니다.

특히 교수님께 배운 몰트만과 틸리히의 신학은 저의 신학적, 목회적 기초를 다지는 데 결정적인 역할을 했습니다. 교수님은 그들의 사상을 단순히 전달하는 데 그치지 않고, 현대적 맥락에서 깊이 탐구하도록 생각의 지평을 펼쳐 주셨습니다. 이를 통해 저는 몰트만의 '희망의 신학'과 틸리히의 '궁극적 관심'이 오늘날 우리 시대와 개인의 신앙생활과 사역에 어떻게 적용될 수 있는지를 늘 고민해왔습니다.

이번에 출간된 설교집 『인간의 고난, 하나님의 침묵 그리고 십자가』는 교수님께서 걸어오신 신학 여정의 정점이라 할 수 있습니다. 교수님은 이미 한 차례 암 투병을 겪으신 뒤, 20년 만에 다시 찾아온 두 번째 암 투병의 고통 속에서도 신학적 사유를 멈추지 않으셨습니다. 이 책은 인생의 고난과 고통 속에서도 하나님의 침묵이 어떻게 우리를 향한 깊은 메시지가 될 수 있는지를 예언자적 통찰력으로 풀어내고 있습니다.

이 책을 통해 독자들은 고난 중에 찾아오시는 하나님의 임재를 체험하게 될 것입니다. 교수님께서 보여 주신 깊은 신학적 통찰과 영적 성찰은 고통 속에서도 희망을 찾으려는 이들에게 큰 힘이 될 것입니다. 이 책이 하나님의 은혜를 갈망하는 모든 분들에게 소중한 길잡이가 되길 바랍니다. 제자인 저 역시 교수님께서 가르쳐 주신 신학적 사유와 목회적 열정을 사역 현장에서 계속 이어 나가겠습니다.

VII. 신용식 목사 📧

이 책은 지금까지 신실한 목회자이며 신학자로서 소명의 여정을 걷고 있는 한 그리스도인 박만 교수님의 이야기를 담고 있습니다. 교수님과 함께 하시는 하나님의 마음을 말씀으로 드러내 보여 주는 책입니다. 교수님은 부산장신대학교에서 30년 가까이 학생들을 가르치셨습니다. 신학은 고난의 뒤안길로 굽이지는 하나님의 은혜를 노래하는 학문임을 교수님은 온 몸으로 보여 주셨습니다.

저는 어리숙한 신학부생으로 교수님을 처음 만났습니다. 지금의 교수님은 이 시대를 살아가는 신학자의 삶이 어떠해야 하는지를 보여 주는 든든한 선배의 모습으로 저를 이끌어 주고 계십니다. 암과 싸우며 생채기 난 그의 몸이 곧 그리스도인의 훈장이 될 수 있음을 보여 주십니다. 제게는 생존의 고통 속에서도 하나님을 노래하는 교수님의 몸짓 자체가 하나님을 향한 절절한 노래로 들려옵니다.

교수님은 '고난'이라는 무거운 주제를 하나님과 나에게 가장 솔직해질 수 있는 지름길로 소개합니다. 동시에 십자가의 멍에가 각자의 삶의 무게를 감당해 낼 수 있는 비결임을 이 책을 통해 깨닫습니다. 내 삶이 말 할 수 없는 고통으로 둘러싸여 하나님의 음성을 들을 수 없다고 탄식할 때에, 이 설교집을 통해서 하나님의 세미한 숨결이 전달되어 회복과 치유의 은혜가 있기를 바랍니다.

VIII. 정시경 목사 ✉

　박만 교수님의 사상을 온전히 이해하기 위해서는 교수님의 설교를 접해야 합니다. 여러 해에 걸쳐 교수님의 수업에 참여하면서 그 방대한 지식에 압도되곤 했습니다. 그 놀라운 지식을 학생들이 알아듣기 쉽게 설명하는 교수님의 수업은 참으로 친절하고 따뜻했습니다. 교수님의 관심은 하늘의 것을 어떻게 이 땅에 풀어낼까에 있던 것 같습니다. 2023년에 출판된 『인생의 질문, 신앙의 답변』 역시 이러한 관심에서 나온 것입니다.

　교수님께서 설교에 깊은 관심을 갖고, 목회 현장에서 설교하는 일에 열정을 품었던 이유도 여기에 있습니다. 설교가 하나님의 말씀을 이 땅에 선포하는 것인 까닭에 하늘의 것을 이 땅에 풀어내는 일에 대한 교수님의 관심과 맞닿아 있는 것입니다.

　교수님의 설교는 친절하고 따뜻합니다. 듣는 이들에게 위로를 줍니다. 또한 동시에 도전을 던집니다. "이만 해도 주어진 삶을 잘 살았다. 괜찮다"라는 메시지와 함께 더 나은 삶을 꿈꾸게 합니다. 저는 신학자 박만과 목회자 박만을 구별하지 못합니다. 학교에서 학생들을 가르치는 모습 속에서는 신학자로 있지만, 그 모습 그대로 목회 현장에서도 발견합니다. 신학을 공부하는 목회자가 어떤 모습으로 있어야 하는지 배울 수 있습니다. 저는 신학을 공부하는 한 사람의 목회자로서 교수님의 설교집이 참으로 반갑습니다. 많은 분들이 이 책을 통해 제가 누린 은혜를 함께 누릴 수 있기를 기대합니다.

인간의 고난, 하나님의 침묵 그리고 십자가

IX. 이정혜 선생 ✉

저는 장애아동들을 사랑하시는 주님의 마음을 깨닫고, 남들보다 늦은 나이에 부산장신대학교 특수교육과에 진학했습니다. 훌륭하신 교수님들의 가르침은 많은 고민을 하던 저의 청년 시절 인생의 나침반이 되었습니다. 수많은 인생의 만남 속에서 박만, 최복순 교수님과의 만남은 하나님께서 주시는 선물이었습니다. 두 분의 삶은 말과 행동이 한결같았습니다. 두 분의 가르침과 인격이 하나였습니다. 20여 년 전, 암 투병 중에도 학비가 없어 더 이상 학업을 이어 갈 수 없는 학생들을 위해 선뜻 장학금을 내놓았던 분입니다. 한 시간의 수업을 위해 끊임없이 노력하고 말씀을 연구하셨던 분입니다. 학생들의 고민을 들어주시며 함께 울어 주고 헤쳐 나갈 용기를 주셨던 분입니다. 제게는 높은 곳에서 낮은 곳으로 오신 주님의 길을 걸으셨던 특별한 분으로 자리합니다.

이번 설교집은 20년 만에 재발한 암의 고통을 온몸으로 겪는 가운데 나온 귀한 책입니다. 예수님을 믿고 따르겠다고 다짐하면서도 주님의 능력을 이용해 자신의 유익을 구하는 저와 이 시대의 그리스도인들에게 이 책이 자아성찰과 회복의 기회가 될 것이라 확신합니다. 교수님, 사랑하고 존경합니다.

서문

저는 신학대학교 교수로 거의 30여 년의 시간을 보냈습니다. 그러다 보니 강의하고 공부하고 글 쓰는 일이 저의 주된 일이었습니다. 하지만 동시에 저는 설교자로 부름을 받았다는 의식도 강하게 가지고 있었습니다. 설교를 그다지 잘하는 것도 아니고, 매 주일 정례적으로 말씀을 전해야 하는 담임 목사 역시 아니었지만, 저는 설교할 때 가장 기쁘고 행복했습니다. 그래서 할 수 있는 한 말씀을 전하는 기회를 많이 가지려 했지요. 때로는 몇 달, 때로는 2년 이상 여러 교회의 설교 목사로 매 주일 말씀을 전하다 보니 꽤 많은 설교들이 남게 되었습니다.

제 원래 계획은 교수직을 은퇴할 때 한 권의 설교집과 사도신경 해설서를 완성하여 은퇴식에 찾아오신 분들께 선물로 드리는 것이었습니다. 하지만 20년 만에 다시 찾아온 암으로 인해 엄청난 무기력과 피로와 여러 통증을 견디며, 지금은 그저 하루를 살아 내는 것도 저에게는 쉽지 않은 일입니다. 그럼에도 불구하고 투병 중에 열린 제 은퇴식

인간의 고난, 하나님의 침묵 그리고 십자가

및 명예교수 추대식(2024. 6. 4)을 은혜롭게 마칠 수 있어 감사드립니다. 은퇴식에 찾아와 격려해 주신 소중한 분들과 아내 최복순 교수 및 동료 차명호 교수님의 도움으로, 그간의 설교 중 일부를 모아 한 권의 책으로 정리할 수 있게 되었습니다. 이 책은 크게 2부로 되어있습니다. 1부는 일반적인 상황에서 전한 말씀이고, 2부는 교회 절기와 연관하여 전한 말씀입니다.

이 책에 실린 내용은 특별할 것 없고 대부분 평이합니다. 또 지난 20여 년에 걸쳐 전한 말씀의 일부를 추렸기에, 어떤 것은 지금 보면 너무 오래전 일 같기도 합니다. 내용 면에서도 제가 읽은 책, 제가 들은 설교에서 도움을 받은 부분이 많습니다. 기억나는 부분은 가능한 대로 출처를 밝혔으나, 그렇지 못한 부분은 이 책을 읽는 분들의 양해를 바랍니다. 부족함이 많은 책이지만 그래도 하나님 앞에서 지나온 제 삶의 흔적이기에, 함께 인생길을 걸어온 소중한 분들께 하나의 기념이 되면 좋겠습니다.

어쩌면 이 책이 저의 마지막 책이 될 수도 있기에 이 기회에 감사 인사를 드리고 싶습니다. 먼저 제가 조직신학자이자 신앙인으로 살아가게 해 주신, 제 인생의 은사 김명용 교수님(장신대 전 총장)께 감사드립니다. 함께 신앙의 길을 걸어온 선배, 친구들에게, 특히 대학생 때 C.C.C에서 만나 평생 우정과 신앙을 나누어 온 한순 모임의 김민수, 이웅, 이영춘 목사와 김영수 장로 그리고 그 가족들에게, 그리고

CCC의 좋은 선·후배들에게 깊이 감사드립니다. 지난 24년 동안 함께 우정과 사랑을 나눈 부산장신대학교 동료 교수님들, 직원들과 학생들에게 감사의 인사를 전합니다. 부족한 제가 하나님의 말씀을 전할 수 있도록 기회를 주신 여러 교회에 감사드립니다. 이외에도 인생 길에서 사랑을 나누어 주신 모든 분들로 인해 제 삶이 아름답고 풍성했습니다.

저를 응원해 주시는 누님들과 매형들, 동생 가족에게 감사를 전합니다. 아내의 가족인 최병석 사장님, 최병학 원장님, 최병성 목사님과 가족들에게 감사를 드립니다. 여러분의 격려와 응원이 있어서 오늘까지 잘 살아왔습니다.

나를 아버지로 만들어 준 세 아들, 현, 진, 영에게 고마움을 전합니다. "너희들과 함께하며 사랑의 수고와 기쁨을 누릴 수 있어 아버지는 행복했고 감사했다. 흔들리는 세상 속에서 예수님께 뿌리를 두고, 신앙의 빛으로 세상을 밝히며(현炫), 언제나 진실하고(진眞), 하나님께 영광이 되는(영榮) 삶을 살아가기를 아버지는 마음 깊이 바란다."

무엇보다도 제 아내 최복순 교수에게 큰 사랑과 감사를 전합니다. 아내는 탁월한 교수이자 상담자와 강사로, 현명한 아내이자 세 아들의 헌신적 어머니로 훌륭한 삶을 살아왔습니다. 실로 제 인생에 가장 큰 은혜는 예수님을 만난 것이고, 그 다음 큰 은혜는 아내와의 만남입니다. 이 책도 아내의 도움 없이는 나올 수 없었습니다. "지난 34년을 함께 웃고 아파하며, 눈물과 고난을 인생의 훈장으로 아름답게 승화시켜온 당신과 함께 지낸 그 모든 시간에 깊은 감사를 드립니다. 앞으로의 삶도 하나님 앞에서 아름다운 사람이자 사역자로 잘 살아 내길 바랍니다. 암으로 인해 앞날을 알지 못하는 지금, 마음 깊은 곳에서 감사와 함께 미안한 마음을 전합니다. 사랑합니다."

아무쪼록 하나님께서 아내와 세 아들, 그리고 사랑하는 모든 분의 삶에 큰 은혜를 베풀어 주시기를 간절히 기도드립니다.

제 인생길에 만난 모든 분들께 감사를 전하며
2024년 여름, 박만 교수 드림

차례

제1부 • 일반 설교

제2부 • 절기 설교

제1부

·

일반 설교

01 수동태의 은혜 (간증 설교)
마가복음 8:27-31

어느 날 갑자기!

오늘 제가 하려는 것은 강의나 설교가 아니고 간증입니다. 신학대
학교 교수로서, 또 목사로서, 한 신앙인으로서 제 삶에서 큰 영향을
미친 한 사건을 여러분과 나누고자 합니다.

2004년 7월의 어느 오후였습니다. 학교 연구실에서 책을 읽고 있다
가 아내의 전화를 받았습니다.

"당신 잘 있어요?"

"나야 잘 있는데, 왜요?"

"나는 잘 있지 못해요. 좀 전에 병원에서 전화가 왔는데, 하루라도 빨리
큰 병원에 입원해야 한다네요….".

말꼬리를 흐리는 아내의 떨리는 목소리를 통해서 저는 섬뜩한 직감

이 들었습니다. '아, 암이로구나….'

저는 신학교에서 5년을 가르치다가, 다소 늦은 35세에 유학을 떠났습니다. 1994년에 한국을 떠나 미국 프린스턴 신학교에서 1년, 캐나다 토론토대학에서 5년 유학 생활을 하고 2001년에 귀국했습니다. 저는 신학대학에서 조직신학 교수로 강의하고 책과 논문을 쓰는 생활이 무척 즐거웠습니다. 그런데 언젠가부터 화장실을 가면 변에 피가 조금씩 섞여 나왔습니다. 공부하느라 오래 앉아 있어서 치질이 생겼나 하며 가볍게 넘어갔는데, 시간이 지날수록 증세가 점점 더 심해졌습니다. 동네 몇 병원을 돌며 검진을 했고, 한 내과에서 대장 내시경 검사를 받았습니다.

속이 깨끗하게 비워진 대장 속살 벽에 붉은 덩어리들이 둥글둥글 크게 뭉쳐 있었습니다. 그것이 무엇인지도 모르고, 저는 제 뱃속을 보는 게 너무 신기해서 "저건 뭡니까? 또 저건 뭡니까?"라고 의사에게 물었던 기억이 납니다. 내시경을 마친 다음 의사가 차마 저에게 알리지는 못하고, 아내에게 전화를 한 것이었습니다. 의사는 눈으로 보기에도 암이 분명하고, 그것도 상당히 많이 진전되었으니 하루라도 빨리 큰 병원으로 가라고 아내에게 권했습니다.

검사 후에 별다른 생각 없이 학교 연구실에서 공부하고 있던 저는 떨리는 목소리로 말하는 아내의 전화를 받고 깜짝 놀랐습니다. 순간 정신이 멍했지만 마음을 추스르고 최대한 의연하게 아내에게 말했습니다. "당신도 나도 힘든 시간이 되겠지만 하나님을 의지해서 걸어가

봅시다. 이 시기를 잘 지나고 나면 하나님이 우리를 더 귀하게 써 주시 겠지요."

하지만 그날 밤은 내 인생에 가장 기나긴 밤이었습니다. 시계가 새 벽 12시, 1시를 가리켜도 눈이 더 말똥말똥해졌습니다. 앞으로 어떤 어려운 시기를 지나가야 할까 생각이 참 많아서였겠지요. '귀국한 지 겨우 3년 반 만에 아프다니! 이제 초등 4학년, 1학년, 네 살의 어린 세 아들을 둔 40대 가장이 암이라니…' 그 충격은 마음 깊은 곳에서부터 쓰나미처럼 몰려오기 시작했습니다.

서울의 어느 병원에서 복강경 수술을 받았습니다. 직장암 3기 상태 로, 암 덩어리가 항문에서 너무 가까운 곳에 있어서 괄약근을 제거해 야 할지도 모른다고 했습니다. 그러면 평생 옆구리에 인공항문을 달 고 변을 받아 내며 살 수도 있다고 하더군요. 그 와중에도 저는 정말 그것만은 피하고 싶다고 기도했습니다.

수술 후 의식이 돌아올 때 제가 제일 먼저 한 것이 무엇이었을까요? 옆구리를 만져 보았습니다. 다행히 인공항문이 달리지 않았어요! 항 문을 살리는 데 성공한 것이었죠. 의사도 직장을 잘라 내는 수술이 잘 되었고, 항문을 살려 암 덩어리를 다 제거했다고 말했습니다. 하지만 사흘 만에 수술한 부위가 감염되어 다시 전신 마취하고 두 번째 장루 수술을 받았습니다. 마취에서 깨어 보니 그토록 피하고 싶었던 인공 항문이 옆구리에 달려 있더군요. 3개월 반 동안 옆구리에 인공 파우치 인 비닐 주머니를 차고 변을 받아 내었습니다. 때론 그 주머니가 빠져 서 변이 주르르 쏟아져 내리기도 하고… 아프다는 현실의 고통이 참

비루하게 다가왔습니다. 다행히도 3개월 반 만에 다시 전신 마취를 하고 항문을 살리는 복원 수술을 받았습니다.

그 3개월 반 동안에 배를 여는 수술을 세 번을 받다 보니 장은 유착이 되었고, 중간에 항암 치료를 받다 보니 이래저래 몸을 추스르기가 힘들어졌습니다. 지금도 살이 별로 없는 제가 투병 당시에는 지금보다 10kg 정도나 더 빠졌습니다. 두 발로 서 있는 것이 기적이었습니다. 병원에서 14일 동안 물 한 모금 마시지 못하고 링거만 맞으면서 버텨야 했습니다. 나중에는 너무 힘들어서 잠들 수도 없었지요. 얼핏 잠이 들었다가도 숨을 몰아쉬면서 수시로 깨곤 했어요.

아내도 저를 간호하면서 너무 고생해서 엄청 살이 빠졌습니다. 아픈 남편과 어린 세 아들을 돌보아야 하는 인생의 짐이 얼마나 버거웠겠습니까! 통증을 잊으려 텔레비전을 틀었지만, 10분도 채 볼 수 없었습니다. 몸이 아프고 너무 허약해지다 보니 텔레비전의 화면과 소리조차도 너무 큰 자극이 되어 어질어질해지고 구토가 나왔습니다. 텔레비전도 체력이 있어야 볼 수 있음을 그때 깨달았지요.

병원에서 14일 동안 강제 금식을 한 후에 드디어 미음이 나왔습니다. 간호사가 말했습니다. "체하지 않게 꼭꼭 씹어 드세요." 미음에 꼭꼭 씹어 먹을 것이 어디 있습니까? 그런데 그 간호사의 걱정이 사실이었습니다. 미음을 눈앞에 두고 기도하는데 얼마나 마음이 간절하던지요! '적어도 지금 나는 살아 있다. 나는 살아 있다. 나는 살아 있다. 이 음식을 먹을 수 있다. 나를 위해 간호해 주는 사랑하는 아내, 교인들, 친구들, 학생들이 기도하고 있다. 나를 치료하기 위해 병원의 여러 의

사, 간호사들이 수고하고 있다. 나는 참 많은 사랑을 받고 있구나! 앞날은 어떻게 될지 모르지만, 적어도 지금, 이 순간 나는 살아 있다. 이것이 하나님의 큰 은혜고 큰 선물이로구나!' 하는 깨달음이 감격스럽게 목구멍까지 올라와 나는 그 미음을 쉽게 넘길 수가 없었습니다.

마침내 퇴원하는 날이 되었습니다. 병원에서 쓰던 물건들을 아내가 챙겨서 가방 두 개에 넣었습니다. 큰 가방 하나, 작은 가방 하나! 보통 때면 제가 큰 것을 들고 아내가 작은 것을 들었을 텐데, 이젠 작은 것을 들기도 힘들었습니다. 나는 앞날을 기약할 수 없는 암 환자! 그래도 매 순간 살아 있는 자체가 내게는 선물이고 은혜였습니다. 서울에서 수술 받은 그 날이 공교롭게도 8월 23일로, 제가 교회에 처음 나간 날이고 또한 아내를 처음 만난 날이기도 했지요. 그래서 그날은 제게는 가장 의미 있는 날이 되었습니다. 푹푹 찌는 듯한 8월의 여름 더위에 늘어져 먼지를 잔뜩 덮어쓰고 있는 가로수조차도, 다시 살아나 비척비척 걸어가는 제게는 참 아름다워 보였습니다. 적어도 지금, 이 순간 살아 있다는 점! 절대 은혜, 절대 은총, 선물로 주어진 내 삶!

암이 내게 준 깨달음의 선물

첫째, 일상생활의 소중함입니다.

그동안 매일 누리던 일상생활이 당연한 줄 알았는데, 아프고 보니 전혀 당연하지 않더군요. 아침에 일어나 일하러 가고, 돌아와 가족과 함께 저녁을 먹고, 하루 일을 나누고 하던 일상이 당연한 줄 알았습니다. 그러나 막상 그 모든 것이 무너지고 보니 결코 당연한 것이 아니라는 것을 깨달았습니다. 일상적이라는 말은 흔해서 가치가 없다는 것이 아니라 삶에서 가장 놀라운 선물이고 특권이었습니다. 그 일상이 막상 사라지고 나니까, 그것이 그토록 눈물 나게 소중한 것이었음을 깨달았지요.

잠도 누우면 그냥 자는 것인 줄 알았는데 결코 아니었습니다. 눈을 떠서 자연을 바라볼 수 있다는 것, 목소리가 나와 말을 할 수 있고 귀가 작동해 들을 수 있다는 것, 손가락이 움직여 숟가락을 잡을 수 있다는 것, 침이 분비되고 대소변을 볼 수 있다는 것, 손발이 움직여 걸을 수 있다는 것! 이 모든 게 당연한 게 아니라 값없이 받은 엄청난 선물임을 절절히 깨달았습니다.

성도님들도 이 점을 깊이 새기면 좋겠습니다. 옆에 있는 가족에 대해서도 마찬가지입니다. 남편에 대해, 아내에 대해, 자식들에 대해서도! 아마 마음에 안 드는 부분도 분명히 있을 것입니다. 때로 원수 같을지도 모르겠어요. 그러나 이렇게 살아 있으니 지지고 볶으면서 사는 것이지요. 결코, 당연한 게 아닙니다. 그 일상의 모든 것은 하나님의 선물이고 은혜이고 축복입니다.

제가 아플 때 아이들이 초등학교 4학년, 1학년, 그리고 막내가 네 살이었습니다. 세 번의 수술 이후, 저는 회복을 위해 어느 요양병원에 가 있었는데, 병원 간호사의 아들이 딱 저희 막내 또래였습니다. 그 아이가 병원 이곳저곳을 뛰어다니는 것을 보며 눈물이 맺혔습니다. '과연 내가 회복해서 어린 내 아들들과 이전처럼 놀아 줄 수 있을까?

저 남자 간호사처럼 자기 아이를 목마에 태우고 돌아다닐 수 있을까?'

여러분, 오늘의 일상생활을 무리 없이, 별일 없이 살아갈 수 있다는 것이 당연한 게 아니라 엄청난 선물입니다. 우리가 누리는 오늘은, 어제 병으로 죽어간 이가 그토록 간절히 소원하던 내일이라지요? 그러니 감사합시다. 선물로 받은 하루하루를 감사하면서 진하게 잘 살아가면 좋겠습니다. 지나간 어제의 영광과 상처도 아닌, 다가올 내일의 염려와 행복도 아닌, 우리의 현주소인 바로 오늘, 지금 이 순간의 삶을 아름답게 살아 냅시다.

둘째, 연약함과 실패의 소중함입니다.

우리는 모두 능동적인 삶을 원합니다. 우리는 건강해지고 싶고, 부자가 되고 싶고, 인생에 성공했다는 말을 듣길 원합니다. 그래서 큰 병에 걸릴 때, 사업에서 실패할 때, 사랑하는 가족이나 친구를 잃을 때, 사람들의 존경과 인정을 못 받을 때, 나이가 들어 기력을 잃어갈 때 힘들어하고 괴로워합니다. 그리고는 자신의 약함과 무능 그리고 무가치함을 벗어나기 위해 발버둥 칩니다.

저도 마찬가지였습니다. 회복을 위해 요양병원에 들어간 지 얼마 지나지 않아 밤에 꿈을 꾸었습니다. 꿈속에서 저는 커다란 책장 앞에 서 있었습니다. 거기에는 제가 평소에 읽고 공부하던 책들이 가득 꽂혀 있었습니다. 그런데 자세히 보니 먼지가 가득 쌓여 있고, 거미줄이 쳐 있어서 볼 수가 없었습니다. 꿈속에서도 나는 자신에게 물었습니다. '내가 다시 회복하여 이런 책들을 공부할 수 있을까? 학교에 돌아가 강의할 수 있을까? 이제 학자로서의 내 삶은 끝나 버린 것이 아닌 가?' 하는 생각에 상심하다가 꿈에서 깨어났던 기억이 있습니다.

이런 연약하고 실패 같은 상태가 찾아오면 우리는 어떻게 하든 빨리 벗어나고자 애를 씁니다. 하지만 깊이 명심해야 할 점은 강함과 성공이 삶의 모든 것이 아니며 삶의 당연한 모습이 아니라는 사실입니다. 우리는 언제나 힘이 있고, 언제나 성공하고, 언제나 능동적일 수 없습니다. 삶에는 어쩔 수 없이 때로는 의도적으로 수동적으로 되고 약해지고 실패하는 순간들이 있게 마련입니다. 실상 삶의 많은 부분은 그런 순간들로 차 있습니다.

그럴 때 어떻게 해야 합니까? 이것은 내가 원하던 삶이 아니라며 부인하고 거부할 것입니까? 그 순간을 벗어나고자 몸부림치고, 그래도 안 되면 절망하고 삶을 포기할 것입니까? 이런 생각은 비합리적이며 비현실적입니다. 왜냐하면, 삶에는 언제나 수동적이며 약한 순간이 있을 수밖에 없기 때문입니다. 실패의 순간이 옵니다. 건강이 사라질 때가 오고, 사랑하는 가족이나 친구가 먼저 떠나갈 때가 오고, 재산, 명예, 사람들의 인정과 칭찬 같은 것도 사라지는 때가 있게 마련입니다. 또한, 세월이 갈수록 몸에 힘이 빠지며 질병이 찾아오고 건강도 약해지는 것입니다. 그것이 삶의 법칙입니다.

인생의 어려운 순간, 삶이 더는 내가 원하는 방향으로 이루어지지 않을 때 우리는 무엇을 해야 합니까? 성경을 보면 하나님께서 강함을 통해 구원을 이루시기도 하지만, 연약함을 통해 구원이 오기도 합니다.

오늘 마가복음의 한 부분을 읽었습니다. 마가복음 전반부에는 예수님이 능력 있는 하나님의 아들로 나타나십니다. 말씀 한마디로 더러운 귀신을 내어쫓고, 당시에는 결코 고칠 수 없었던 나병 환자를 고치시고, 한쪽 손이 말라 버린 사람에게 "네 손을 내밀라" 하시니 그 손에 금방 생기가 돌고 튼튼해집니다. 더 나아가 예수님은 말씀 한마디로 큰 폭풍우가 치는 갈릴리 바다를 수정 거울처럼 잔잔하게 만드십니다. 이 모습을 보고 제자들은 놀라고 두려워서 "이 분이 누구이기에 바람과 바다까지 순종하는가?"라고 묻습니다.

이것이 마가복음 전반부의 예수님의 모습입니다. 그러나 후반부가 시작되는 마가복음 8장 27절부터는 분위기가 완전히 달라집니다. 예수님의 제자들이 비로소 예수가 어떤 분인지 알게 되고 "주는 그리스도십니다"라는 베드로의 신앙고백이 이루어지자, 더 큰 능력으로 기적을 행하는 예수님의 모습은 더 이상 나타나지 않습니다. 그 대신 예수님은 이제 자신이 무력하게 버려질 것이라고 말합니다. 그를 메시아로 여기고 따랐던 백성들은 이제 그를 버릴 것이며, 그의 제자들도 그를 버릴 것이고, 대제사장들과 헤롯왕은 그를 모욕할 것이며, 마지막에는 십자가에 달려 죽을 것임을 말씀합니다.

한마디로 말해서 이제 예수님은 연약해지고 힘이 없어지며 수동적으로 될 것이라고 말씀하십니다. 마가복음은 예수님의 수난의 시간이 다가올수록 '파라디도나이($\pi\alpha\rho\alpha\delta\iota\delta\acute{o}\nu\alpha\iota$)' 혹은 '파라디도미' 같은 단어를 반복해서 사용하고 있습니다. 그 뜻은 '인도하다, 넘겨주다. 배반하다' 등으로 번역됩니다. 이 단어처럼 예수님은 인도되고 넘겨지고 배반당

합니다. 가룟 유다는 탐욕과 실망 때문에 예수님을 넘겨주었고, 대제사장들은 시기와 두려움 때문에 예수님을 넘겨주었으며, 빌라도는 자신의 지위와 야망을 지키기 위해 예수님을 십자가로 넘겨주었습니다. 그렇게 예수님은 연약해졌고 무기력해졌으며, 수동적으로 넘겨짐을 당했습니다.

하지만 중요한 점이 있습니다. 예수님이 바로 이런 연약함과 무기력함 그리고 수동성을 스스로 택하였기 때문에 그는 구원자가 되셨다는 것입니다. 만일 예수님이 이렇게 넘겨지고 수동적인 존재가 되기를 거부했다면, 여전히 힘 있고 능력 있는 역할만을 고집했다면 어떻게 되었을까요? 아마 예수님은 십자가를 짊어지지 않았겠지요. 그러면 그 결과는 무엇이겠습니까? 예수님을 통한 하나님의 구원은 이루어질 수 없습니다. 하나님의 계획은 실패로 끝나고, 우리는 여전히 죄인으로 죄 가운데 있을 것입니다.

예수님은 자신이 친히 고난을 받고 약해지고 수동적으로 됨으로서 하나님의 구원을 이루어야 함을 아셨습니다. 그래서 겟세마네에서 "내 뜻대로 마옵시고, 아버지 뜻대로 하옵소서"라고 간절히 기도하시며, 능동적인 삶을 포기하고 수동적인 삶을 선택하십니다. 곧 친히 수동적으로 되어 넘겨짐을 택합니다. 이 넘겨짐 덕분에 우리를 향한 하나님의 구원은 이루어졌고, 우리는 하나님의 자녀가 되어 담대히 하나님께 나아갈 수 있게 되었습니다.

능동적인 삶뿐 아니라 연약하고 수동적인 삶을 통해서도 우리를 구원하신 예수님! 실상 마가복음은 고난당하는 예수님의 모습에서 진정 하나님의 능력과 영광이 나타남을 말합니다. 오늘 읽은 마가복음 15장 37절은 말합니다. "예수께서 큰 소리를 지르시고 숨지시니라. 이에 성소 휘장이 위로부터 아래까지 찢어져 둘이 되니라." 그때 그 자리에 서 있던 백부장이 이런 신앙고백을 합니다. "이 사람은 진실로 하나님의 아들이었도다 하더라." 무슨 말입니까? 가장 비참하고 연약하고 수동적으로 되었을 때, 예수님은 진정 하나님 아들의 모습을 보이셨다는 것입니다. 십자가 위에서!

성공 중독 시대를 살아가는 우리는 모두 능동적이고, 힘과 능력 그리고 영향력을 발휘하길 원합니다. 하지만 선하고 아름다운 것, 생명을 살리는 것은 연약성과 수동성에서 우리를 찾아옵니다. 봄이 되면 곳곳에서 새봄의 흔적이 드러납니다. 매화꽃이 먼저 피고, 진달래, 개나리꽃이 뒤를 이어 피어납니다. 나무에서 꽃은 가지의 두껍고 굵은 부분이 아니라 연약한 끝부분에서 피어납니다. 그렇게 생명은 연약함과 부드러움 가운데서 피어나는 것입니다. 저는 지금도 예수님이 마태복음 6장에서 "공중 나는 새를 보아라. 들의 백합화를 보아라. 너희들이 먹인 것도 아니고 입힌 것도 아닌데, 저렇게 아름답고 자유롭게 살고 있지 않은가?" 하시며 살아 있음 자체에 대해 감탄하고 감동하시던 그 마음을 배우고 있습니다.

제가 아프기 전 어느 교회에 설교를 하러 간 적이 있습니다. 예배 이후 당회실에서 장로님들과 다과 시간을 가졌는데, 모두 양복 차림에 점잖으신 분들이라 다소 분위기가 근엄했습니다. 그때 갑자기 한 장로님의 네 살 난 손녀딸이 등장했는데 순간 무거운 분위기가 사라지고, 다들 웃으며 아이를 향해 장난스럽게 말을 걸었습니다. 생명 뿐 아니라 기쁨과 웃음도 연약함 속에 피어납니다.

언젠가 경기도 안산시의 안산 중앙 교회의 고훈 목사님의 간증을 들은 적이 있습니다. 이 분도 암에 걸려서 투병 중일 때, 아프고 연약해져 수동적이 되니까 교인들이 전보다 더욱 한 마음이 되어 교회 일에 협력하더라고 하시더군요. "목사님이 이제는 전만큼 못하시니까 우리가 같이 힘을 내야 해요" 하면서 새벽기도도, 성경공부도, 전도도, 사회봉사도 더 활력이 생겼다고 했습니다. 생명과 기쁨과 웃음뿐 아니라 사랑의 사귐도, 공동체도 연약함 속에서 성장해 갑니다.

저는 몸이 연약해져 수동태의 삶을 살게 되면서, 인생에서 정말 중요한 것이 무엇인지를 좀 더 잘 보게 되었습니다. 건강할 때, 저는 하고 싶은 일이 많았습니다. 좋은 목사가 되고 싶었고, 좋은 교수가 되고 싶었습니다. 또한 학자로서, 한국 교회와 사회에 꼭 필요한 신학적 방향을 제시하는 책을 쓰고 싶었습니다. 부자가 되고 싶은 생각은 평생 별로 해 본 적이 없었으나, 나이가 들어가면서 적어도 자녀들의 앞날을 위해 적어도 어느 정도의 돈은 준비해 두어야 하겠다는 생각도 있었습니다. 하지만 병이 찾아오고 죽음의 그림자를 직면하게 되면서, 돈이나 명예나 지식보다 좀 더 본래 것들을 배우게 됩니다. 부족해도 감사할 수 있음을 조금씩 알게 됩니다. 하루 일을 마치고 아이들과 아내와 함께 저녁 식사를 대하면서 감사 기도 드릴 때, 그 순간이 너무나 소중하고 귀한 것임을 깨닫습니다. 실제로 인생이 끝나고 죽음의 순간이 이를 때, 크게 성공하지 못했다고, 돈을 많이 벌지 못했다고 후회하는 사람은 거의 없을 것입니다. 오히려 사랑하는 사람들과 시간을 함께 보내며 좀 더 이해하고 용납하고 사랑하며 살지 못했음을 가슴 아파하며 안타까워할 것입니다.

성도 여러분! 그러니 능동태의 삶뿐 아니라 수동태의 삶에도 큰 은혜가 있음을 아시기 바랍니다. 여러분의 삶이 원하는 대로 이루어지지 않고, 고통과 아픔이 찾아올지라도 너무 힘들어만 하지 마십시오. 낯선 손님처럼 우리 삶을 찾아오는 질병, 실패, 가난, 사고, 영적 방황으로부터 너무 빨리 피해 달아나려고도 하지 마세요. 그것들이 빨리 사라지지 않는다고 해서 너무 좌절하지 마십시오. 물론 그런 상황을 극복하기 위해 노력하는 것은 당연한 일입니다만, 그 어려움과 힘듦 가운데에도 하나님이 계시고 하나님 은혜가 있습니다. 아니 더 큰 은혜가 있습니다.

그러니 너무 빨리 고통에서 벗어나려고만 애쓰지 마십시오. 오히려 그 안을 가만히 들여다보고, 그것을 통해 내가 배우고 성숙해야 할 것이 무엇인지를 깊이 숙고해 보시기 바랍니다. 이 세상의 그 어떤 아픔과 어려움이라 할지라도 그것을 믿음으로 하나님 앞으로 가져가면, 거기에도 은혜가 있습니다. 전에는 미처 깨닫지 못한 또 다른 축복이 있습니다. 그러니 여러분의 고통스러운 인생과 화해하십시오. 그것을 받아들이고 하나님께 맡기며 앞으로 나아갑시다.

우리들의 삶은 수많은 조각이 모여서 완성되는 퍼즐 조각 맞추기

게임과 같습니다. 퍼즐 조각들에는 우리 마음에 들지 않는 우중충한 색깔이나 미운 모양의 조각들도 들어있습니다. 하지만 그것들이 마음에 들지 않는다고 해서 빼 버리면, 전체 그림은 절대 완성되지 않습니다. 인생이라는 작품을 완성하고, 각자를 향한 하나님의 거룩한 부르심을 좀 더 잘 이루기 위해서는, 어둡고 칙칙한 퍼즐 조각까지도 그대로 받아들여야 합니다. 하나님은 우리의 모든 고통스러운 경험들을 통하여, 일생을 평탄하게만 살아온 사람들이 결코 할 수 없는 귀한 일을 하게 하실 것입니다. 그래엄 그린이라는 목사님은 "인생의 가장 소중한 것들은 모두 고난이라는 보자기에 싸여 있다"라고 말했습니다.

셋째, 회복을 위한 기다림의 소중함입니다.

세 차례의 암 수술과 항암 치료를 받은 후 따라온 또 다른 고통은 장유착이었습니다. 배에 가스는 계속 차는데 빠지질 못해 배를 수시로 내리눌렀습니다. 여성들이 아기 낳을 때 겪는 산통의 압박을 3분 간격으로 당하니 걸을 수가 없었습니다. 하루에 화장실을 20여 차례 들락이며, 항문이 헐어 피가 나고 내 몸은 나를 얽어맨 감옥이 되었습니다. 우리가 몸이 매우 아프고 힘들 때면 하는 말이 있지요? "아, 이 몸뚱아리!"

저는 그 몸의 감옥에서 하루라도 빨리 빠져나가고 싶었습니다. 간절히 기도했습니다. "하나님 내일 아침에 일어날 때, 몸이 기적적으로 회복되어 있으면 얼마나 좋을까요?" 그러나 회복은 아주 더디었습니다. 어느 정도 일상생활을 회복하기까지 거의 3년이 걸렸습니다. 아직도 몸에 불편한 흔적은 남아 있습니다. 지금도 화장실을 하루에 대여섯 번은 가곤 합니다. 가스가 잘 빠지질 않아 힘든 날도 있습니다.

모든 회복에는 시간이 걸립니다. 몸의 회복이든, 마음의 회복이든, 관계의 회복이든, 영적 회복이든, 그 어떤 회복이든 간에 상처의 고통에서 새 살이 돋아나 자리를 잡기까지는 시간이 꽤 걸립니다. 우리는 인생에 고통이 오면 어서 빨리 거기에서 벗어나고자 합니다. 기적적인 어떤 변화가 오기를 기대하고 기도합니다. 물론 그렇게 될 때도 있지만 대부분의 경우 회복에는 시간이 걸립니다. 그것이 하나님이 만드신 자연의 법칙이니까요. 우리는 더디지만 긴 시간을 두고 천천히 회복되어 가기에 기다려야 합니다. 그날그날 몸의 상태에 일희일비하지 않으며, 인내하며 자신을 격려해야 합니다. 손톱이 자라는 것은 당장 눈에 보이지는 않지만, 한 주, 또 한 주가 지나다 보면 손톱은 깎아내야 할 만큼 자라 있습니다. 모든 회복이 그러합니다. 우리는 조금씩 새 살이 돋고 있음을 믿으며 그날 그날을 살아가는 것입니다. 그것이 하나님의 섭리입니다.

지금 많이 아프고 힘드신가요? 전도서의 말씀처럼 인생에는 다 때가 있습니다. 숱한 날들 동안 우리가 건강했다면, 지금은 어쩔 수 없이 아픈 때입니다. 아픈 순간들도 내 인생이기에 견디며 잘 살아내야 합니다. 그 아픔이 언제까지일지 모르지만 상황을 받아들이고, 버티고 기다리며 노력해야 합니다. 앞이 보이지 않는 터널을 걸어가느라 답답하고 힘이 들지만, 오늘은 오늘의 분량만큼 걸어가면 됩니다. 그 하루들이 쌓여 언젠가 희미한 빛이 보이기 시작하며 우리는 터널 밖으로 나와 있을 것입니다. 모든 고통에는 끝이 있습니다.

모든 인생이 다 그렇기는 하지만, 아플수록 인생이 하루살이 같습니다. 어제를 내려놓고 새로운 내일을 기대하되, 오늘 하루를 감사하며 살아갑시다. 아플 때는, 매일 아침 오늘을 살아갈 일용할 '양식'에 대해서도 기도하지만, 오늘을 살아갈 일용할 '생명'을 주시길 간절히 기도하게 됩니다. 한 번에 하나씩, 하루에 한 날씩 살아갑시다. 아마도 그래서 예수님도 한 날의 걱정은 한 날로 족하다고, 내일에는 내일의 염려가 있다고 말씀한 것 같습니다. 히브리서 저자는 이렇게 권합니다. "그러므로 우리에게 구름같이 둘러싼 많은 증인이 있으니, 모든 무거운 것과 얽매이기 쉬운 것을 벗어 버리고, 믿음의 주요 온전케 하시는 이인 예수를 바라보자." 이 히브리서 말씀처럼 우리도 시선을 주님께 고정하고 하루씩 나아갑시다.

넷째, 병을 바라보는 시선의 문제입니다.

우리는 아프게 되면 '내가 잘못 살아서 하나님의 벌을 받는 것이 아닌가?' 하는 생각을 쉽게 할 수 있습니다. 때로 주위에 아픈 사람들을 보며 그런 마음이 들기도 하지요. 저 역시 그 질문을 제 자신에게 계속 물었습니다. '극심한 통증과 무기력증을 동반하는 이 암이라는 질병이 왜 나에게 생겼을까?' 제가 내린 답은, 무리하면서 살아온 삶의 결과라는 것입니다. 어린 아들 셋을 키우면서 아내와 함께 공부하며 유학 생활을 열심히 해왔는데, 사실 그것이 몸에는 무리였던 것 같습니다.

특히 박사 과정 논문 마지막 단계에서는 거의 1년 가까이 밤 1시 이전에 잔 적이 거의 없었어요. 그런 것들이 쌓여서 몸에 무리가 왔던 것 같습니다.

아프면서 암에 관한 책을 많이 읽었습니다. 도대체 암이 무엇인지, 왜 생기는 것인지, 어떻게 해야 암을 이겨 낼 수 있는 것인지 매우 궁금했습니다. 제가 5개월 동안 머물렀던 요양병원에는 전국 각지에서 온 다양한 암 환자들이 있었습니다. 위암 환자, 대장암 환자, 폐암 환자, 유방암 환자…. 그중에는 상태가 아주 위험한 사람들도 있었어요. 그곳에서 저는 제가 누구인가를 계속 묻지 않을 수 없었습니다. 저는 얼마 전만 해도 목사와 교수였고, 아버지와 남편이었습니다. 그러나 아파지고 보니 더 이상 목사일 수 없어요. 교회를 섬기지 못하고 말씀을 전하지 못하는데 무슨 목사입니까? 교수는 더욱 아니었지요. 성경책도 제대로 읽을 기력이 안 되는데, 무슨 책을 읽고 공부를 하고 강의를 하겠습니까? 아버지이고 남편이기는 하지만, 나는 지금 가족들을 멀리 떠나 혼자 이렇게 투병하고 있습니다. 그럼 나는 도대체 누구입니까?

그 요양병원에서 생활하며 주변의 암 환자들을 보며 공통되는 점들을 발견할 수 있었는데 한마디로 말한다면, '지나칠 과(過)' 한 글자로 요약할 수 있었습니다. 과식, 과로, 과민, 과욕! 제 경우에는 과식은 별로 해당이 없었지만, 과로, 과민, 과욕은 다 해당이 되었습니다. '아, 바로 이거였구나!' 제 상태를 발견하며, 조금씩 욕심으로 인한 걱정을 내려놓으며, 무리하지 않는 삶, 감사하고 기뻐하는 삶을 살아야

함을 배우고 있습니다. 당시 우리 학교 총장이신 김창인 목사님께서 저를 격려하시며 말씀하셨습니다. "박 교수, 목사는 평생에 한 번은 죽을 병에 걸려 보아야 해. 그러면 하나님이 더 크게 쓰실 수 있어요." 실제로 이 말씀을 하신 목사님 역시 평생 폐가 안 좋고 또 소화액이 분비가 잘 안 되어, 소화가 안 되는 병으로 힘들어 하셨답니다. 그때, 매일 여러 통증에 시달리던 제게는 김 목사님의 그 말씀이 다가오질 않았습니다. 저는 속으로 말했어요. '주님! 크게 써 주시지는 않아도 좋으니 길게만 써 주십시오!.' 세 아이가 너무 어렸기 때문이었죠. 그때 네 살이던 막내아들의 기도가 생생히 기억납니다. "예수님, 우리 아빠가 많이 아파요. 지금 즉시 우리 아빠한테 가서 안 아프게 해 주세요. 가실 때는 하나님도 성령님도 함께 가 주세요. 아셨죠?"

우리는 '과연 고통이 축복인가?'를 묻습니다. 고통 자체가 축복일 수는 없습니다. 그러나 우리가 그 고통을 어떻게 대하느냐에 따라 그것은 축복이 될 수도 있습니다. 그러니 고통을 움켜쥐고 이렇게 물어야 합니다. '나는 고통을 통해 무엇을 배우고 있는가? 나는 고통을 통해 성숙해지고 있는가?' 그럴 수 있다면 그 쓰디 쓴 고통이 나에게는 향기로운 축복의 통로가 될 수 있습니다. 우리 모든 그리스도인들에게 중요한 것은, 순경이든 역경이든 그 모든 순간을 믿음으로 잘 통과하며 성숙해 가는 데 있을 것입니다. 이런 축복이 우리 모두에게 있기를 기원합니다. 아멘.

이 말씀은 2017년 1월 신년 주간에 대구 충성교회에서 전한 말씀입니다. 당시는 건강을 거의 완전히 회복한 때였습니다. 어느덧 시간이 흘러 2024년, 지금 저는 다시 찾아온 암과 사투하면서 이 말씀을 다시 읽어 봅니다. '이 간증을 통해 내가 전했던 대로 나는 과연 제대로 살았던가? 일상의 모든 순간 감사하면서 살았던가? 보다 본래적인 데 집중하면서 살았던가?' 스스로에게 질문해 보니, 제 몸이 회복되고 일상의 삶을 누리게 되면서 그렇지 못했던 시간도 많았음을 발견합니다.

지금 제 상황은 2004년, 첫 번째 암 발병 때보다 훨씬 심각합니다. 하지만 최선을 다해 암과 싸우고, 또 공존하면서 주님 인도 속에서 하루하루 잘 살아가기를 원합니다. 또한 지금, 이 순간, 남모를 고통 속에서 힘들어하는 분들을 생각하며 마음 깊은 곳에서 응원을 보냅니다. 하나님은 우리가 건강하든지, 병약하든지 같이 계십니다. 우리를 소중히 여기며 사랑하십니다. 우리도 자신을 소중히 여기며 계속 힘을 내십시다!

02 인간의 고난, 하나님의 침묵 그리고 십자가
시편 88편

성경에서 가장 많이 읽히고 가장 큰 사랑을 받는 책을 한 권만 고르라면, 그것은 아마 시편일 것입니다. 모든 믿음의 사람들은 시편을 읽으면서 하나님의 위로와 힘 주심을 체험했고 믿음의 길을 걸어갈 힘을 얻었습니다. 실제로 "여호와는 나의 목자시니 내가 부족함이 없으리이다." "여호와는 나의 빛이요 나의 구원이시니 내가 누구를 두려워하리요." "하나님은 환란 중에 만날 큰 도움이시라"와 같은 주옥같은 말씀들에 비교될 만한 것은 성경 전체를 통털어 보아도 그리 많지 않습니다.

특별히 시편이 감동적인 것은 그것이 대단히 솔직하다는 것입니다. 시편은 우리 사람들의 감정을 미화하거나 숨기지 않습니다. 아프면 아픈 대로, 기쁘면 기쁜 대로, 있는 그대로 표현합니다. 특히 시편은 인간의 고통과 버려짐의 문제를 적나라하게 드러냅니다. 실상 시편을 내용에 따라 분류해 보면 소위 탄식시가 가장 많은 부분을 차지하고 있습니다. 시편 기자들은 비탄 가운데 있지만, 그 비탄으로 인해 더욱 하나님의 신실하심을 믿고 의지했던 사람들입니다.

우리도 마찬가지입니다. 세상을 살다 보면 남에게 말 못할 고통이 참 많습니다. 이제는 세상을 떠나신 제 숙모님이 언젠가 이런 말씀을 하셨습니다. "야야, 세상 살아가는 게 산 너머 산이다. 겨우 하나 넘었다 싶으면 또 눈앞에 태산이 하나 턱 서 있다." 지금 이 시간 이렇게 교회 나와 있고 겉으로는 다 좋아 보이지만, 지금까지 우리는 모두 인생의 많은 산을 넘어왔습니다. 또 지금 이 순간에도 말할 수 없는 어려움 속에서 또 깊고 험란한 산길을 넘어가고 있는 분도 계실 것입니다.

그래서 오늘은 고난의 문제에 대해 같이 생각해 보고자 합니다. 특별히 시편의 말씀 중 가장 비관적으로 보이는 시편 88편을 살펴보면서, 고난 앞에서 믿음을 가지며 산다는 것이 무엇인지 같이 살펴봅시다. 오늘 시편 기자는 세 가지 큰 고통을 당하고 있습니다.

첫 번째는 육신과 정신의 고통입니다.

3절입니다. "무릇 나의 영혼에는 재난이 가득하며 나의 생명은 스올에 가까웠사오니" 지금 시인은 자신의 영혼에 재난이 가득하고, 그 생명은 스올, 곧 땅 밑 지옥에 가까이 가 있다고 말합니다. 말 못할 깊은 정신적 고통을 당하고 있다는 말입니다. 여러분! 지금까지 살면서, '사는 것이 사는 게 아니다. 이렇게 사느니 차라리 죽는 편이 낫겠다' 하는 마음이 한 번이라도 든 적이 있다면, 아마 이 시인의 고통을 어느 정도 공감할 것입니다.

또한 5절은, "나는 무덤에 내려가는 자같이 인정되고, 힘 없는 용사와 같으며"라고 말합니다. 용사는 전쟁에 나가 싸우는 사람입니다. 당연히 힘이 있어야 합니다. 그러나 이제는 힘이 하나도 없어서 마치 무덤에 내려가는 자 같습니다. 곧 육체적 고통 혹은 무력감에 쌓여 있는 것입니다. 이 본문을 읽으면서 저는 오래 전 제가 암으로 투병을 할 때를 기억했습니다. 전신 마취 수술을 세 차례 하고, 항암제 치료를 받으면서 얼마나 몸에 힘이 빠졌는지, 누우면 앉을 힘이 없고, 앉으면 일어날 힘이 없는 상태로 오랜 시간을 보냈습니다. 통증도 감당하기 힘들지만, 온몸에 힘이 빠지며 말조차 나오지 않는 무기력 상태는 더 힘이 들었습니다.

그런데 오늘 시편 기자는 이런 고통을 아주 오랫동안 당해 온 것 같습니다. 15절을 보십시오. "내가 어릴 적부터 고난을 당하여 죽게 되었사오며"라고 말합니다. 8절에 보면 "주께서 내가 아는 자를 내게서 멀리 떠나게 하시고, 나를 그들에게 가증한 것이 되게 하셨다"라고 합니다. 그래서 어떤 성경 학자들은 이 시편의 기자가 나병이 걸린 것이 아닌가 추측하기도 합니다. 나병 걸린 사람들은 다른 사람들과 같이 있을 수 없어 격리되어야 했습니다. 사람들 가까이 가게 되면 저 멀리서부터 얼굴을 가리고, "부정한 사람입니다. 부정한 사람입니다"라고 외쳐야 했던 것입니다.

그는 이런 고통의 상태에서 벗어나고 싶었습니다. 그러나 도무지 벗어날 수 없었습니다. 8절 하반부에서 그는 이렇게 고백합니다. "나는 갇혀서 나갈 수 없게 되었습니다." 제발 빠져나가고 싶은데, 이 정신적인 고통, 육체적인 고통에서 제발 벗어나고 싶은데 방법이 없습니다. 그는 지금 빠져나오기 지극히 어려운 육체의 감옥에 갇혀 있는 것입니다.

두 번째로, 시편 기자는 주변 사람들로부터의 분리와 고립의 고통을 당하고 있습니다.

하나님은 우리 사람들을 함께 살도록 만드셨습니다. 그래서 분리되고 고립되면 제대로 살 수 없습니다. 신영복 선생님은 그의 책 『감옥으로부터의 사색』에서 이렇게 말합니다. "삶이라는 말은 원래 사람이라는 말을 줄여서 된 것이다. 그래서 우리 삶의 가장 큰 기쁨도, 가장 큰 고통도 결국 사람에게서 온다." 여러분! 실제 그렇지 않던가요? 인생에서 가장 행복한 순간은 결국 좋아하는 사람들과 함께 지낼 때 옵니다. 정다운 친구들 만나 웃고 즐겁게 학창 시절을 회상할 때, 힘든 하루 일 마치고 가족들과 오순도순 소박한 저녁 식사를 나눌 때 인생의 기쁨들이 솟아납니다. 이 말을 뒤집어 말하면, 가장 힘들었던 순간 역시 그런 관계가 깨어질 때 생깁니다. 그래서 가수 안치환은 "사람이 꽃보다 아름다워"라고 노래했나 봅니다. 그러니 여러분! 지금 같이 있는 게 좀 힘들어도 미운 정 고운 정이 든 사람들과 함께 있을 때가 행복합니다. 옆 사람 보면서 이렇게 인사해 보면 어떨까요? "나와 함께 있어 주셔서 감사합니다."

이 시편 기자가 겪는 고통의 이유가 여기 있습니다. 그는 지금 사람들과 깊이 분리되고 고립되는 고통을 당하고 있습니다. 8절 "주께서 내가 아는 자를 내게서 멀리 떠나게 하시고, 나를 그들에게 가증한 것

인간의 고난, 하나님의 침묵 그리고 십자가

이 되게 하셨사오니, 나는 갇혀서 나갈 수 없게 되었나이다." 또한 18절에 "주는 내게서 사랑하는 자와 친구를 멀리 떠나게 하시며, 내가 아는 자를 흑암에 두셨나이다." 그가 정말 나병 환자였다면 당연히 고립되어 분리의 고통을 심각하게 겪었을 것입니다.

세 번째로 이 시편 기자를 괴롭히고 있는 것은 하나님의 침묵입니다.

그는 하나님과의 깊은 교제를 체험했던 사람입니다. 그러나 이제 그 하나님은 아득히 멀어 보입니다. 하나님이 그의 기도를 들어주시지 않는 것 같아요. 아니, 오히려 하나님이 그를 버리고 심판하고 있다고 느낍니다. 본문 말씀 6절과 7절을 보십시오. "주께서 나를 구덩이의 밑바닥 칠흑같이 어두운 곳에 던져 버리셨습니다. 주님은 진노로 나를 짓눌렀으며 주님의 파도로 나를 압도하셨습니다." 16절, "주의 진노가 내게 넘치고, 주의 두려움이 나를 끊었나이다. 이런 일이 물같이 종일 나를 에우며 함께 나를 둘러쌌나이다."

사실 어떻게 보면 이 시인의 가장 깊은 고통의 원인은 하나님의 침묵입니다. 육체적 고통, 정신적 고뇌, 사람들로부터의 분리와 고립은 분명 매우 고통스럽습니다. 그러나 하나님이 지금 나와 함께 계시고 나를 지켜 주심을 확신한다면, 그 어려움은 이겨 낼 수 있습니다. 하지만 내가 하나님께 부르짖어 보지만 하나님은 침묵하시고, 기도하고 있지만 상황은 전혀 나아지지 않습니다. 그때 우리는 기도의 자리에서도 힘들 수밖에 없습니다.

제가 캐나다 토론토 대학교에서 유학 할 때 만난 어느 교수님이 생각납니다. 그는 한때 장래가 촉망되던 젊은 학자였습니다. 그러나 결혼 10년 만에 아내가 중병에 걸려 30년 가까이 투병 생활을 해야 했습니다. 기도해도 응답은 속히 오지 않았습니다. 그 가운데 자녀들은 방황했고, 경제적으로도 힘들어졌습니다. 끝내 아내는 세상을 떠났고, 이제 이 분도 늙어 은퇴를 2~3년 남겨 두었습니다. 한때는 대단한 학자가 되리라고 기대했건만, 그저 평범한 한 교수로 삶을 끝내는 것 같아 주변에서 많이 아쉬워했습니다. 언젠가 고통의 문제에 대해 저와 이야기를 한 적이 있는데, 이 노학자가 눈물이 그렁그렁한 눈으로 저를 보면서 이런 질문을 던졌습니다. "자네는 고통의 문제가 과연 설명이 가능하다고 생각하는가?"

그런가 하면 아프리카 알제리에서 태어나 프랑스에서 활동했던 실존주의 철학자 알베르 까뮈는 그의 소설 『페스트(흑사병)』에서 "삶이란 마치 페스트가 찾아온 도시와 같다. 이곳저곳에서 사람들이 수십 수백 명씩 죽어간다. 하지만 왜 이런 일이 일어나는지, 이 문제를 해결할 길은 어디 있는지 보이지 않는다"라고 말합니다. 그는 이런 말을 남깁니다. "이 세상의 악과 고통과 많은 부조리를 보면서, 나는 이제 하나님은 계시지 않는다고 말하고자 한다. 나는 인간의 고통의 이름으로 하나님을 거부한다. 대신 나는 오직 가장 진실한 방식으로 한 인간이 되고, 나의 최선을 다해 이 땅의 악과 부조리에 저항하면서 살겠다."

인간의 고난, 하나님의 침묵 그리고 십자가

그러나 이런 자세는 결국 하나님을 포기하는 것입니다. 하나님을 포기할 때 우리는 인생의 의미에 대한 진지한 질문도 포기하게 됩니다. 하나님이 안 계신다는 것은 삶의 절대적 기준 역시 없다는 말입니다. 궁극적인 가치가 없어질 때, 우리는 상대주의와 무의미의 감옥에 빠지게 됩니다. 그래서 하나님이 사라지면 인간도 사라지게 됩니다. 결국 삶은 의미를 잃고 버려집니다. 우리 자신의 고난과 세계의 무수한 고난들 역시 답변되지 않고 그대로 남게 됩니다.

그래서 오늘 시편 기자는 다른 해결책을 선택합니다. 그의 해결책은, 여전히 힘들고 기도의 응답은 아직 되지 않지만, 그럼에도 불구하고 계속 기도하는 것입니다. 그는 본문 시편의 마지막 절을 이렇게 맺습니다. "주는 내게서 사랑하는 자와 친구를 멀리 떠나게 하시며, 내가 아는 자를 흑암에 두셨나이다." 무슨 말일까요? 아직 문제는 해결되지 않았습니다. 여전히 깊은 어둠이 그를 붙잡고 있습니다. 그럼에도 불구하고 그는 기도하기를 멈추지 않습니다. 1절, "여호와 내 구원의 하나님이여, 내가 주야로 주 앞에서 부르짖었사오니" 9절, "여호와여, 내가 매일 주를 부르며 주를 향하여 나의 두 손을 들었나이다." 13절, "여호와여, 오직 내가 주께 부르짖었사오니, 아침에 나의 기도가 주의 앞에 이르리이다."

이것이 믿음입니다. 다 알지 못하고 다 설명되지 않지만, 그럼에도 불구하고 하나님의 신실하심을 믿으면서 또 다시 기도로 하나님께 나아가는 것이 믿음인 것입니다. 기도하여 문제가 해결되면 좋습니다. 그때는 감사하고 기뻐할 것입니다. 그러나 그렇지 않을 때도 계속 하나님의 신실하심을 믿고 기도하는 것 역시 믿음입니다. 과연 우리는 귀신들린 아들을 살리기 위해 예수님 앞에 나아와 "주여 내가 믿나이다. 나의 믿음 없음을 도와주소서."라고 간절히 부탁하였던 아버지처럼, 결국은 이루어질 하나님의 구원을 바라보며 계속 기도할 수 있을까요? 그렇게 기도할 수 있다면, 언젠가는 하나님의 침묵이 하나님이 계시지 않는다는 증거가 아님을 알게 될 것입니다. 오히려 그 시간이 있어야 하는 어떤 이유가 있었음을, 개인적으로는 하나님의 사람으로 성장하고, 좀 더 깊은 신앙 인격으로 변모되어 가는 시간이었음을, 혹시 내가 여전히 모르는 어떤 이유가 있음을 결국은 알게 될 것입니다. 시편 119편의 기자는 이렇게 말합니다. "고난당한 것이 내게 유익이라. 내가 고난당함으로 주의 율례를 배우게 되었나이다."

언젠가 어느 선교사님의 간증을 읽은 적이 있습니다. 이 분이 바쁜 선교 일정 중에 잠시 짬을 내어 여섯 살짜리 딸아이와 함께 잠시 바닷가를 찾아갔습니다. 하늘은 구름 한 점 없이 맑고 날씨는 따뜻했습니다. 선교사님은 10여 미터 앞에서 여섯 살짜리 딸이 나무로 된 선착장 끝에 앉아 바다를 향해 돌멩이를 던지며 평화롭게 놀고 있는 모습을 지켜보며, 들고 있던 책을 읽고 있었습니다. 그러다가 기분이 이상해서 고개를 들어보니 바로 조금 전까지 눈앞에 있던 딸이 보이지 않는 것입니다. 놀다가 바다에 빠졌구나 싶어서 즉시 물속으로 뛰어 들어가 보니 여섯 살짜리 딸아이가 물 밑에 잠겨 있는 선착장 나무 기둥을 꼭 붙잡은 채 거의 기절해 가고 있었습니다. 황급히 아이 손을 풀어 물

밖으로 끄집어내고, 인공호흡을 하여 숨이 돌아왔습니다. 아이가 안정된 다음에 아빠가 묻습니다. "그런데 그 위급한 순간에 어떻게 기둥을 잡고 버틸 생각을 했니?" 아빠의 질문에, 딸은 이렇게 대답합니다. "아빠가 올 줄 알았어요!"

"아빠가 올 줄 알았어요!" 이것이 믿음입니다. 지금 물속에 빠져 있습니다. 물은 점점 차올라 숨이 턱턱 막히고 사방에 아무것도 보이지 않습니다. 내 힘으로는 결코 밖으로 나갈 수 없습니다. 그러나 나의 사랑하는 아버지가 나를 찾으러 올 것을 믿습니다. 그래서 때로는 견디고 때로는 버티고 때로는 그 순간 할 수 있는 조그만 일이라도 어떻게든 해냅니다. 이것이 믿음입니다. 그런데 이런 믿음은 어떻게 가능한 것인가요? 그것은 결국 예수님의 십자가 때문입니다. 골고다 언덕 높이 서 있던 그 십자가를 바라보고, 그 십자가를 마음에 깊이 품을 수 있을 때, 우리는 때론 더디고 오래 기다려야 하지만, 결국 하나님이 우리를 찾아오시는 분이심을 알게 될 것입니다. 그래서 성경은 말합니다. "믿음의 주요 온전케 하시는 이인 예수를 바라보자."

하지만 이런 은혜가 가능하기 위해서, 정작 예수님 자신은 가장 깊고 큰 고통을 당하셔야 했음을 기억하십시다. 그는 십자가에서 온 인류의 죄를 지고 가면서 "나의 하나님 나의 하나님, 어찌하여 나를 버리십니까?"라고 절규해야 했습니다. 하지만 그가 버려졌기에 우리는 다시 살아나게 되었습니다. 그가 채찍에 맞고 십자가의 길을 가셨기에, 우리는 다시 살고 다시 희망할 수 있게 되었습니다. 그래서 사방이 캄캄하고 숨이 차올 때, 기도하지만 기도의 응답이 아주 더딜 때, 여전히 어려운 문제가 우리를 붙잡을 때, 우리 모두 십자가를 바라보십시다. 믿음의 주요 온전케 하시는 예수! 그분께 우리의 시선을 고정합시다. 그분이 사랑으로 인해 매달려 있는 그 십자가로 나아갑시다. 그러면 살 것입니다. 부활과 회복의 시간이 결국 찾아올 것입니다. 이런 축복이 우리 성도님들께 가득 하시기를 기원합니다.

03 길 되신 예수
요한복음 14:1-7

우리가 인생길을 걸어가다 보면 어떻게 해야 할지 모르는 막막한 순간을 마주하게 됩니다. 분명 어딘가 길은 있을 것 같은데 아무리 찾아도 그 길이 보이지 않을 때가 있습니다. 저는 미국 프린스턴 신학대학에서 1년, 캐나다 토론토 대학교에서 5년 유학 생활을 했습니다. 토론토에 있을 때 어느 교회에서 두 달 정도 예배를 인도한 적이 있었습니다. 교인들과 친해진 어느 날, 한 분이 점심 식사 중에 이런 말을 꺼냈습니다. "목사님 그런 기분 아세요? 최선을 다해 성공의 사다리를 타고 올라갔습니다. 이제 한 걸음만 더 가면 되는데, 갑자기 사다리의 다음 계단이 사라져 버려서 더 올라갈 수도, 내려갈 수도 없는 그런 기분 말입니다."

그분은 직업 군인이었습니다. 일생의 꿈이 장군이 되어 별을 다는 것이었습니다. 노력 끝에 중령까지 되었지만, 자기 잘못도 아닌데 군대 내의 어떤 사건에 연루되어 전역해야 했습니다. 별을 다는 것만 늘 꿈꾸었기 때문에 그 꿈이 무너지는 순간 그의 삶도 흔들렸습니다. 그때부터 술을 엄청 먹고 집에서는 폭력을 행사하였고, 결국 견디다 못한 아내로부터 이혼을 당하고, 도망치듯 혼자 캐나다로 와야 했다고 했습니다. 지금도 그 이야기를 할 때의 그분의 허망한 눈빛과 무기력한 손놀림이 생각납니다. 인생의 길을 잃어버린 것입니다.

저에게도 인생의 길을 잃어버렸던 경험이 있습니다. 2004년 여름, 저는 갑자기 찾아온 암으로 인해 세 차례의 수술과 항암 치료를 받고 여수의 어느 요양 병원에 지냈습니다. 사랑하는 가족과 제 일들로부터 완전히 단절되어 하루하루를 힘겹게 보내던 어느 날 밤, 꿈을 꾸었어요. 꿈속에서 저는 신학대학원 학우들과 봉고차를 몰고 어느 바닷가에 도착해서 해변을 걷고 있었습니다. 한참 걷다 뒤를 돌아보니 같이 차를 타고 왔던 사람들은 하나둘씩 어디론가 사라져 버리고, 넓고 쓸쓸한 해변에 저 혼자 남아 있었습니다. 그런데 바닷물이 밀려오기 시작했습니다. 빨리 그 자리를 벗어나야 하는데 도저히 발이 움직이지 않았습니다. 바닷물은 발목을 적시고 무릎을 적시고 배꼽까지 왔는데 나는 빠져나갈 수가 없었습니다. 불안하고 염려하며 허우적거리다가 꿈에서 깨어난 적이 있습니다. 인생의 길을 잃어버린 것입니다.

인생의 길을 잃어버렸다고 깨달을 때 무엇을 해야 할까요?

첫째로, 어떤 경우에도 길은 있음을 믿으실 수 있기를 바랍니다. 우리 속담에 "하늘이 무너져도 솟아날 구멍이 있다"라는 말이 있지 않습니까? 그런데 이상한 말입니다. 건물이 무너지면 빨리 밖으로 나가면 되고, 다리가 무너지면 다리 근처에 가지 않으면 됩니다. 그러나 하늘이 무너지면 모든 것이 무너지는 것이고, 피할 곳이란 없습니다. 그런 상황에서도 우리 조상들은 어떻게 견디다 보니 결국 해결책이 있음을 깨닫고 나서 말합니다. "하늘이 무너져도 솟아날 구멍이 있다."

우리도 마찬가지입니다. 우리는 환경이 어려워서가 아니라 견디어 낼 힘이 없기 때문에 넘어집니다. 똑같이 사업에 실패해도 한 사람은 절망하고 죽음을 생각하지만, 다른 한 사람은 새로 도전해서 이전보다 더 큰 성공을 이루어 냅니다. 마음을 지킬 수 있다면 어떤 어려운 경우도 견디게 되고 마침내 좋은 날을 보게 됩니다. 그래서 성경은 말합니다. "모든 지킬 만한 것 중에 더욱 네 마음을 지키라. 생명의 근원이 이에서 남이니라"(잠 4:23). 성도님들! 인생의 길을 잃어버릴 때 더욱 마음을 지키는 축복이 있으시길 기원합니다. 평강의 하나님이 여러분들의 마음 가장 깊은 곳까지 지켜 주시기를 기원합니다!

둘째, 진정 온전한 길이 예수님 안에 있음을 믿으시기 바랍니다. 본문 말씀에서 예수님은 "내가 곧 길이요 진리요 생명이니 나로 말미암지 않고는 아버지께로 갈 자가 없느니라"라고 말씀하십니다. 오늘 말씀은 길이 있을 뿐 아니라 그 길이 바로 예수님이라고 합니다. 세상에는 지혜로운 현인들도 많고 탁월한 가르침도 많습니다. 그중에서 인류 역사에 엄청난 영향을 미친 위대한 선생님들을 우리는 성인이라고 부르고, 위대한 영향력을 미친 책들을 고전이라고 말합니다. 그러나 성인이든, 고전이든 그 자체로는 길은 아닙니다. 그들은 '이게 길인 것 같다'라고 말하는 목소리이고, 길을 가리키는 손가락일 뿐입니다.

하지만 예수님은 "내가 곧 길이다. 내가 진리다. 내가 생명이다"라고 말씀하십니다. 예수님 자신이 바로 길이고 진리고 생명입니다. 그래서 우리가 예수님께 가까이 가고, 예수님을 알면 알수록 우리가 걸어가야 할 길도 더욱 분명하게 보이게 됩니다. 길 되신 예수님께 나아갈 때 주시는 세 가지 축복을 함께 나누었으면 합니다.

첫째, 길 되신 예수님 안에 살 때 우리는 인생의 지혜를 얻게 됩니다. 우리는 다 예수 믿는 사람들이지만 지혜가 부족합니다. 인생에 문제들이 생길 때 어떻게 해야 할지 잘 모릅니다. 그 이유 하나는 우리 마음이 맑지 않고, 비본질적인 것들이 우리 마음을 너무 많이 사로잡고 있기 때문일 것입니다. 저에게 충격적인 경험이 있습니다. 30년 전의 옛날이야기입니다. 저는 그때도 신학대학교에서 가르치고 있었습니다. 야간 수업이 있었고 밤 11시가 넘어 잔뜩 지쳐 전철을 탔습니다. 깊은 밤이었지만 사람이 많아 전철 손잡이에 매달려 어서 빨리 집에 도착해서 쉬어야겠다는 생각만 간절했습니다. 그런데 그렇게 피곤한 상태에서도 저는 혼자 뭔가를 반복해서 중얼거리고 있었습니다. "두통에는 암씨롱!" "두통에는 암씨롱!"

도대체 이 말이 어디에서 왔을까요? 제 눈앞에 광고판이 있었습니다. 아마 탤런트 전원주 씨로 기억하는데, 그분이 알약을 들고 "두통에는 암씨롱!"이라고 말하고 있었고, 저는 아무 생각 없이 그 말을 따라 하고 있었던 것입니다. 왜 그랬을까요? 아마도 제가 너무 피곤한 나머지 제 머리의 텅 빈 공허를 무의식적으로 견딜 수 없어 가장 손쉬운 것으로 채워 넣었던 것 같습니다. 그때 저는 깨달았습니다. '아! 내가 예수 믿는 사람이고, 예수님의 제자로 살아가기를 원하지만 내 삶에 힘이 없고 하나님의 능력이 나타나지 않는다면, 그것은 하나님이 능력이 없어서가 아니라 이미 "두통에는 암씨롱!" 같은 부질없는 것으로 내 마음을 채우고 있었기 때문이구나!'

여러분은 어떠신지요? 저와 비슷하지 않을까요? 비본래적인 것들이 너무 마음을 많이 차지하고 있으면 길이 보이지 않습니다. 하지만 우리가 기도와 말씀으로 자기의 길 대신 예수님을 향한 길로 나아가게 되면, 우리는 하나님의 관점으로 나를 보고, 주변의 사람들을 보고, 환경을 보게 됩니다. 그래서 눈이 밝아지고 모든 것들이 분명해지며, 본질과 비본질, 중요한 것과 중요하지 않은 것을 구분하여 보게 됩니다. 그래서 예수님은 "마음이 청결한 자는 하나님을 볼 것이요"(마 5:8)라고 말씀하셨을 것입니다.

그러니 길이 분명하지 않다면 계속 기도하고 말씀을 묵상하면서 하나님의 인도하심을 따라가시기 바랍니다. 예배에 꾸준히 참석하고, 새벽기도도 하고, 심야 기도도 하고, 말씀 묵상을 계속 하십시오. 그러면 하나님이 주시는 지혜가 분명 찾아옵니다. 성경은 말합니다. "너희 중에 누구든지 지혜가 부족하거든 모든 사람에게 후히 주시고 꾸짖지 않으시는 하나님께 구하라. 그리하면 주시리라"(약 1:5). 길 대신 예수님 안에 인생의 지혜와 분별력이 있습니다.

둘째, 길 되신 예수님 안에 있으면 회복이 빠릅니다. 예수님 안에 있을 때 우리는 잘못된 길을 가다가도 돌이켜 돌아오게 됩니다. 우리는 말에도 실수가 많고 행동에도 잘못이 많은 데 잘 고치려 하지 않습니다. 어느 덕이 높은 스님이 이렇게 말했습니다. "중생이 왜 중생이냐? 길이 아닌데도 끝까지 가서 큰 어려움과 상처를 입고서야 돌아올 듯 말 듯 하기 때문에 중생이다." 성경은 이런 우리를 "길을 잃은 양떼, 목자를 떠난 양떼"와 같다고 합니다. 그러니 실수 안 하면 좋겠지만 더 중요한 것은 실수에서 돌이켜 빨리 돌아오는 것입니다.

하지만 하나님 앞에 서 있으면 회복이 빠릅니다. 무엇이 잘못인지 알고 빨리 돌아서게 됩니다. 이스라엘의 두 번째 왕 다윗은 훌륭한 신앙인이고 탁월한 왕이었지만 그 역시 잘못된 길을 가게 되었습니다. 하루는 궁궐에서 낮잠을 자고 오후에 일어나 궁궐 지붕에 올라가 거닐다 보니, 마침 목욕을 하고 있는 예쁜 여인이 보였습니다. 알아보니 충실한 장군 우리야의 아내인 밧세바였죠. 마음에 탐욕이 생겼어요. 그 여인을 불러들여서 관계를 맺었고, 그로 인해 아기가 생겼습니다. 그는 그 일을 무마하고자 우리야를 가장 치열한 전쟁터로 보내어 죽게 합니다. 다윗은 살인죄와 간음죄를 함께 저지른 것입니다.

이 일 후에 하나님이 분노하셔서 선지자 나단을 다윗에게 보내십니다. 사무엘하 12장에 보면 나단이 다윗에게 와서 이렇게 말합니다. "어떤 가난한 사람이 암양 한 마리를 어릴 때 사 와서 애지중지 길렀습니다. 자기 밥상에서 같이 먹었고 아이들과 함께 놀게 했고, 밤에는 품에 안고 자서 마치 딸과 같이 사랑했습니다. 그런데 이웃집에 큰 부자가 있었는데 그의 집에 소와 양이 많이 있었습니다. 하루는 손님이 오자 자기 집의 양이 아까워서 강제로 그 가난한 사람의 양을 강제로 빼앗아 잡아서 손님 대접을 했습니다." 그러자 다윗은 정의감에 크게 분노하면서 "하나님이 사심을 가리켜 맹세하니 그런 악한 일을 한 사람은 정녕 죽어 마땅하다"라고 외칩니다. 그때 나단이 냉정하게 말합니다. "임금님이 바로 그 사람입니다! 하나님께서 당신을 축복해서 이스라엘의 왕위를 주었고, 아름다운 부인들을 주었고, 명예와 권세와 재산을 주었습니다. 필요한 것이 있으면 더 주었을 것입니다. 그런데 그것으로 부족하여 충실한 부하인 우리야의 아내를 빼앗고 그를 죽였습니다. 이제부터는 왕의 집에 계속해서 살인하는 칼이 따라다닐 것입니다."

그런데 여기에 반전이 있습니다. 보통 권력자들은 귀에 거슬리는 소리를 싫어합니다. 하지만 다윗은 그 자리에서 고꾸라지면서 "내가 잘못했습니다. 내가 하나님 앞에 범죄했습니다"라고 고백합니다. 이 사건 이후에 지어진 시가 시편 51편입니다. 거기서 다윗은 통절히 회개하며 하나님께 간구합니다. "주의 성령을 나에게서 떠나지 않게 하시고 정결한 마음을 회복시켜 주시옵소서." 다윗은 자기에게 절대 권력이 있음을 알고 있었지만, 이것이 하나님 앞에서는 아무것도 아닌 것을 잘 알고 있었습니다. 그래서 그는 간절한 마음으로 구합니다. "주의 성령이 떠나지 않게 하소서! 제 속에 거룩한 영을 새롭게 하옵소서!"

여러분! 이것이 다윗을 위대한 하나님의 사람으로 만든 이유 아닐까요? 다윗 일생에 별처럼 빛나는 위대한 신앙의 순간들이 있었습니다. 돌멩이 하나 들고 거인 골리앗 앞에 섰을 때, 그는 위대한 신앙의 인물이었습니다. 사울에게 쫓겨 다니던 중 사울을 없앨 기회가 있었지만, 그것이 하나님의 때와 하나님의 방법이 아님을 알고 그 자리에서 물러갈 때, 다윗은 위대한 하나님의 사람이었습니다. 하지만 정녕 다윗을 하나님의 사람으로 만든 것은 바로 이런 회개와 돌이킴이었습니다. 이 회개가 다윗을 하나님의 사람으로 만듭니다.

성경은 말합니다. "허물의 사함을 얻고 그 죄의 용서를 받은 이는 복이 있다"(시 32:1). 정녕 길이신 예수님 안에 우리가 있을 때 회복이 있습니다. 잘못된 길을 가다가도 멈추어 서서 새롭게 출발할 수 있습니다. 누가복음 15장의 탕자처럼 계속 아버지 집을 향해 방향을 전환하는 것, 이것이 회개입니다. 이런 축복이 있으시기를 기원합니다. 길되신 예수님 안에 회복이 있습니다.

셋째로, 길 되신 예수님을 만나고 예수님 안에서 걸어갈 때 우리에게는 자유와 기쁨이 있습니다. 우리 인생은 참 많은 것에 매여 살고 있습니다. 우리는 근심과 걱정에 매여 살고, 돈에 매여 살고, 다른 사람들의 시선에 매여 살고, 몸에 매여 살고, 그러다가 마침내 죽음을 맞습니다. 얼마 전에 우리나라를 찾아온 유명한 패션 전문가가 이런 말을 했습니다. "한국 여성들을 보니 옷을 입는 감각이 참 탁월합니다. 그런데 다들 자기가 좋아하는 옷을 입기보다는 남에게 어떻게 잘 보일까 하고 옷을 입는 것 같아요. 모두 서로를 의식하면서 경쟁하며 입는 것 같습니다." 남의 시선에서 자유롭지 못한 우리, 집단을 따라가는 우리의 모습을 지적한 것 아닌가 생각됩니다.

성경은 우리가 세 가지에 매여 있다고 합니다. 육신, 세상, 마귀입니다. 친구가 오랜만에 전화해서 새집으로 이사했는데 놀러 오라고 합니다. 그래서 조그만 선물을 준비해서 찾아갑니다. 가 보니 집이 너무 좋습니다. 50평의 화려한 새 아파트! 준비한 선물을 주고, 같이 밥도 먹고 학창 시절 이야기도 하고, 즐겁게 시간 보내고 그 집을 나와 혼자 되는 순간 갑자기 등이 서늘해집니다. 마음속에 이런 생각이 들어요. '학교 다닐 때는 공부도 내가 더 잘했고, 남자들에게 인기도 내가 더 많았는데 저 친구는 지금 50평, 나는 20평!' 갑자기 인생을 잘못 산 것 같고, 남편이 괘씸해 보이고, 자식들이 싫어집니다. 하나님도 원망스럽습니다.

그러나 예수를 만나면 우리는 이 모든 것에서 자유롭게 됩니다. 한순간에는 아니더라도 서서히 자유롭게 됩니다. 예수님이 말씀하십니다. "진리를 알지니 진리가 너희를 자유롭게 하리라"(요 8:32). 예수님이 진리입니다. 예수님을 만나면 우리는 자유롭게 됩니다. 욕심이 우리를 붙잡지 않는 것은 아니지만 점차로 자유롭게 됩니다.

사업을 하시는 장로님 한 분이 계십니다. 이분에게 예수 믿고 제일 좋은 것이 무엇인가 여쭈어보았더니, 무엇보다 근심이 없어졌다고 하셨습니다. 전에는 사업 때문에 전전긍긍했는데 예수 믿고 나니까 그렇게 마음이 편하고, 자유를 맛본다는 것입니다. 그러다가 이분이 대장암과 간암에 걸렸습니다. 종양이 간 전체에 퍼져 버려서 수술이 힘들다는 말을 들었습니다. 병문안 가서 이야기 중에 "제가 보기보다 약합니다. 잘 견디어 내어야 할 텐데요." 그러다가 하시는 말씀이, "그래도 제 나이 60 중반입니다. 자식 둘 다 대학 보냈고, 큰 재산을 이루지는 않았지만 혹시 제가 먼저 떠나도 아내가 먹고 살 수는 있을 것입니다. 무엇보다 죽으면 주님 품에 안기니 감사합니다. 그래서 마음 편합니다. 그저 아내에게 많이 미안하네요. 그러니 목사님! 저 때문에 너무 걱정 안 하셔도 됩니다. 저는 괜찮습니다." 병문안을 마치고 돌아오면서 제게 깊은 감동이 있었습니다. 위로를 하러 갔다가 위로를 받고 오는 기분이었습니다. 그날 8월의 뜨거운 햇살 아래 전철을 타러 가던 중 다음 말씀이 제게 떠올랐습니다. "평안을 너희에게 끼치노니 곧 나의 평안을 너희에게 주노라. 내가 너희에게 주는 평안은 세상이 주는 것 같지 아니하니라. 너희는 마음에 걱정도 말고 두려워하지도 말라"(요 14:27). 그날 깊은 감동으로 이 말씀을 마음에 다시 새겨 보았습니다.

저 역시 15년 전 암 투병을 하면서 14일을 금식했던 적이 있습니다. 저는 그때 텔레비전도 체력이 있어야 보는 것을 알았습니다. 14일 만에 첫 식사로 미음이 나왔는데 그렇게 감사한 마음으로 음식을 먹어 본 적은 그전에도 후에도 없었습니다. 마침내 퇴원하는 날. 매연으로 잔뜩 찌든 서울 거리도 아름다워 보였습니다. 그때 살아 있음 자체가 선물이고 은혜였음을 깊이 배웠습니다!

그러니 지금 힘든 분들, 길이 안 보이는 분들에게 진심으로 권합니다. 주님께서 은혜 주셔서 참된 길을 볼 수 있기를 바랍니다. 길이요 진리요 생명 되신 예수님 안에서 새로운 인생길을 다시 출발할 수 있기를 소원합니다. 옛사람은 택선고집, 주일무적의 삶이 아름다운 삶이라고 말했습니다. 택선고집, 곧 선을 선택한 다음 그것을 고집스럽게 지켜 나가고, 주일무적 곧 한 분의 주님만을 모시고 살아갈 때 우리에게는 적이 없을 것입니다. 길이요 진리요 생명이신 예수님 안에 인생의 길이 있습니다. 길 되신 예수님 안에 인생의 분별이 있습니다. 길 되신 예수님 안에 회복이 있습니다. 길 되신 예수님 안에 진정한 평화와 기쁨이 있습니다. 이런 축복을 받는 성도님들 모두 되시기 바랍니다. 아멘.

04 속이는 자 같으나 참되다[1]
고린도후서 6:3-10

　고린도후서 6장 8절에서 사도 바울은 복음 전도자로서의 자신의 일생을 "속이는 자 같으나 참되었다"라고 말합니다. 실제로 바울이 예수님의 복음을 전했을 때 그것은 속이는 말처럼 사람들에게 들렸습니다. 로마가 세계를 지배하였고, 세상의 모든 지혜와 권력과 영광이 세계의 수도 로마에 모여 있던 시절, 이름도 들어 보지 못한 저 변방 땅 유대의 가난하고 보잘것없는 목수가 실상은 하나님의 아들이며, 그 예수를 주님으로 모시면 영원한 생명을 얻을 것이라는 바울의 외침은 사람들에게 허무맹랑한 속임수로 들렸을 것입니다. 그러니 당대 로마의 철학자 켈수스가 "하나님의 아들이 어떻게 유대 땅 궁벽한 곳에서 태어날 수 있는가? 하나님의 아들이 어떻게 십자가에 달려 죽어 갈 수 있는가? 이것을 어떻게 믿을 수 있는가?"라고 비웃으며 질문했을 때 그는 그 시대의 사람들의 생각을 대변하고 있었던 것입니다. 바울 역시 자기가 전하는 십자가의 복음이 미련하고 어리석게 들릴 수 있었기

1　라인홀드 니버의 같은 제목의 설교의 영향 아래 만들어진 설교입니다.

에 이렇게 말합니다. "십자가의 도가 멸망하는 자들에게는 미련한 것이요, 구원을 받는 우리에게는 하나님의 능력이라"(고전 1:18).

오늘날은 어떨까요? 어떻게 보면 오늘날 복음은 더욱더 속이는 말처럼 들릴 수 있습니다. 바울 시대의 사람들은 적어도 하나님(신)은 있다고 생각했고, 영혼도 내세도 있다고 생각했습니다. 다만 문제는 '이 하나님이 어떤 하나님(신)이냐' 하는 것이었습니다. 그들이 받아들이기 어려웠던 것은 이 하나님의 아들이 로마 황제나 위대한 철학자의 모습이 아니라 유대 땅 한 가난한 목수의 모습으로 세상을 찾아왔다는 사실이었습니다. 그러나 우리 시대는 다릅니다. 우리 시대는 기본적으로 하나님의 존재, 내세, 초월, 영생이 있다고 생각하지 않습니다. 이런 가운데서 우리는 예수를 믿으며 복음을 전하니 우리는 자주 속이는 자 같습니다.

설교를 준비하면서 옛 생각이 났습니다. 저는 고등학교 2학년 때부터 교회 생활을 했습니다. 대학 1학년 때 큰 은혜를 받아, 우연히 만난 초등학교 친구한테 예수 믿으라고 권하면서 제게 많은 도움이 되었던 책을 건네 주었습니다. 두 주 후 기대하고 만났더니 그 친구가 이렇게 말했습니다. "너 어떻게 이런 것을 믿을 수 있니?" 그때 스무 살 젊은 나이로 세상이 단순했던 저는 자신있게 이렇게 답했습니다. "너 어떻게 이런 것을 믿지 않을 수 있니?"

아마 그 친구에게는 제가 전한 말이 거짓된 것, 허황한 것이었을 겁니다. 이 점은 오늘을 살아가는 많은 사람들에게도 마찬가지일 것입니다. 하지만 우리가 알아야 하는 중요한 사실은, 바로 이 속이는 것 같은 말 속에 진실이 들어있다는 점입니다. 바울이 일생을 바쳐도 아깝지 않았고, 그것을 위해 자신의 생명까지 드린 놀라운 진실이 여기에 들어있습니다. 여기에서 우리가 들어야 하는 말씀은 무엇일까요?

첫째, 하나님이 계시며 결국은 하나님의 뜻이 이 땅에 이루어질 것이라고 우리가 말할 때, 우리는 속이는 자 같으나 진실합니다.

현대인들은 대체로 무신론적입니다. 존재하는 것은 그저 우리 인간들과 이 세계뿐, 하나님은 없다, 초월도 없다, 내세도 없다, 이 땅으로 끝이다, 그래서 이 땅을 그저 자신의 능력으로 힘껏 살아가면 된다고 생각합니다. 어떤 사람은 아주 노골적으로 이렇게 말합니다. "하나님을 믿느니 내 주먹을 믿겠다." 그 정도는 아니지만 한국의 어느 젊은 철학자는 이렇게 말합니다. "삶은 거친 의혹투성이다. 인간은 온 힘으로 이 바위를 밀고 나간다. 힘겹게 전진하는 이에게는 두 가지 힘밖에 없는데 바로 생각하는 힘과 그것을 실천하는 힘이다." 무슨 말일까요? 결국 우리가 의지할 것은 우리 자신의 사고 능력과 실천 능력뿐, 그 외의 힘이란 없다는 말입니다. 이와 비슷한 생각은 곳곳에서 발견됩니다. 철학자 스피노자의 다음 말도 마찬가지입니다. "우리 인간의 삶이 힘든 것은 너무 약한 지성과 너무 많은 상상력 때문이다. 그래서 정확하게 사고하고 사고한 대로 행동하라."

이런 태도가 많은 것을 이루어 낸 것은 사실입니다. 선입견을 버리고, 관찰과 실험 그리고 논리적 추론을 통해 정확하고 엄밀한 지식을 얻고, 그 토대 위에서 모든 것을 판단하고자 하는 이런 정신은 과학을 발전시켰고, 수많은 질병을 물리쳤고, 거대한 도시 문명을 이루었습니다. 전에는 도저히 할 수 없었던 일들을 과학 기술의 힘으로 이루게 되면서 이제 우리 현대인들은 하나님 없이도 살 수 있을 뿐 아니라 스스로 하나님이 되어야 하고, 또 언젠가는 될 수 있다고까지 말합니다. 이스라엘 대학교의 역사학자 유발 하라리는 최근 들어 이런 경향을 그의 책 『호모 데우스』에서 아주 잘 표현하고 있습니다.

그러나 바로 이런 교만의 순간에 우리에게는 새로운 문제들이 생겨납니다. 현대 의학은 수많은 질병을 고쳤으나 건강은 주지 못했습니다. 오히려 암이나 당뇨병, 고혈압, 정신병 같은 각종 생활 질환과 문명병이 급속히 퍼져 가고 있습니다. 우리는 거대한 도시 문명을 만들어 내었지만, 이 도시 속에서 깊이 소외되어 나도 잃고 이웃도 잃어 버렸습니다. 우리는 우주여행을 할 수 있는 과학 기술을 소유했으나 하나님이 주신 이 땅은 각종 공해 물질로 오염시켜 버렸습니다. 오늘날 우리는 과거 어느 시대보다 물질적으로 풍요하지만, 사람들에게 우리 현대인들이 옛날 사람들보다 더 행복하냐고 물으면 그렇다고 자신 있게 답하기는 어려울 것입니다.

이처럼 겉으로는 화려하나 내면으로는 왜곡된 세상 속에서 하나님은 우리에게 질문하고 계십니다. 오래전 에덴동산에서 아담을 찾아와 "아담아, 너는 지금 어디에 있는가?" 하고 물어보신 하나님은 오늘 스스로 자신의 인생의 주인이 되어 있는 우리에게 이렇게 물어보십니다. "지금 이 순간, 너의 인생의 주인은 누구인가?" 그러면서 말씀하십니다. "너희 인생들아, 생명의 근원인 나 하나님을 떠나서는 너희에게 아무 의미도 없음을 알지 못하느냐?" 이것은 내 인생의 주인이 나라고 말하면서 살아가는 이들에게는 속이는 말 같습니다. 하지만 우리가 이 세계의 진정한 주인은 하나님이며, 그분 안에서 삶의 진정한 의미는 비로소 발견된다고 말할 때, 우리는 속이는 자 같으나 진실합니다.

둘째로, 우리는 모두 죄인이며 죄는 우리 존재 가장 깊은 곳까지 침투해 들어 와 있다고 말할 때, 우리는 속이는 자 같으나 진실합니다.

우리 현대인들은 죄에 대해서 말하고 싶어 하지 않습니다. 죄에 대해 생각하기에는 할 일이 너무 많고, 당장 고민하고 해결해야 할 일도 너무 많습니다. 그래서 우리는 죄라는 말 대신 실수라는 말을 쓰고, 어려운 환경으로 인한 결핍과 상처 때문이라고 말하고, 기질이나 유전자에 책임을 돌립니다. 그러나 옛날 사람들은 달랐습니다. 그들은 언제나 죄와 죽음을 마주 보고 있었습니다. 우리는 고대 이집트인들의 피라미드에서 죽음을 피해 보려는 몸부림을 봅니다. 중세 말기 면죄부 판매에서 죄의 형벌 앞에 두려워 떠는 그 시대의 불안을 봅니다. 그러나 이런 불안이 있었기에 그들의 인생은 진지했고, 인생에서 정말 중요한 그 무엇을 배울 수 있었습니다.

하지만 오늘을 살아가는 우리 현대인들의 삶은 너무 얄팍하고 가볍습니다. 신학자 폴 틸리히는 각 시대마다 서로 다른 시대적 문제가 있다고 보았습니다. 고대세계는 죽음과 운명 앞에서 두려워했고, 중세인들은 하나님의 심판 앞에서 죄책감으로 두려워 떨었다면, 우리 현대인들은 생의 무의미와 공허 때문에 괴로워한다고 말합니다. 실제로 우리 현대인들에게 죄는 많은 경우 생의 무의미와 공허로 나타납니다. 생의 무의미와 공허와 피로! 이것이 현대인들이 보이는 죄책의 징후입니다.

이런 우리를 향해 하나님은 오늘도 찾아오십니다. 하나님이 우리 삶에 찾아오실 때 우리는 피할 수 없습니다. 그 피할 수 없는 하나님은 우리를 불꽃같은 눈으로 쳐다보십니다. 우리의 모든 행위 속에 숨어 있는 죄악을 있는 그대로 보시고 그대로 판단하십니다. 이것은 받아들이기 어려운 말입니다. 그러나 우리가 하나님의 판단 앞에 서서 "예, 제가 죄인입니다. 근본적으로 저는 악한 자입니다. 저의 삶은 공허하고 답답하며 제가 가장 선한 일을 할 때도 저는 죄 속에 들어있습니다. 그러니 저를 도와주소서. 제가 이제 어찌하여야 하겠습니까?" 하고 가슴을 치며 고백할 때 우리는 속이는 자 같으나 진실합니다.

마지막으로, 우리가 하나님께서 지금도 우리를 사랑하고 있다고 말할 때 우리는 속이는 자 같으나 진실합니다.

성경은 하나님이 사랑이시라고 말합니다. 하나님께서 우리에게 깊은 관심을 갖고 계시기에 우리의 머리카락 수까지 다 아시며, 홀로 남겨진 인생의 어둔 밤에도 함께한다고 말씀하십니다. 하지만 이 말은 속임수처럼 들립니다. 이 세상에는 사랑의 하나님을 의심할 만한 것들이 많이 있기 때문입니다. 우리는 고통과 슬픔과 눈물이 가득한 세계를 살아갑니다. 불치의 병으로 고통당하는 착한 사람들, 열심히 정직하게 살지만 제대로 대접을 받지 못하는 가난한 사람들, 부모의 이혼과 폭력으로 인해 인생이 깨어져 버린 아이들, 너무도 불합리한 사건과 사고들…. 이런 모습을 보면서 우리는 때로 과연 사랑의 하나님이 계신지를 묻게 됩니다.

몇 년 전, 30대 말의 어떤 분이 저희 신학교에 입학했습니다. 고등학교 때부터 신학 공부를 하려고 했으나 여의치 않아 직장 생활을 하다가 마침내 결단하고 신학 공부를 시작하면서 좋아했습니다. 이제야말로 마땅히 가야 할 길을 가게 되었다고 즐거워했습니다. 자기보다 열 살 이상 어린 동급생에게 큰 형으로서의 모습을 보이면서 열심히 공부도 열심히 했습니다. 그러다가 갑자기 두 주 정도 학교에 보이지 않더니 그의 가족의 연락이 왔습니다. 원래 신장이 안 좋았는데 거의 회복되었다가 갑자기 혼수상태에 빠져서 병원에 있다고 했습니다. 담당 의사 말로는 그분에게 살 시간이 얼마 남지 않았다는 것입니다. 이미 체념한 그의 가족과 함께 기도를 드리고 나오면서 저는 묻지 않을 수 없었습니다. '평소 그렇게 원하던 신학 공부를 하게 되어 너무 좋아하던 그분을 향한 하나님의 뜻은 무엇입니까?'

이처럼 설명하기 어려운 고통의 자리에서 사람들은 질문합니다. "과연 하나님이 계신가? 하나님이 살아 계신다면 왜 이렇게 억울한 눈물과 가슴 아픈 슬픔이 많은가?" 그러면서 어떤 분들은 "하나님은 없다, 사랑의 하나님은 더더욱 있을 리 없다"라고 말합니다. 결국 "하나님이 계시다는 것은 이 힘든 세상을 그나마 위로받고 살게 하기 위한 하나의 방책, 인간의 바람이 만들어 낸 신화에 불과하다"라고 말하며 떠나가기도 합니다.

그러나 그리스도인으로서 우리는, "그럼에도 불구하고 하나님께서 이 세상을 사랑하시고 끝까지 붙잡고 계신다"라고 말합니다. 형편없이 무너져 버린 담벼락 같은 세상의 삶이라 할지라도, 저 깊은 밑바닥에서는 생명의 풀이 지금도 조용히 자라고 있다고 외칩니다. 기독교 신앙의 기본적인 메시지는 희망의 메시지입니다. 하지만 그것은 비극 속의 희망의 메시지입니다. 성경은 이 땅에 슬픔이 없다고 말하지 않습니다. 눈물도, 비참함도, 외로움도, 굶주림도, 이해 못할 고난도, 무미건조한 일상생활도 실제로 있습니다. 그럼에도 불구하고 성경은 하나님께서 오늘도 그 선하신 손을 펴서 비극을 넘어서는 희망의 메시지를 품고, 지금 우리 한 사람 한 사람을 향해 달려오시며 우리 안에 들어오신다고 말합니다. 이렇게 말할 수 있는 근본적 이유는 십자가에 달린 예수님 때문입니다.

제2차 세계대전 때 유대인들의 고통을 그린 소설 중에 엘리 위젤 (Elie Wiesel)의 『흑야』(Night)라는 소설이 있습니다. 유대인 포로수용소에서의 자기 체험을 그려서 뒷날 노벨상까지 탄 이 소설에서 그는 실제 있었던 사건을 기록하고 있습니다. 유대인 포로수용소에서 유대인 남자 하나, 여자 하나, 그리고 열두 살도 채 안 된 어린 소년이 교수대에 매달렸습니다. 몸무게가 제일 무거운 남자 어른이 제일 먼저 숨이 멎었습니다. 곧 여자 어른이 새끼줄에 목이 졸려 죽었습니다. 이제 저녁 어스름이 찾아오는데 몸무게가 가벼운 어린 소년은 아직 숨이 깔딱거리고 있습니다. 그 모습을 유대인들이 모두 서서 쳐다보고 있습니다. 모두 알고 있는 소년, 조금 전까지 함께 지냈던 아이입니다. 그런데 지금 마지막 몇 모금의 숨을 할딱거리며 죽어가고 있습니다. 그때 엘리 위젤의 등 뒤로부터 누군가 혼자 말로 이렇게 묻습니다. "지금 이 순간, 하나님은 어디 계신가? 이런 폭력과 잔혹함 속에서 하나님은 어디 계시는가?" 잠시 후 그는 다시 비통하게 되뇝니다. "하나님, 당신은 지금 어디 계십니까?"

엘리 위젤은 그 절규의 순간 이렇게 썼습니다. "그 소리를 들으면서 나는 마음속으로 이렇게 답했다. 하나님이 어디 계시냐고? 하나님은 지금 저기 저 교수대 위에 있다. 저기에서 저 아이와 함께 목이 졸려서 죽음의 고통을 당하고 있다. 그리고 오직 그런 하나님만이 우리가 믿을 수 있는 하나님이다."

성경이 예수의 십자가를 말할 때 말하는 것이 바로 이것입니다. 누구보다 깊은 고난을 당했기에 고난당하는 우리를 아시는 분, 누구보다 외로웠기에 외로움 당하는 사람들 곁에 서 계실 수 있는 분, 마침내 부활의 능력으로 모든 고난과 죽음의 힘을 이기시는 분이 바로 예수님이라고 말합니다. 이분이 구약과 신약 성경이 가리키고 증언하는 바로 그분입니다. 그는 세상의 고통과 악 속에서 우리와 함께 걸어가십니다. 그는 우리의 절망과 죽음을 같이 경험하십니다. 그래서 이 세상 어느 모퉁이 길이라도 사랑의 하나님이 함께 계시지 않는 곳은 없습니다. 그리고 우리가 이렇게 말할 때 우리는 속이는 자 같으나 진실합니다.

이제 말씀을 맺습니다. 신학자 칼 바르트는 "우리는 죄 안에서가 아니라 예수 그리스도 안에서 하나 되어 있다"라고 말했습니다. 이 말처럼 우리는 모두 죄인입니다. 죄는 우리 모두를 둘러싸고 있습니다. 그러나 그보다 더욱 분명한 사실은 우리 모두 그리스도 안에서 하나 되어 있다는 것입니다. 죄와 고통이 아니라 그리스도가 궁극적 실재입니다. 여기에 우리의 소망이 있습니다. 죽음 아닌 생명이 최후의 말임을 알고 있는 사람! 절망이 아니라 소망이 최후의 말임을 알고 있는 사람! 그런 사람들을 성경은 '그리스도인'이라 부릅니다. 그는 "속이는 자 같으나 참으로 진실한 메시지를 가진 사람"입니다.

05 나의 믿음 없음을 도와주소서!
마가복음 9:14-29

　오늘 말씀에 매우 절망적인 한 아버지가 나옵니다. 그의 아들이 귀신에 붙잡혀서 고통당하고 있습니다. 귀신이 이 아이를 어린 시절부터 사로잡아서 수시로 불에도 집어 던지고, 물에도 빠지게 했다고 합니다. 우리는 이 말씀을 문자 그대로 보아 실제로 귀신이 그렇게 했다고 할 수도 있고, 아니면 이 아이가 간질병 같은 어떤 병을 앓고 있었다고 볼 수도 있습니다. 아시다시피 간질병을 앓고 있는 이는 갑자기 발작을 하고 거품을 물고 물에도 불에도 그냥 쓰러질 수 있습니다. 성경을 기록한 당시 사람들에게는, 갑자기 사람이 발작을 하며 거품을 물고 물에도 쓰러지고 불에도 쓰러지는 것은 매우 이상하고 두려운 일이었고, 당연히 귀신이 그를 사로잡아 죽이려고 한다고 생각했을 수 있습니다. 어느 편이든지 간에 이런 아들을 바라보는 아버지는 절망스럽기만 합니다. 아들의 고통을 해결해 주고 싶은 간절한 마음으로 그는 아들의 치료를 위해 모든 노력을 다했을 것입니다. 좋다는 약도 먹여 보고, 용하다는 의사도 찾아가 보고, 귀신을 쫓아내기 위해 기도도 받아 보았을 것입니다. 하지만 아무 소용이 없었습니다.

이 아버지의 형편을 보면서 저는 언젠가 신문에서 읽은 한 아버지의 이야기를 떠올렸습니다. 경기도 수원시에 사는 한 일용직 아버지인 그는 다섯 살 된 아들 하나 데리고 살았습니다. 아이를 무척 사랑했고, 아이도 아버지를 끔찍하게 잘 따랐습니다. 부인을 일찍 저 세상으로 보낸 이 아버지에게는 이 아들이 인생의 유일한 낙이었습니다. 그런데 어느 날 일을 마치고 돌아와 보니 아이가 사라져 버렸습니다. 경찰서에 신고하고, 아이가 갈 만한 곳은 다 가 보았지만 어디에서도 찾을 수 없었습니다. 도대체 누가 이 아이를 데리고 간 것일까요? 돈을 노리고 유괴해 갔다면 연락이 와야 하는데 연락도 없었습니다. 그때부터 아버지의 삶은 완전히 바뀌었습니다. 이 아버지는 길을 잃은 미아가 고아원이나 보육원에 맡겨진다는 말을 듣고 지금까지 10년 이상 전국의 모든 고아원이나 보육원을 돌아다니면서 아이를 찾아다니고 있다고 합니다.

또 다른 아버지의 이야기입니다. 부인과 이혼하고 아이 하나 데리고 사는데 아이가 일곱 살 때 사고를 당해 전신마비로 하루 종일 누워 있게 되었습니다. 아버지는 가스통을 배달해서 겨우 먹고 삽니다. 그런데 도시가스가 보급된 후 가스통을 쓰는 사람이 점점 줄어들어, 날이 갈수록 생활이 어려워졌습니다. 전신마비가 된 아이는 서른 살이 넘었지만 계속 자리에 누워 있습니다. 더 이상 버틸 수 없었던 이 아버지는 결국 집에 불을 지르고 불 속에서 아들과 함께 그 속에서 죽었습니다. 그가 남긴 유서에는 이렇게 쓰여 있었답니다. "아들아, 미안하다. 이제 아버지는 더 이상 버틸 힘이 없다."

참 가슴 아픈 이야기들이지만 이게 아버지의 마음입니다. 그런 마음을 품고 이 불쌍한 아버지는 예수님을 찾아왔습니다. 마침 예수님은 기도하러 산에 올라가셨고, 제자들만 남아 있었습니다. 제자들이 이 아이를 위해 기도했지만 아이는 치료되지 않습니다. 한 가닥 희망을 가지고 찾아왔던 아버지는 올 때보다 더한 절망에 빠졌습니다. 바로 그때 예수님이 내려오시는 것을 본 아버지는 외칩니다. "예수여, 무엇이든 하실 수 있거든 우리를 불쌍히 여기사 도와주옵소서." 예수님이 대답하십니다. "할 수 있거든이 무슨 말이냐? 믿는 자에게는 능치 못할 일이 없느니라." 이에 아버지가 대답합니다. "내가 믿나이다. 나의 믿음 없는 것을 도와주소서." 그러자 예수님이 그 아이를 고쳐주셨고, 귀신은 쫓겨나가고, 아이의 정신은 온전해지며, 아버지의 얼굴에는 웃음이 가득 찼습니다. 고통과 슬픔으로 시작했다가 기쁨과 웃음으로 이야기는 끝납니다.

우리는 본문 말씀을 여러 각도에서 살펴볼 수 있을 것입니다. 먼저, 이 아이의 비참한 형편을 보면서 선하신 하나님이 다스리는 세상에 왜 이런 고통들이 가득한가를 물어볼 수 있습니다. 또한 예수님은 아이를 고칠 수 있었는데, 제자들은 왜 못 고쳤는지 질문할 수 있을 것입니다. 그런가 하면 예수님은 아이를 회복시킨 후에 "기도 외에는 이런 종류가 나갈 수 없다"라고 말씀하시는데, 기도의 능력에 대해서도 생각할 수 있습니다.

하지만 저는 26절 "내가 믿나이다. 나의 믿음 없음을 도와주소서"라는 말씀에 자꾸 마음이 갑니다. 그리고 이 구절을 읽을수록 이게 오늘을 살아가는 저의 문제, 우리 성도들의 문제, 우리 시대의 문제일 것 같다는 생각을 합니다. 우리 역시 이 아버지처럼 '믿습니다'와 '믿지 못하겠습니다'를 반복하며 살기 때문입니다.

먼저 우리는 믿습니다. 하나님이 계심을 믿고, 이 하나님이 사랑이시며 세상을 선하게 이끌어 가심을 믿습니다. 세상의 수많은 고통과 눈물과 실패에도 불구하고 하나님의 사랑, 하나님의 승리가 최후의 말임을 믿습니다. 그래서 우리는 기도합니다. "뜻이 하늘에서 이룬 것 같이 이 땅에서도 이루어지이다."

하지만 동시에 우리는 믿지 못합니다. 때로 하나님이 정말 계신가 하는 의심이 있습니다. 또한 이 하나님이 사랑이시며 세상을 선하게 이끌어 가시는가를 받아들이기 어려울 때가 있습니다. 특히 인생길에 어둠이 찾아들고 고난이 깊어질 때 우리는 고통, 눈물, 죽음이 인생의 최후의 말은 아닐까 의심하게 됩니다. 그래서 우리의 믿음은 의심 속의 믿음입니다. 믿지만 믿지 못하는 믿음입니다.

여러분의 모습은 어떻습니까? 만일 여러분이 아무런 의심도 없는 확고한 믿음의 사람이라면 오늘 말씀은 별 의미가 없을 것입니다. 그러나 조금이라도 이 아버지와 같은 모습이라면 오늘 우리가 들어야 할 말씀이 여기 있습니다. 믿지만 믿지 못하는 우리들! 하나님의 은혜 체험이 있지만, 그것이 지속되지 않는 우리들! 하나님 뜻대로 살기를 원하지만 여전히 세상에 매여 있는 우리들! 이것이 우리의 모습이라면 본문 말씀을 통해 말씀하시는 주님의 음성을 다시 새롭게 듣기를 원합니다.

먼저 본문과 연관하여 생각해 볼 위로의 메시지는, 우리뿐 아니라 모든 믿음의 사람들 속에는 이런 의심이 있었다는 것입니다. 실상 믿음의 길에는 언제나 의심이 함께 있습니다. 그래서 자신의 믿음 없음을 너무 자책하지 마시기 바랍니다. 구약 욥기를 읽어 보십시오. 하나님을 신실하게 믿어 온 사람인 욥에게 갑자기 엄청난 재앙이 닥쳐옵니다. 가지고 있던 모든 재산을 잃고, 사랑하는 자식들도 한 날 한 시에 죽어 버립니다. 사랑하는 아내는 그의 곁을 떠났고, 몸에는 엄청난 악창이 나서 기왓장으로 긁고 있습니다. 이런 중에 친구들이 찾아왔고, 욥은 그들 앞에서 신세를 한탄하며 하나님의 사랑과 공의를 의심하는 말을 내뱉습니다. 친구들은 당황하고 충격을 받은 채 엄청나게 많은 이야기를 하지만, 그 이야기들은 결국 "하나님의 공의와 사랑에 대해 의심하다니 어떻게 그렇게 못된 생각을 할 수 있는가? 그런 생각은 당장 그만둬!"입니다. 하지만 정작 하나님이 손을 들어 주신 것은 변함없는 확신 속에 있었던 친구들이 아닌, 의심하고 흔들리면서도 하나님에 대한 믿음의 끈을 놓지 않으려고 몸부림쳤던 욥이었습니다.

욥뿐 아니라 시편의 많은 기자들, 전도서와 예레미야 애가의 기자들은 모두 하나님의 선하심에 대한 회의 속에서도 믿음을 지키려고 몸부림친 사람들입니다. 하나님은 이런 사람들의 믿음과 불신을 있는 그대로 받아 주십니다. 그들의 믿음은 "믿지만 믿지 못하는 믿음"이었습니다. 그들 역시 오늘 본문 말씀의 아버지처럼 말하는 것입니다. "내가 믿나이다. 나의 믿음 없음을 도와주소서."

교회 역사 속에서도 마찬가지입니다.[2] 우리가 아는 위대한 믿음의 사람들 역시 때때로 찾아오는 의심과 싸우며 믿음의 길을 걸어갔습니다. 종교 개혁자 마르틴 루터는 주기적으로 그를 찾아오는 의기소침함과 우울증에 맞서 싸워야 했습니다. 그는 이런 글을 남깁니다. "나는 일주일 이상 그리스도로부터 완전히 떠난 적이 있었다. 하나님에 대해 절망한 나머지 불경스러운 말도 서슴없이 내뱉었다." 평생을 경건하게 살았던 인크리스 매더라는 청교도인은 "하나님이 계시지 않다는 생각, 믿음으로 경건하게 사는 것이 모두 헛것인 것 같다는 생각이 때로 나를 괴롭힌다"라고 자신의 일기에 쓰고 있습니다. 몇 년 전 세상을 떠난 위대한 하나님의 사람 마더 데레사 역시 왜 그랬는지 모르지만 자신의 일기 속에서 "하나님은 왜 이다지도 나에게서 멀리 계시는가? 왜 나의 기도에 대해 계속 침묵만 지키시는가? 나는 완전히 고갈되었고 내 마음은 괴롭기 짝이 없다. 그런데 왜 하나님은 응답해 주시지 않으시는가?"라고 부르짖기도 했습니다.

여기에서 우리는 모든 믿음의 길에는 언제나 의심이 함께 있음을 발견합니다. 왜 그런가요? 그것은 한편으로 우리가 연약한 인간이기 때문이고, 다른 한편으로는 우리가 하나님에 대해 안다고 해도 그것은 너무도 미미하기 때문입니다. 우리는 이 땅에서 엄청난 지식을 쌓

---

2 아래 내용은 필립 얀시의 『놀라운 하나님의 은혜』에서 가져왔습니다.

아왔고, 엄청난 문명을 발전시켰습니다. 원자의 내부를 탐색하게 되었고 가장 광대한 우주의 비밀까지 발견해 왔습니다. 그러나 하나님에 대해서는 다 알 수 없습니다. 이는 하나님은 전적 타자, 곧 우리와 완전히 다른 분이시기 때문입니다. 성경 이사야 55장 8절과 9절을 통해 하나님은 이렇게 말씀하십니다. "내 생각은 너희 생각과 다르며, 내 길은 너희 길과 다르다. 하늘이 땅보다 높은 것처럼 내 길은 너희의 길보다 높으며, 내 생각은 너희의 생각보다 높음이니라."

이처럼 하나님과 우리 사이의 거리가 아득히 멀기 때문에 우리는 하나님을 다 알 수 없고, 그 높은 뜻에 미칠 수 없습니다. 당연히 믿음에는 의심이 따르게 되어 있습니다. 세계 최초로 우주여행을 했던 소련의 우주 비행사 유리 가가린은 무신론자로 지구 밖 우주를 경험하고 와서 말했습니다. "내가 하늘 밖에 갔다 왔지만 하나님이라는 존재는 보이지 않았다." 그런데 몇 년 지나 아폴로 11호를 타고 최초로 달에 발을 디딘 미국의 우주 비행사 올드린 중령은 달에 다녀온 후에 말했습니다. "내가 달에 첫발을 디뎠을 때, 나는 말로 표현할 길 없는 깊은 마음의 평온 속에서, 하나님의 강력한 손이 나를 붙잡고 있음을 느꼈다. 나는 그때처럼 하나님께서 함께하심을 분명하게 느껴 본 적이 한 번도 없다."

여러분! 똑같이 우주선을 타고 지구를 떠나 우주여행을 한 사람들인데, 한 사람은 하나님을 보지 못했다고 하고, 다른 한 사람은 하나님이 함께하심을 그 순간 가장 깊이 체험합니다. 무슨 차이입니까? 결국 이것은 이성의 문제도, 지식의 문제도 아닙니다. 하나님의 존재 유무는 인간 이성으로 입증할 수 없지만 부정할 수도 없습니다. 믿음과 불신 각자 나름의 논리와 근거를 댈 수 있지만 마지막에는 이는 결국 마지막에는 선택과 결단과 순종의 문제가 됩니다. 그래서 우리는 결국 이런 질문 앞에 이르르게 됩니다. "하나님이 이해되지 않을 때에도 나는 하나님을 믿고 신뢰하는 길을 걸어갈 수 있는가?"

성경 속의 모든 믿음의 인물들은 여기에 대해 "예!"라고 대답했습니다. 평생 하나님을 신실하게 믿은 아브라함! 하지만 어느 날 그는 그의 사랑하는 아들을 제물로 바치라는 하나님의 어처구니없는 명령을 받고, 아들 이삭과 함께 모리아 산을 오릅니다. 일생을 의롭게 살았던 욥은 하루아침에 패가망신한 후, 온 몸에 종기가 나서 뜨거운 태양 아래서 종기를 벅벅 긁어야 했습니다. 다윗은 아무 죄도 없이 자기를 죽이려는 사울을 피해 동굴에 숨어야 했고, 엘리야는 큰 승리를 한 후에 그 승리를 만끽할 새도 없이 사막으로 도망해 들어가야 했습니다. 모세 역시 광야 생활 40년 동안 이스라엘 백성들의 끊임없는 원망과 불평을 들어야만 했습니다.

이 모든 사람들은 하나님께서 침묵하고 계실 뿐 아니라 무관심하며, 심지어 적대적이라고 말하고 싶은 위기의 순간들을 경험했습니다. 그들은 혼란스럽고 아무것도 보이지 않는 암흑 속을 걸어가야 했습니다. 그 가운데에서 그들은 실망하고 화를 내면서 하나님을 떠날 것인지, 아니면 그 순간에도 믿음을 가지고 앞으로 나아갈 것인지 결정해야 했습니다. 그 가운데 그들은 모두 하나님을 신뢰하는 길을 택했습니다. 그리고 이렇게 끊임없이 흔들리는 상황 속에서도 믿음을 선택했기에 그들은 하나님의 사람이 되고, 그들의 인격과 존재는 훨씬 아름답고 귀한 모습으로 바뀌었고, 이제 본받아야 할 모범으로 우뚝 서 있습니다. 모든 의심을 넘어서, 때로는 그 의심 속에서도 믿음을 지켜나갔기 때문에 마침내 보석같이 빛나는 하나님의 사람들이 될 수 있었습니다.

얼마 전 미국의 어느 흑인 목사님의 간증을 읽은 적이 있습니다. 이분에게는 한 번도 부모 마음을 힘들게 하지 않은 자랑스러운 아들이 있었습니다. 장래가 촉망되던 이 아들은 의사가 되어 아픈 사람들을 그리스도의 사랑으로 돌보고 싶다는 꿈을 꾸며 열심히 공부했습니다. 마침내 의사가 되어 출근하는 첫날에 교통사고로 세상을 떠나게 되었습니다. 그 이후 이 흑인 목사님의 삶은 완전히 바뀌었습니다. 그는 매 주일 설교 때 교인들에게 전하던 하나님의 신실하심과 사랑을 자기 자신에게 먼저 증언할 수 있어야 했습니다. 그 가운데 그의 설교는 갈수록 치열해졌고, 몸과 마음에 큰 상처를 입은 사람들이 점점 그 교회를 찾아왔습니다. 그 중에는 수혈을 받던 중 에이즈에 걸린 한 청년이 있었습니다. 매일 몸이 쇠약해지다가 죽음이 얼마 남지 않았음을 느낀 그는 이 목사님을 찾아와서 진지하게 물었습니다. "목사님! 솔직하게 대답해 주십시오. 하나님은 정녕 믿을 만한 분이십니까?" 이 목사는 쉽게 대답할 수 없었습니다. 그는 숨을 크게 쉬고 자기의 마음을 살피며 천천히 말을 합니다. "그렇습니다. 하나님은 믿고 신뢰하며 따라갈 만한 분이십니다." 잠잠히 침묵하던 그 청년은 고개를 들며 말했습니다. "그렇다면 저도 목사님의 그 하나님을 신뢰하며 따라가겠습니다." 얼마 후 그 청년의 장례식 날, 목사님은 이런 말을 했다고 합니다. "모든 아픔과 고통과 이해 못할 상황 속에서도 그래도 하나님은 믿으실 만한 분입니다. 그리고 이 고백을 계속 유지해 가는 것이 믿음의 길입니다."

그런데 이런 믿음을 가능하게 하는 것은 무엇일까요? 그것은 예수님입니다. 예수의 삶, 예수의 가르침, 예수의 십자가 죽음과 부활을 볼 때, 우리는 하나님은 살아 계시고 신실하시며, 따라서 그분을 의지하고 믿음의 길을 걸어갈 수 있다고 감히 말할 수 있습니다. 히브리서 기자는 히브리서 11장에서 모든 믿음의 사람들의 믿음의 경주를 말하면서, 우리에게 이처럼 구름 같이 둘러싼 많은 믿음의 증인들이 있다고 말합니다. 그는 우리에게 12장 2절에서 "믿음의 주요, 온전케 하시는 이인 예수를 바라보자"라고 권면합니다. 밀려오는 의심 속에서도 계속 믿음의 길을 걷기 위해서 우리가 해야 할 일은 예수를 바라보는 것입니다. 여기서 "바라본다"는 단어는 계속 진행형으로 쓰였습니다. 곧 한 번 보고 마는 것이 아니라 계속해서 쳐다보는 것입니다. 우리의 시선을 지속적으로 예수님께 고정하는 것입니다. 예수님에 대해 공부하고 배우며 그 가르침을 삶 속에서 살아 내는 것입니다. 이렇게 하다 보면 우리 삶은 바뀔 것입니다. 알면 사랑하게 되고, 사랑하게 되면 행동하게 되며, 그 행동들이 모일 때 우리 인생은 바뀔 것입니다. 그 모든 과정에 하나님은 사랑과 능력으로 함께 해 주실 것입니다. 그래서 이렇게 말해도 좋겠습니다. "믿어지지 않는 것을 믿으려고 노력하지 말고 알려고 노력하자."

그러니 이제 예수를 바라보는 삶, 예수에 대해 좀 더 배우는 삶에 집중합시다. 성경 공부를, 필요하면 신학 공부를 깊이 해 보십시오. 알면 사랑하게 되고, 믿고 헌신하게 될 것입니다. 믿음이란 처음 만나게 된 두 남녀의 사귐과도 같습니다. 몇 번의 만남을 통해서 서로의 이름과 직업을 알게 되고, 어떤 성격과 성향의 사람인지도 알게 됩니다. 그러나 아직 믿고 삶을 의탁할 수준은 되지 못합니다. 그럼 어떻게 해야 합니까? 계속 만나야 합니다. 그 만남 가운데 어느 순간 '그래. 이 사람하고 같이 살자' 하고 결단하게 됩니다. 그런 다음에도 계속 알아가며, 알수록 사랑하고 믿게 됩니다. 저는 아내와 30년 이상을 같이 살고 있습니다. 결혼 초보다 지금 더욱 서로를 믿고 신뢰합니다. 그 세월 동안 믿으려고 따로 노력한 것은 아닙니다. 다만 같이 지내다 보니 더 알게 되고, 아는 만큼 더 신뢰하게 되고, 신뢰하는 만큼 함께 동행해 온 것입니다.

그러므로 "나는 믿음이 없어서…"라고 말하지 말고, 예수님에 대해 좀 더 알아봅시다. 개역 개정 성경이 어려우면 쉽게 번역된 성경을 구해서 정기적으로 읽고, 그 말씀을 따라 한번 살아 봅시다. 혼자 기도하기 힘들면 교회 와서 같이 기도합시다. 교회의 여러 모임과 활동에 참여합시다. 성경이 말하는 것을 삶으로 한번 살아 보도록 합시다. 가령 "네 이웃을 네 몸처럼 사랑하라"라는 말씀을 조금이라도 실천해 본다고 합시다. 그러면 두 가지를 발견하게 될 것입니다. 첫째, 내가 그렇게 할 수 없다는 사실을 알게 되면서 나의 본질, 더 나아가 우리 인간의 본질, 곧 우리가 피조물이요 근본적으로 깊은 죄인임을 깨닫게 될 것입니다. 둘째, 하지만 조금씩이라도 그렇게 하다 보면, 그 말씀은 정녕 진리요 생명이어서 나의 삶을 조금씩 바꾸어 가고 있는 것을 보게 될 것입니다.

여기에는 시간이 걸립니다. 변화와 성숙은 결심했다고 어느 날 바로 찾아오지 않습니다. 실력도, 건강도, 성품도 긴 시간을 통해서 조금씩 쌓여 갑니다. 믿음도 마찬가지입니다. 그러니 "내가 믿나이다. 나의 믿음 없음을 도와주소서" 이 말은 우리 모두의 기도일 수밖에 없습니다. 하지만 이 기도를 드리다 보면 언젠가 "나는 이제 믿고, 이전보다 더 잘 믿게 되었습니다"라는 고백을 할 때가 올 것입니다. 나와 세상과 하나님이 조금 더 명확히 보이는 시간이 찾아올 것입니다. 하나님이 좀 더 가까이 계신 분이 되고 그분 뜻을 따라 사는 삶이 편해질 것입니다. 이런 축복이 우리 성도님들 모두에게 있으시기 바랍니다. 아멘.

06 다른 종류의 두려움
마가복음 4:35-41

여론조사 기관인 갤럽이 언젠가 미국인들을 대상으로 이런 질문을 던졌습니다. "인생을 생각할 때 당신은 어떤 느낌이 듭니까?" 여러 대답 중 가장 많이 나온 것이 "인생을 살아 내는 것은 힘들다"였습니다. 그런데 미국 사람들은 아주 적극적인 사람들입니다. 저는 미국에서 1년, 캐나다에서 5년 유학생활을 했는데, 캐나다 사람들이 조용하고 내성적인 데 비해 미국 사람들은 호들갑스러울 정도로 외향적이고 적극적이어서 때로 운전하다가 길을 물어보면, 잘 모르는 데도 손짓과 발짓까지 하며 열심히 가르쳐 주는데, 그 안내를 따라갔다가 길을 잘못 들어서 고생한 적도 몇 번 있었습니다. 어쨌든 그렇게 긍정적이고 적극적인 미국인들인데도 인생을 살아가는 것은 힘들다고 대답합니다.

우리 한국 사람들에게 같은 질문을 던지면 어떻게 답할까요? 역시 비슷할 것 같습니다. 우리는 경제적으로는 옛날보다 훨씬 잘살게 되었지만 삶의 질은 별로 좋아진 것 같지 않습니다. 빈부 격차가 갈수록 커져 가고, 사회 안전망이 제대로 갖추어져 있지 않아 한 번 실패하면 다시 일어나기 쉽지 않은 것이 우리의 현실입니다. 젊은이들은 살기 힘드니까 결혼도 안 하고, 결혼해도 아이를 낳지 않으려 합니다. 출산율이 세계에서 거의 꼴찌인 0.8명 아래이고, 안타깝게도 전 연령대에 걸쳐 자살률이 OECD 국가 중 1위입니다.

어른들만 그럴까요? 삶의 버거움은 어른들보다 아이들이 더 느낄지도 모릅니다. 부모들은 자녀들의 미래를 걱정한다는 이유로 "제대로 살려면 공부해라. 어떻게 하든지 명문 대학 가라. 그래야 인생을 좀 편하게 살 수 있다"라고 아이들을 닦달합니다. 여기에는 예외가 없습니다. 교육 문제는 부모의 지성이나 사회의식과 무관합니다. 그래서 누군가 그런 말을 했습니다. "보수는 아무 생각 없이 아이들을 입시지옥으로 몰아넣고, 진보는 고민하면서 아이들을 입시지옥으로 밀어 넣는다." 왜 그렇게 할까요? 결국 그 이면에는 삶에 대한 두려움이 드리워져 있는 것이지요. 자녀에 대한 사랑이 큰 만큼 그 자녀가 살아내어야 할 현실에 대한 염려가 있는 것입니다. 이런 염려, 이런 두려움 앞에서 우리는 어떻게 해야 하는가요?

오늘 말씀에 의하면, 제자들이 갈릴리 바다를 건너는데 갑자기 폭풍우가 몰려왔고, 비가 들이쳐서 배는 금방이라도 물에 잠기게 될 것 같습니다. 두려움에 사로잡힌 제자들은 주무시고 계신 예수님을 다급하게 깨우고, 예수님은 말씀으로 폭풍우를 잔잔하게 하십니다. 이 말씀에서 우리는 삶의 세 가지 교훈을 얻을 수 있습니다.

첫째, 인생에는 언제나 해결해야 할 어려운 문제가 있게 마련이라는 점입니다.

우리는 문제없는 삶, 평온하고 안정된 삶을 바라지만 현실에는 어려운 문제가 늘 있습니다. 하나님이 다스리는 세상이고 선하게 창조된 세상이지만, 죄가 있고 아직 완전한 구원은 찾아오지 않았기 때문입니다. 캐나다의 신학자 더글러스 죤 홀(Douglas John Hall)은 하나님의 창조 질서 안에 고통으로 나아갈 수 있는 요인들이 이미 들어 있었다고 말합니다. 가령 가장 완벽한 곳이라 여겨지는 에덴동산에도 문제는 있었습니다. 첫째, '외로움'이 있었습니다. 에덴동산에서 아담은 외로웠습니다. 그의 옆에는 하나님과 하나님이 만드신 여러 동식물들이 있었지만 충분하지 않았지요. 하나님이 "아담이 혼자 있는 것이 좋지 못하다"라고 하신 것처럼, 아담은 외로웠고 다른 사람이 필요했습니다. 둘째, 아담에게는 '제한'이 있었습니다. 에덴동산은 모든 것이 허용된 곳은 아니었습니다. 동산의 모든 실과는 따 먹어도 되지만 동산 중앙에 있는 선악을 알게 하는 나무 열매를 먹을 수 없었습니다. 셋째, 에덴동산에는 '유혹'이 있었습니다. 아담은 자유의지를 가진 존재로 만들어졌기에, 언제든지 그 자유를 사용하여 하나님을 거부하고 자기 마음대로 살 수 있는 유혹에 노출되어 있었습니다. 넷째, 거기에는 '불안'이 있었습니다. 아담은 내일 일을 알지 못했습니다. 아담의 마음 깊은 곳에는 자신의 미래에 대한 불안과 두려움이 있었습니다. 무슨 이야기인가요? 아담으로 대표되는 우리 인간들은 처음부터 존재 깊은 곳에 외로움, 제한, 유혹, 그리고 불안 앞에 서 있다는 것입니다.

여러분 외로움은 고통입니다. 하지만 외로움을 경험해 보지 않고 어떻게 만남의 기쁨을 알 수 있겠습니까? 제가 신학대학원생일 때, 서른여덟 살 노총각 형님 학생이 있었는데, 아직 나이가 젊었던 저와 제 친구들은 그를 자주 놀려 먹었습니다. "도대체 형님은 그 많은 세월 다 보내고 아직 결혼도 안하셨습니까?" "야, 사람이 있어야 결혼하지. 여자들은 다 어디 가버렸는지 몰라." 그는 외롭다는 말을 달고 살다가 결국 좋은 분을 만나 결혼했습니다. 그의 신혼집에 놀러 갔을 때 그분이 행복해 하던 모습이 눈에 선합니다. 외로움은 고통이지만 그 외로움이 있었기에 기쁨도 큰 것입니다.

삶의 제한도 고통입니다. 그러나 제한이 있기 때문에 삶에 기쁨과 감사가 있습니다. 어릴 때 들은 어느 효녀 이야기가 있지 않습니까? 어머니가 중병에 걸려서 힘들어 하시다가 "애야, 딸기를 먹을 수만 있다면 내 병이 나을 것 같다"라고 말합니다. 그러나 사방이 눈으로 덮여 있는데 어디 딸기가 있겠습니까? 하지만 이 효녀는 어머니 병을 치료하려고 딸기를 찾아 눈밭을 며칠 동안 헤맸습니다. 그 모습을 산신령이 어여삐 여겨 딸기를 찾게 했고, 그 딸기를 어머니에게 드렸더니 병이 씻은 듯이 나았다고 합니다. 하지만 집 앞의 마트에 가기만 하면 사시사철 딸기를 살 수 있는 오늘날, 이런 이야기는 별로 감동이 없을 것입니다. 그러나 눈 덮인 산에서 어렵게 발견한 딸기가 마트나 집의 냉장고에 들어 있는 딸기와 같을 수 없습니다. 이 둘은 완전히 다릅니다. 제한은 고통이지만 제한이 있기에 기쁨이 있고, 경탄과 감사가 있는 것입니다.

마찬가지로 삶에는 유혹이 있으며, 이 유혹은 우리를 고통으로 밀어 넣습니다. 하지만 유혹이 있고, 그것을 이겨 낼 때 진정한 자긍심과 기쁨이 찾아옵니다. 불안도 마찬가지입니다. 불안은 우리를 고통스럽게 하지만, 마음 깊은 곳에서 불안과 흔들림을 경험해 본 사람만이 그 불안이 극복된 이후의 마음의 평화와 기쁨을 누릴 수 있습니다. 어린 시절, 일을 보러 밖에 나가신 어머니를 늦게까지 기다린 경험이 누구에게나 있을 것입니다. 시간이 갈수록 무섭고 불안해지며 집안 곳곳이 무서워지기 시작합니다. 누나가 어젯밤 해준 귀신이 금방이라도 튀어나올 것 같습니다. 잔뜩 불안해져 있는데 문밖에서 무슨 소리가 들립니다. 모기만 한 목소리로 "누구세요?" 물었을 때 들려오는 소리, "엄마다. 문 열어라." 아! 그때의 안도감과 기쁨을 어떻게 말로 표현하겠습니까? 그만큼 무섭고 불안했기에 기쁨도 큰 것입니다. 이처럼 인간 삶에는 본질적으로 외로움, 제한, 유혹, 불안이 있을 수밖에 없지만, 바로 그런 것들이 있기에 그만큼의 기쁨과 위로와 보람과 평안이 있는 것입니다.

그러니 삶의 두려움과 문제를 다루는 최상의 방법은 피하지 않고 직면하는 것입니다. 유명한 정신과 의사 스캇 펙(M. Scott Peck)은 그의 베스트셀러『소수의 사람만이 걸어간 길』이라는 책의 첫머리에서 말합니다. "인생은 고해이다. 그래서 지금 힘들다고 회피하면 더 힘들어진다. 차라리 고통을 직면하라. 그러면 삶의 과제는 쉬워진다." 우리는 이런 괴로움을 학창시절 시험 기간 때 이미 경험했습니다. 시험 공부하는 것이 싫어서 회피할수록 해야 할 분량은 쌓여 가고 괴로움은 커집니다. 이런 고통은 차라리 마음 다잡고 공부를 시작할 때 사라집니다. 직면할 때 고통은 의외로 쉬워질 수 있습니다.

둘째, 어떤 어려움이 있어도 그 어려움 속에 예수님은 함께 계시다는 점입니다.

중국의 작가 지센은 이런 시를 지었습니다.

저 배 바다를 산보하고
나 여기 파도 흉용한 육지를 항해한다.
내 파이프 자욱이 연기를 뿜으면
나직한 뱃고동, 남 저음 목청.
배는 화물과 여객을 싣고
나의 적재 단위는 인생이란 중량.

이 시에서 '배'는 우리 인생의 상징입니다. 배가 흔들리듯 우리 인생
도 흔들리고, 배가 폭풍우를 만날 때가 있듯이 인생에도 폭풍우 칠 때
가 있습니다. 그러나 중요한 것은 예수님이 우리 각자의 인생의 배에
계시느냐는 것입니다. 예수님이 함께 계시면 아무리 힘들어도 이겨
내고, 예수님이 함께 하시면 더 놀라운 일을 경험합니다. 오늘 말씀에
서 제자들은 폭풍우 경험 속에서 예수님이 폭풍우까지도 통제하시는
놀라운 분임을 깨닫게 됩니다.
가만 생각해 보면 정말 힘든 것은 힘든 일 자체일 뿐 아니라 그 힘

틈을 함께 나눌 사람이 없는 것입니다. 남자들이 하는 이야기 중에 여자들이 재미 없어 하는 이야기가 두 가지 있는데, 하나는 군대 이야기이고, 다른 하나는 축구 이야기입니다. 그래서 제일 재미없는 이야기는 군대에서 축구한 이야기라고 합니다. 그런데 남자들은 왜 그 힘든 군대 이야기를 자꾸 할까요? 힘들었지만 함께 있었고, 함께 이겨 냈기 때문일 것입니다.

예수님은 지금 이 순간에도 우리와 함께 계시며, 우리를 도우십니다. 하나님은 우리와 함께하시는 '임마누엘' 하나님이십니다. 오래전 제가 3개월 사이에 세 차례의 암 수술을 연달아 받고, 혼자 요양병원에 가 있을 때 아내는 집에서 홀로 어린 세 아이를 돌봐야 했습니다. 어느 날, 아내가 어린아이들과 함께 기도할 때 다섯 살이던 막내가 이렇게 기도했다고 합니다. "예수님, 우리 아빠가 많이 아파요. 아빠한테 빨리 가서 낫게 해 주세요. 예수님이 가실 때 하나님도 가시고, 성령님도 같이 가세요. 빨리 가세요. 알았지요?" 다섯 살짜리의 기도를 들으며 아내는 힘든 중에도 큰 위로를 받았다고 했습니다. 예수님이 함께 계심을 믿을 때 우리는 인생의 모든 폭풍우를 하나씩 넘어갈 수 있습니다.

그러니 지금 인생의 두려움을 느끼고 있는 분들, 지금 내가 타고 있는 인생이라는 배가 크게 흔들리고 있다고 느끼는 분들에게 권면합니다. 주 예수께서 함께하심을 믿으십시오. 믿음의 주요 온전하게 하시는 우리 예수님을 바라보십시오! 히브리서 12장 1-2절은 말합니다. "이러므로 우리에게 구름같이 둘러싼 허다한 증인들이 있으니, 모든 무거운 것과 얽매이기 쉬운 것을 벗어 버리고, 인내로써 우리 앞에 당한 경주를 경주하며, 믿음의 주요 온전케 하시는 이인 예수를 바라보자." 찬송가 325장입니다. "예수가 함께 계시니 시험이 오나 겁 없네/ 기쁨의 근원 되시는 예수를 위해 삽시다/ 날마다 주를 섬기며 언제나 주를 기리고/ 그 사랑 안에 살면서 딴 길로 가지 맙시다."

또한, 제자들이 탄 배는 오늘날의 교회이기도 합니다. 실제로 교회사에서는 교회를 배로 묘사한 경우가 많았고, 오늘날 세계교회협의회(WCC)의 로고도 배 모양입니다. 교회가 배와 같다면 교회 역시 파도에 휩싸입니다. 그러나 예수님과 함께 하는 교회는 고난의 파도 속에서 더 강해집니다. 역사 속에서 교회가 가장 강하고 아름다웠을 때는 박해 속에 있을 때였고, 가장 순수할 때는 고난 중에 있을 때였습니다. 오히려 정말 위험한 것은 외적인 어려움이 없고, 교회 안에 돈과 힘이 있을 때입니다. 오늘 이 시대가 오히려 교회에는 위험한 시기일 수 있습니다. 우리 교회가 언제나 예수님을 모시고 믿음의 항해를 해나가는 교회가 되기를 바랍니다.

셋째, 가장 중요한 말씀으로, 인생의 두려움을 극복하는 길은 그보다 더 근원적인 더 큰 두려움에 붙잡히는 것입니다.[3]

지금 제자들은 폭풍 속에서 두려워하고 있었습니다. 그러다가 예수님이 폭풍우를 잠잠케 하시자 이제 다른 종류의 두려움이 그들을 찾아옵니다. 이 두려움은 예수라고 하는 이 낯선 분 앞에 서 있는 두려움

---

3   이하의 내용은 영남신대 최태영 은퇴 교수님의 마가복음 강해의 한 부분에서 가져왔습니다.

입니다. 이분이 도대체 누구이기에 말씀 한마디로 폭풍우까지 잠잠케 하는가? 도대체 이분은 누구인가? 그것은 다른 종류의 두려움, 즉 경외감이었습니다. 그때 예수님은 말씀하십니다. "너희가 어찌하여 이렇게 믿음이 없이 두려워하느냐?"

여기에서 우리는 믿음과 두려움 사이의 관계를 봅니다. 즉, 믿음이 있으면 두려움이 사라지고, 믿음이 없으면 두려움이 찾아온다는 것입니다. 길을 가는데 갑자기 커다란 불독이 우리를 보고 하얀 이를 드러내고 으르렁거리며 달려온다면 우리는 두려울 것입니다. 저 불독이 무슨 짓을 할지 믿을 수 없기 때문입니다. 깊은 밤 골목길을 걷는데 갑자기 어떤 남자가 나를 향해 고함을 치면서 달려옵니다. 그때 우리는 두려울 수 있습니다. 그런데 가까이 온 그 사람이 친한 친구라는 것을 알게 되는 순간 두려움은 사라집니다. 이 친구가 나를 해롭게 하지 않을 것을 나는 믿기 때문입니다. 믿음이 없으면 두렵지만, 믿음이 있으면 두려움이 사라집니다.

그래서 성경은 계속해서 믿음을 말하는 것입니다. 진정 하나님 한 분만을 믿고 이분만을 진정으로 경외하며 두려워할 때, 우리는 인생의 모든 두려움에서 벗어날 수 있습니다. 마태복음 10장 28절에서 예수님은 말씀하십니다. "몸만 멸하는 자들을 두려워 말라. 몸뿐 아니라 영혼까지 죽일 수 있는 자를 두려워하라." 이 세상에는 우리의 몸을 멸할 수 있는 것들이 많이 있습니다. 하지만 그것들은 모두 일시적인 것들이며, 최악의 경우일지라도 우리의 생명을 빼앗아 갈 뿐입니다. 하지만 여기 나의 몸뿐 아니라 영혼까지 멸하실 수 있는 분이 계십니다. 나의 영혼은 나를 나 되게 하는 것이고, 나를 진정 소중하고 가치 있게 하는 나의 본질입니다. 하나님 한분 만이 우리의 영혼을 살릴 수도 있고 죽일 수도 있습니다. 그래서 지금 우리 모두에게 가장 필요한 것은 이런 지극히 크신 하나님 앞에 우리가 서 있다는 경건한 두려움입니다.

오늘 부모된 우리가 자녀들에게 줄 수 있는 가장 큰 선물은 무엇일까요? 저는 아버지로서 아들들에게 무엇을 할 수 있을까 생각해 봅니다. 밥을 먹이고 공부를 시켜 줄 수 있습니다. 좋은 권면을 들려주며 물질적 지원도 어느 정도는 할 수 있습니다. 그러나 그뿐입니다. 또 그런 일을 한다고 해서 아들들이 반드시 원하는 모습대로 성장하는 것은 아닙니다. 세월과 함께 우리는 나이 들고 주님께로 갈 것이며, 아이들은 자라나서 자기들의 인생을 살아갈 것입니다. 결국 우리가 자녀들에게 해줄 수 있는 최고의 선물은 이런 거룩하고 경건한 두려움을 가지고 살게 하는 것입니다. 그러면 아이들이 엇나가도 다시 돌아올 것이고 가장 아름답게 인생을 걸어갈 수 있을 것입니다. 어디 자녀들뿐이겠습니까? 부부 사이에, 또 교우 사이에 서로 줄 수 있는 최고의 선물이 이것일 것입니다.

하지만 과연 우리에게 구약 성경이 '야뤠'라는 말로 표현하고 있는 이 경건한 두려움, 또한 제자들이 예수님을 만났을 때 가지게 되었던 거룩한 두려움이 있습니까? 누군가 이런 말을 했습니다. "지난 30년 사이에 교회에 나오는 사람들 마음에 근본적인 변화가 생겼다. 전에는 어떻게 하면 하나님께 영광을 돌릴 수 있을까? 어떻게 하면 하나님의 교회를 잘 섬길 수 있을까를 물었다면, 이제는 오늘 내가 하나님께 어떤 은혜를 받을 수 있을까? 교회를 통하여 어떤 도움을 받을 수 있을까?"를 묻는다는 것입니다. 무슨 말인가요? 하나님에 대한 거룩한 경외는 어느듯 사라지고 그 자리를 자기중심주의가 차지하게 되었다는 말입니다. 하지만 그 결과는 무엇입니까? 창조주 하나님이 아닌 나 자신과 그 행복이 가장 중요하게 된 순간 오히려 삶의 기쁨과 행복은 사라졌고, 믿음은 변질되고 교회는 약화되어 버린 것입니다.

그러니 오늘날 교회에 사라져 버린 것, 그러나 반드시 있어야 하는 이 거룩한 두려움을 모두 회복하시기를 기원드립니다. 모든 믿음의 사람들에게는 이 거룩한 두려움이 있었습니다. 아브라함에게 있었고, 야곱에게 있었고, 요셉에게도 있었습니다. 종교개혁자 마르틴 루터(Martin Luther), 장 칼뱅(Jean Calvin)을 비롯하여 교회사의 모든 위대한 하나님의 사람들에게도 지극히 크신 하나님 앞에서의 거룩한 두려움이 있었습니다. 칼뱅의 경우 그는 학자로 조용하게 살고 싶었던 사람입니다. 그러다가 스위스 제네바에서 종교개혁을 시작한 화렐이라는 사람을 만났고, 제네바 시의 개혁에 참여하라는 요청을 받습니다. 칼뱅이 계속 거부하자 화렐은 화를 내며 "하나님이 불순종한 요나를 어떻게 했는지 생각해 보라"라고 협박 아닌 협박을 했습니다. 그때 칼뱅은 마치 하나님의 손이 자신을 덮치는 것 같은 느낌을 갖게 되고, 결국 그 말씀을 따릅니다. 그는 이 사건에 대해 이런 말을 남깁니다. "내 인생이 내 것이면 나는 조용히 학자의 길을 가고 싶습니다. 그러나 내 심장을 움켜쥐고 있는 분은 내가 아니라 나의 하나님이십니다. 그래서 이제는 부르시는 그 길을 가고자 합니다." 이로 인해 "심장을 움켜쥔 하나님의 손"이라는 문양은 칼뱅이 시작한 개혁 교회의 상징이 되었습니다. 우리도 마찬가지입니다. 하나님에 대한 거룩하고 경건한 두려움이 회복되어야 합니다. 그때 우리는 비로소 자기 자신을 올바르게 존중할 수 있고, 이웃을 품을 수 있으며, 함께 아름다운 공동체를 만들어 갈 수 있습니다.

이제 말씀을 정리합시다. 첫째, 우리 인생에는 두려움이 있습니다. 하지만 그 두려움을 피하기보다 직면할 때 문제는 오히려 쉬워집니다. 둘째, 임마누엘 되신 우리 예수님이 함께하심을 믿고 문제 한 가운데를 다시 힘을 내어 걸어갑시다. 셋째, 무엇보다도 두려움의 순간에 지극히 거룩한 하나님과 그 뜻을 더욱 경건하게 두려워하고 청종합시다. 그때 우리를 두렵게 하는 인생의 문제들은 하나씩 사라져 갈 것입니다. 우리는 더 나은 믿음의 사람이 될 것이고 삶은 더 깊고 아름다워질 것입니다. 하나님께서 우리 모두에게 이런 축복을 주시기를 기도드립니다. 아멘.

07 벽을 무너뜨리시는 하나님
출애굽기 3:1-12; 4:1-5

미디안 광야에서 양을 치던 모세는 어느 날 신기한 광경을 보게 됩니다. 떨기나무에 불이 붙었는데 그것이 꺼지지 않고 계속 타오르는 것입니다. 이상하게 여겨서 그 불꽃으로 다가간 모세에게 하나님은 이스라엘을 구원하라는 소명을 주십니다. "내가 내 백성 이스라엘의 신음하는 소리를 들었다. 그들이 나에게 구원해 달라고 부르짖는 말을 들었다. 이제 내가 너를 보낸다. 내가 너와 함께할 것이니 너는 내 백성 이스라엘을 이집트의 압제에서 구하여라."

하지만 모세는 주저하고 망설입니다. 출애굽기 4장 1절은 망설임의 이유를 세 가지로 말합니다. 첫째, 사람들이 나를 믿지 않을 것입니다. 둘째, 사람들이 내 말을 듣지 않을 것입니다. 셋째, 하나님이 나에게 나타났다고 생각하지도 않을 것입니다. 한마디로 정리하면 "사람들이 나를 믿어 주지도 않을 것이고, 설혹 믿어 준다 한들 내게는 그런 일을 할 능력이 없습니다"라는 말입니다. 그런데 우리 역시 그렇지 않을까요? 뜻밖의 아주 중요한 일이 우리에게 주어질 때 우리 역시 주저

인간의 고난, 하나님의 침묵 그리고 십자가

하면서 모세처럼 말하기 쉽습니다. "사람들이 나를 믿어 주지 않을 것입니다. 내 말을 듣지 않을 것입니다. 나는 자격이 없습니다."

특히 모세에게는 이렇게 말할 수밖에 없는 몇 가지 이유가 있었습니다.

첫째, 그는 더 이상 젊지 않습니다. 모세는 이미 80세가 되었습니다. 젊어서는 이것저것 시도해 볼 수 있고, 실패해도 다시 일어설 수 있습니다. 그 실패가 인생을 풍요하게 만드는 밑거름이 되기도 합니다. 그러나 나이 들어서는 쉽지 않습니다. 제가 대학생 때 만나 평생을 가깝게 지내는 친구 목사가 있습니다. 아주 엉뚱하고 별난 친구여서 대학 1학년 때 자기 사업을 시작하는 등 남이 하지 않는 일들을 많이 했습니다. 친구들 사이에서는 이 친구가 벌리는 기상천외한 일들이 언제나 재미있는 이야깃거리였지요. 그는 대학 졸업 후 신학을 공부했고, 유학 후에 큰 교회에서 목회하면서 나름의 성공도, 실패도 경험했습니다. 그 친구가 52세 되던 해에 개척 교회를 시작하며 하던 말이 참 인상적이었습니다. "이제 더는 실패해서는 안 되는 나이다." 그래서 제가 말했습니다. "너처럼 겁 없이 좌충우돌하는 사람도 그런 말을 할 때가 오는구나." 지금 모세 나이는 80세, 뭔가 새 일을 시작하기 많이 늦어 보입니다. 지금 있는 서 지키면서 살아가는 것도 버거울 나이입니다. 그래서 "하나님, 나는 못 합니다"라고 말하는 것입니다.

둘째, 모세는 80세나 되었지만 실제로 가진 것이 없습니다. 성경은 그가 장인어른 이드로의 양을 쳤다고 합니다. 이 말은 처가에 붙어산다는 뜻입니다. "겉보리 세 말만 있으면 처가살이 안 한다"라는 말도 있는데, 모세는 나이 80이 되도록 자기 노동력을 제공하고 처가살이하고 있습니다. 그가 의지할 수 있는 것은 얼마 되지 않는 자기의 노동력뿐입니다.

언젠가 늦은 밤에 김해 공항에서 택시를 타고 집으로 오는 길에 택시 기사 분과 이런저런 이야기를 나눈 적이 있습니다.

"요즘 경기가 어떻습니까?"

"너무 어렵지요. 택시가 좋은 시절은 오래전에 지났어요. 오늘도 공항 들어와서 1시간 30분이나 기다리다 겨우 손님 가족을 태웠습니다. 어떤 날은 두 시간을 기다렸다가 결국 허탕 치는 날도 있어요."

"그래요? 손님이 많아야 할 텐데…. 일은 하루에 몇 시간 하십니까?"

"그래도 저는 개인택시 운전사라 이틀 일하고 하루 쉽니다."

"그 정도면 괜찮네요. 쉬는 날은 뭐하십니까?"

"우리는 몸이 재산 아닙니까? 몸이 쓰러지면 다 쓰러지기에 건강관리를 위해 오전에는 친구들하고 축구를 합니다. 오후에는 목욕탕에서 땀 빼고, 친구 만나 술이나 가볍게 한잔하고, 밤에는 일찍 잡니다. 다음 날부터 다시 하루에 15시간씩 일을 해야 하니까요."

"15시간 이상 일합니까?"

"예. 새벽 6시에 나가서 밤 12시에 들어갑니다. 그게 반복되지요."

"그렇게 해서 얼마 버십니까?"

"이것저것 제하고 나면 한 달에 270만 원쯤 됩니다."

"생활이 되십니까?"

"먹고는 삽니다. 그러면 되었지요."

"얘들 공부도 시켜야 안 됩니까?"

"아이고! 그러면 모자라지요. 다행히 우리 자녀 셋은 다 컸습니다. 하나는 고졸이지만 둘은 대학을 보냈습니다. 이제 자기들 밥벌이하니까 괜찮습니다. 아내랑 둘만 먹고살면 되니까요."

"그래도 아프거나 사고가 나면 안 되겠군요."

"그렇지요. 그게 제일 문제지요. 우리는 몸이 재산 아닙니까."

오늘날 우리 주변에는 이 택시 기사분처럼 남은 것이라고는 내 한 몸 밖에 없다고 생각하는 분들이 많이 있습니다. 모세 역시 그런 상황에 처해 있습니다.

셋째로, 무엇보다 모세를 자신 없게 했던 것은 그의 좌절과 실패의 상처입니다. 40여 년 전, 몸에 펄펄 힘이 넘치는 젊은이였던 때, 그는 정의감도 있고 열정도 있었습니다. 세상을 바꾸어 보고 싶었고, 또 바꿀 수 있다고 생각했습니다. 하루는 이집트 사람이 강제 노동에 끌려온 그의 동족 이스라엘 사람 하나를 부당하게 괴롭히는 것을 보았습니다. 민족의식과 정의감에 불탄 그는 주변에 아무도 없는 것을 확인하고, 이 이집트 사람을 죽여 모래 속에 파묻어 버렸습니다. 하지만 그 사건은 곧 탄로가 났고, 그는 외로운 도망자가 되어서 지난 40년 동안 광야에서 살아야만 했습니다.

그러니 그에게 얼마나 큰 좌절이 있었겠습니까? "나는 이미 40년 전에 이 민족을 구하려고 시도했습니다. 하지만 아무것도 이루지 못했고, 내 인생만 망쳤지요. 그런데 젊었을 때도 못 한 일을 이 나이에 다시 시작하라고요? 내가 가서 말하면 바로와 이집트 사람들이 듣기나 하겠어요? 이집트 사람들은 그렇다 치고, 이스라엘 사람들도 나를 비웃을 것입니다. 내 인생은 실패였습니다." 그래서 그는 말합니다. "나는 할 수 없습니다."

여기서 우리는 깨닫습니다. 곧 우리는 세상을 있는 그대로 보기보다 우리의 경험의 안경을 쓰고 본다는 것입니다. 그래서 성공의 경험이 많은 사람은 또 성공을 기대하고 앞으로 나아가 결국 성공하지만, 실패의 경험이 많은 사람은 또 실패할까 봐 지레 포기합니다. 시도하면 될 일조차도 미리 알아서 그만둡니다. 참 안타깝습니다. 결국 많은 경우 문제는 밖에 있는 것이 아니라 우리 내면에 있는 것입니다. 성공도 습관이고 실패도 습관입니다. 우리는 그 습관에 매여 살고 있습니다.

오랫동안 사람들은 그 어떤 비행기도 음속(초속 340m)보다 빨리 날 수 없다고 믿었습니다. 과학자들은 마하 1의 속도에서는 조종사와 비행기가 모두 산산조각이 날 것이며, 특히 조종사는 목소리를 잃고 갑자기 엄청나게 늙어 버려 회복 불가능한 신체 손상을 입을 것이라고 말해왔습니다. 그래서 아무도 음속으로 날아 볼 시도를 하지 않았습니다. 하지만 1947년 10월의 어느 날, 잭 예거(Chuck Yeager)라는 조종사는 벨 항공의 X-1기를 이용하여 시속 700마일(마하 1.06)으로 비행하는 데 성공했습니다. 그는 3주 후 마하 1.33으로 비행하였고, 6년 후에는 시속 1,612마일(마하 2.44)라는 믿을 수 없는 속도로 하늘을 날았습니다. 잭 예거는 자서전에서 이렇게 말합니다. "속도가 빨라질수록 비행이 더 편하게 느껴졌다. 갑자기 마하를 가리키는 바늘이 움직이기 시작하였다. 바늘은 마하 0.963을 가리켰고 곧 오른쪽으로 더 기울어 갔다. 나는 마치 환각을 경험하는 느낌이었다. 그때 나는 초음속으로 날고 있었던 것이다. 그 느낌은 어린아이의 엉덩이만큼이나 부드러웠다. 음속의 장벽을 무너뜨리는 것은 포크로 젤리를 자르거나 잘 포장된 도로를 달리는 것처럼 쉬웠다. 그때 나는 진정한 장벽은 하늘에 있는 것이 아니라 우리의 선입견, 우리의 마음속에 있었음을 깨달았다."

무슨 말인가요? 우리 모두는 실제의 벽이 아니라 선입견과 추측의 벽에 매여 있다는 것입니다. 성경은 이런 우리를 육신의 정욕에 매여 있고, 세상에 매여 있고, 악한 사탄의 힘에 매여 있다고 말합니다. 히브리서 2장 4절은 "죽기를 무서워함으로 일생에 매여 종노릇 한다"라고 말합니다. 그러나 하나님은 이런 모든 벽을 무너뜨리는 분입니다. 하나님이 계신 곳, 우리가 하나님께 순종하며 신뢰하며 나아갈 때마다 장벽들은 무너지기 시작합니다.

이제 하나님은 특별한 방법으로 모세가 쌓아 올린 마음의 벽을 무너뜨리십니다. 본문 말씀 2절에서 하나님은 "모세야, 네가 손에 가지고 있는 것이 무엇이냐?"라고 묻습니다. 모세가 대답합니다. "지팡이입니다." 하나님이 말씀하십니다. "그것을 땅에 던져 보아라." 땅에 던졌더니 그것이 뱀이 됩니다. 모세는 깜짝 놀라 피합니다. 하나님이 말씀하시기를 "그 꼬리를 잡아 보아라." 그래서 조심스럽게 그 꼬리를 잡았더니 다시 지팡이가 됩니다. 이것이 무슨 뜻일까요? 우리 인간의 경험으로는 지팡이는 항상 지팡이고, 뱀은 항상 뱀입니다. 지팡이는 뱀이 될 수 없고 뱀도 지팡이가 될 수 없습니다. 그러나 하나님께서는 뱀을 지팡이로도 만들고, 지팡이를 뱀으로도 만드실 수 있습니다.

모세에게 지팡이는 그의 현실이었습니다. 나이 80이라는 현실, 가난한 목자라는 현실, 새로운 내일은 더 이상 없다는 현실이었습니다. 그것은 그의 실패이고 슬픔이고 안타까움입니다. 그는 그것이 바뀔 수 없다고 좌절했지만, 하나님은 그것이 바뀔 수 있다고 하십니다. 하나님이 함께하시면 지팡이가 뱀이 되고, 뱀이 다시 지팡이가 되는 것처럼 말입니다.

우리도 마찬가지입니다. 우리가 "하나님, 제 인생에는 이제 남아 있는 것이 별로 없습니다"라고 고백할 때, 하나님은 "너에게는 나의 지팡이가 있다"라고 말씀하십니다. "하나님, 나는 이제 젊지 않아요"라고 할 때 "너에게는 나의 지팡이가 있으니 앞으로도 정정하게 일할 수 있다"라고 말합니다. "하나님, 나는 건강도 없고 능력도 없어요"라고 할 때, 하나님은 "너에게는 나의 지팡이가 있지 아니하냐? 내가 그 지팡이를 사용하면 너는 다른 삶을 살아가게 된다. 그러니 그 지팡이 붙잡고 다르게 살아보자"라고 말씀하십니다.

하나님의 시선과 우리의 시선은 다릅니다. 하나님은 다른 것을 바라보십니다. 하나님이 보시는 방향을 우리 역시 쳐다보는 것이 믿음이고 헌신입니다. 이런 하나님을 만나게 되면서 모세는 드디어 이집트로 떠나갑니다. 출애굽기 4장 20절은 이런 모세의 모습을 "그때 모세는 손에 하나님의 지팡이를 들고 있었다"라고 말합니다. 모세의 지팡이가 아닙니다. 하나님의 지팡이를 들고 있는 것입니다. 그는 이 지팡이를 의지하여 파라오 왕 앞에 나가 이스라엘 백성을 해방하라고 당당하게 명령합니다. 이 지팡이로 나일 강을 가리키니, 나일 강이 핏빛으로 변합니다. 이 지팡이로 홍해를 치니, 홍해가 두 부분으로 갈라져 길이 생겨납니다. 그는 이 지팡이를 가지고 광야 40년 동안 이스라엘 백성들을 이끌어 갑니다. 이것이 믿음이고 신앙입니다.

무슨 말일까요? 우리 모두에게는 제약이 있습니다. 그래서 자주 "나는 못 해요"라고 말합니다. "그 일을 하기에는 나는 건강하지 않아요. 나이가 너무 많아요. 그 일을 하기에는 경험이 없어요. 해야 할 일은 너무 크고 해결해야 할 과제는 너무 많고, 맞서야 할 적은 너무 강해요." 그러나 하나님은 다르게 말씀하십니다. "네가 가진 것을 다시 확인해 보아라. 적어도 지금까지 살아온 삶의 경험이 있지 않은가? 성공도 하고 실패도 해 온 너의 삶이 있지 않은가? 여전히 남아 있는 것이 있지 않은가? 한마디로 말해서 나의 지팡이가 있지 않은가? 무엇보다 너를 불러 쓰겠다는 너의 하나님 내가 있지 않은가? 그러니 나와 함께 가자. 가서 새 일을 이루자."

실제로 성경에는 이런 대화가 끊임없이 계속됩니다. 우리는 "없다"

라고 말합니다. 그러나 하나님은 "있는 것"을 확인하고, "그것을 나에게 바쳐라. 나와 함께 가자. 그러면 놀라운 일을 보게 될 것이다"라고 하십니다. 요한복음 6장 9절에 수많은 사람이 벳새다 광야에 모여 있습니다. 사람들은 먹을 것이 없다고 말합니다. 그러나 예수님은 "있다"하시고, 한 소년이 가져온 보리떡 다섯 개와 물고기 두 마리로 배고픈 5,000명을 먹이십니다. 구약 룻기서의 나오미를 보십시오. 예루살렘에 흉년이 들어 모압 지방으로 갔다가 그녀의 남편이 죽고, 건장하던 아들이 둘 다 죽고, 과부가 된 나오미입니다. 그래서 나오미는 "아무것도 없다"라고 말합니다. "내게는 남편도 없고, 자식도 없고, 재산도 없다. 있는 것이라고는 쓰라린 후회와 수치스러움뿐이다." 그러나 그녀에게는 신실한 며느리 룻이 있었습니다. 룻은 말합니다. "어머니의 하나님이 저의 하나님이 되겠습니다. 어머니의 민족이 저의 민족이 되겠습니다. 어머니가 있는 곳에 제가 가서 살다가 그곳에서 함께 죽겠나이다." 룻에게는 아무것도 없고 오직 자기 한 몸뿐이었습니다. 하지만 그런 자신을 하나님께 드릴 때 그는 이스라엘의 유력한 사람, 큰 부자, 인격적인 사람 보아스를 만나 그의 아내가 되고 아이를 낳습니다. 그 아이가 오벳 곧 다윗의 할아버지가 되고 그 가계에서 예수 그리스도께서 태어나십니다.

그러니 우리 역시 가진 것이 없다고 하지 맙시다. 오히려 하나님에 대한 믿음이 부족한 것을 부끄러워합시다. 없는 데서 있는 것을 만드시는 하나님, 무에서 유를 창조하시는 하나님, 모든 절망에서 새로운 희망을 만들어 내시는 하나님을 신뢰하며 오늘을 힘차게 걸어갑시다. 하나님이 나를 들어, 우리를 들어 하나님의 구원을 이룰 것을 기대하면서 힘차게 나아갑시다. 내 손에 있는 지팡이를 하나님께 드려 주님이 그것을 통해 일하실 것을 기대하십시다.

몇 년 전, 저희 학교 신입생 오리엔테이션이 부산 해운대에서 있었습니다. 마침 그날이 정월 대보름이어서 백사장에서 연날리기 대회가 열리고 있었습니다. 수십 개의 화려한 연이 서로 연결되어 하늘 높이 날아오르는 모습이 장관이었습니다. 그 모습을 보다보니 연이 날아오르기 위해서는 두 가지가 반드시 필요하다는 생각이 들었습니다. 첫째, 누군가 그 줄을 잡아 주어야 합니다. 줄이 끊어지면 그것은 잠깐은 하늘을 날지만, 곧 나뭇가지나 전봇대에 걸려 버릴 것입니다. 둘째, 바람이 불어 주어야 합니다. 바람 없이는 아무리 화려하고 멋있는 연이라도 금방 땅에 떨어져 버릴 것입니다.

우리 인생도 마찬가지 아닌가요? 어떤 사람은 화려한 연이 되어 멀리 하늘 높이 날 듯이 살아갑니다. 반면 어떤 사람은 그저 소박하게 살아갑니다. 그러나 어떤 경우든 하나님의 손이 붙잡아 주셔야 하고, 성령께서 바람처럼 우리 삶 위에 불어 주셔야 합니다. 그때 우리는 화려하든 소박하든 날아오를 수 있습니다. 그러니 하나님께서 우리들을 붙잡아 주시기 바랍니다. 우리가 안 된다고 할 때, 된다고 말씀하시는 하나님의 음성을 들으시기를 바랍니다. 하나님께서 여러분 손에 든 지팡이를 강력하게 붙잡아 주시기를 바랍니다. 그래서 하나님과 함께 벽을 깨고 그 벽을 넘어가시기를 바랍니다. 하나님과 함께 가면, 나의 지팡이가 하나님의 지팡이가 되고 삶은 새롭게 될 것입니다. 저와 성도님들이 가는 길에, 이 교회가 나아가는 곳에 하나님의 구원과 해방이 일어나기를 축복합니다. 아멘.

08 다시 별을 찾아서
시편 8:1-9

언젠가 한 학생과 대화를 나누었습니다. 이 친구는 학교를 1년 휴학하고 캄보디아에 단기 선교를 다녀왔습니다. 선교를 떠날 때는 꿈에 부풀어 멋진 선교 사역을 하고 오리라고 생각했지만, 막상 현지에 도착해 보니 모든 것이 불편하고 힘들기만 했습니다. 무엇보다도, 함께 온 동료들로부터 동떨어져 홀로 전기와 수도가 전혀 공급되지 않는 아주 가난한 시골 마을에서 일 년을 보내게 되자, 자신을 그 두메산골로 보내신 하나님을 원망하는 마음이 커졌습니다. 하지만 시간이 지날수록 문명의 혜택을 전혀 누리지 못하는 그곳이 하나님을 더 깊이 만나는 축복의 장소가 되었다고 했습니다. 칠흑같이 깜깜한 밤, 하늘의 별들을 하나씩 세어 가면서 기도드릴 때, 그는 창조주 하나님의 임재하심과 인도하심을 가까이서 체험했다고 간증했습니다. 그 깜깜한 낯선 땅에서도 황홀한 별빛으로 자신과 동행하시고 지켜 주신 하나님께서 이후의 삶도 선하게 인도하시리라는 구체적인 믿음과 확신을 갖게 되었습니다. 지금 이 친구는 졸업 후 사회적 돌봄이 필요한 사람들을 섬기면서 열심히 살고 있습니다.

저 역시 칠흑같이 캄캄한 밤에 영롱히 빛나던 별을 본 추억이 있습니다. 캐나다 유학 시절, 가족과 함께 무스코카라는 호수 지역으로 하루 여행을 다녀온 적이 있었습니다. 아이들을 재우고 아내와 함께 풀벌레 소리 가득한 호수 주변을 거닐었습니다. 사방이 깜깜한데 온 하늘 가득 별들이 초롱초롱 빛나고 있었습니다. 그 별들을 바라보며 광대하신 하나님의 임재 앞에서 지나온 삶과 앞으로 살아갈 날을 올려드리며 기도드렸던 기억이 떠오릅니다.

아침저녁으로 서늘한 바람이 불어오고 있습니다. 가을이 깊어 가고 한 해도 끝을 향해 달려가는 요즘입니다. 이 시점에 밤하늘의 별을 그리며 자신의 삶을 되돌아보면 어떨까요? 지금 이 순간 우리가 직접 나가서 별을 보지는 못하지만, 본문 말씀을 통해 세 가지 별의 모습을 헤아리며 하나님의 뜻을 묵상하고자 합니다.

첫 번째로 만나는 별은 시편 8편의 별입니다. 이 별은 우리 한 명 한 명의 삶이 아주 소중하고 가치 있음을 말해 주는 별입니다. 지금 시편 기자는 밤하늘을 올려다보고 있습니다. 하늘에는 달이 둥실 떠 있고 그 주위로 별들이 가득 차 있습니다. 그 모습에 탄복하면서 그는 말합니다. "주의 손가락으로 만드신 주의 하늘과 주의 베풀어 두신 달과 별들을 내가 보오니." 시인은 지금 하나님께서 그에게 깊은 관심을 가지고 돌보고 계심에 감격합니다. "사람이 무엇이관대, 주께서 저를 생각하시며, 인자가 무엇이관대 주께서 저를 지극히 보살펴 주십니까?"

이 별은 무슨 별일까요? 온 우주를 아름답게 만드시고 질서정연하게 움직이시는 놀라우신 하나님이 우리 한 명 한 명을 지극히 소중히 여기고 있음을 말해 주는 별입니다.

미국 테네시 주의 동쪽 한 마을에 벤 후퍼(Ben W. Hooper)라는 어린 아이가 있었습니다. 키도 작고 몸도 약하고, 공부도, 운동도 잘하지 못했습니다. 특히 이 아이에게는 큰 약점이 있었는데 아버지가 누군지 모르는 것이었습니다. 후퍼라고 하는 성(姓)도 술주정뱅이인 그의 엄마의 성이었습니다. 그러다 보니 동네 어른들은 자기 아이들이 후퍼와 놀지 못하게 했고, 후퍼가 여섯 살이 되어 학교에 들어갔을 때 그와 친구가 되겠다는 아이는 아무도 없었습니다. 그는 외롭고 힘든 어린 시절을 보내었고, 점점 자신이 없어졌습니다.

후퍼가 열두 살 되었을 때, 그 마을 교회에 목사님이 새로 부임했습니다. 이 목사님은 사람이 따뜻하고 누구든지 있는 그대로 사랑하며 받아 준다는 말을 후퍼는 전해 들었습니다. 어느 날 후퍼는 그 교회에 갔습니다. 눈에 띄지 않는 뒷자리에 앉아서 예배를 보고, 목사님이 축도를 할 때 몰래 빠져나와 집으로 갔습니다. 이렇게 몇 주 동안 교회를 다니는 동안 하나님의 말씀이 조금씩 후퍼의 마음을 두드리기 시작했습니다. 어느 날, 예배가 끝난 후 설교를 생각하며 잠시 앉아 있다 보니 어느새 예배는 끝났고, 사람들은 문 앞에서 목사님과 줄을 서서 인사를 나누고 있습니다. 어쩔 수 없이 열두 살의 벤 후퍼는 그 줄의 끝에 서서 목사님과 악수를 하게 되었습니다. 그때 목사님이 이 아이를 보고 묻습니다. "얘야? 너는 처음 보는구나. 너의 아버지가 누구더라?" 사람들은 모두 후퍼가 사생아인 줄 아는지라 주위는 갑자기 조용해지고 이상한 분위기가 되었습니다. 후퍼는 크게 당황하여 얼굴이 벌게졌고 눈에는 그렁그렁 눈물이 맺혔습니다. 그때 목사님의 얼굴이 환해지더니 이렇게 말합니다. "네가 누구네 아들인지 알겠구나. 너의 모습이 아버지를 쏙 빼닮았기 때문에 나는 쉽게 알 수 있어." 주변 사람들의 표정은 더욱 굳어졌고 분위기는 더 어색해졌습니다. 그때 목사님이 말합니다. "너는 하나님의 아들이야! 너의 모습이 하나님을 닮았거든!" 벤 후퍼가 얼굴이 잔뜩 붉어져서 당황해서 빠져나가는데 그 등을 향해서 목사님이 이렇게 외칩니다. "얘야! 너는 하나님의 아들이야! 이제부터 너는 하나님의 아들답게 훌륭하게 살아야 한다."

이 사건 이후에 후퍼는 도시로 나갔습니다. 낮에는 조그만 사무실에서 일하고 밤에는 공부했습니다. 장학금을 얻어 대학에 진학했고, 졸업 후 정치에 입문해서 주 상원의원이 되었습니다. 그리고 그는 테네시 주의 주지사가 되어 일을 아주 잘 수행했고 재선까지 되었습니다. 훗날 그는 테네시 대학교 졸업식에서 이런 말을 남겼습니다. "모든 사람의 삶에는 전환점이 있습니다. 나의 삶의 전환점은 내가 누구인지 진정 알게 된 그날이었습니다. 그날에 목사님이 나를 향해 '얘! 너는 하나님의 아들이야. 너는 하나님 아들답게 훌륭하게 살아가야 해'라는 말을 한 그날에 사생아 후퍼는 사라졌고, 테네시 주의 주지사 벤 후퍼가 탄생했습니다. 그러나 제게는 테네시 주의 주지사라는 신분보다 하나님의 아들이라는 신분이 훨씬 더 소중합니다."

우리 모두에게는 우리의 이름을 불러 주시며, 우리 인생에 기대를 갖고 있는 하나님이 계십니다. "너도 아직 늦지 않았다. 새로 시작할 수 있다"라고 말씀하시는 하나님이 계십니다. 그러니 과거의 실패에 너무 마음 쓰지 마십시오. 지금 내 나이가 몇인데 새로운 것이 나에게 있을까 의심하지 마십시오. 이미 나이 늙어 아이를 갖지 못하게 된 사라에게 아기를 주신 하나님, 75세 된 아브라함을 불러 믿음의 조상으로 삼아주신 하나님, 죽은 나사로의 돌무덤 앞에서 "나사로야, 나오라"라고 말하여 그를 다시 살리신 하나님이 우리 이름을 부르시며 새롭게 살아가게 하십니다. 이런 하나님 안에서 남은 인생을 새롭게 출발하는 우리 모두가 되기를 바랍니다.

우리가 만나야 하는 두 번째 별이 있습니다. 이 별은 아기 예수를 찾아 길 떠난 동방박사들을 인도한 별입니다. 마태복음 2장 1절을 보십시오. "헤롯 왕 때에 예수께서 유대 베들레헴에서 나시매 동방으로부터 박사들이 예루살렘에 이르러 말하되, 유대인의 왕으로 나신 이가 어디 계시뇨? 우리가 동방에서 그의 별을 보고 그에게 경배하러 왔노라 하니" 이 별은 어떤 별입니까? 이 별은 우리에게는 반드시 따라가야 하는 인생의 목적이 있고 주인이 있음을 말해 주는 별입니다.

동방 박사들은 아마도 점성술사들이었을 것입니다. 이들은 별을 보고 개인과 사회, 국가의 길흉사를 예측하던 사람들로, 고대 사회에서 높은 신분을 가진 자들이었습니다. 그들은 별을 연구하다가 하나님의 구원을 가져오시는 분이 태어날 것임을 알게 되고, 그때부터 이름도 모르는 이분을 만나 보는 것을 생의 목적으로 삼고 준비하였을 것입니다. 그들은 가장 값진 예물을 준비해 하늘의 별의 인도를 따라서 멀고 먼 나라까지 여행을 떠나왔습니다. 마침내 아기 예수를 만났을 때 그들 인생의 목적은 이루어졌고 그들은 무척 행복했을 것입니다.

볼펜의 대명사로 알려진 '모나미 153' 볼펜이 만들어진 유래가 있습니다. 처음 만들어진 1963년 5월 1일 당시 우리나라에는 볼펜을 제대로 만들 기술도 없고 공장도 없어서 일본 제품을 수입해서 쓰고 있었습니다. 그때 송삼석이라는 분이 우리도 좋은 볼펜 만들어 보자는 꿈을 가졌습니다. 일본에 기술자를 파견해서 배워 보려고 했지만 그들은 중요한 부분은 가르쳐 주지 않았어요. 실험에 실험을 거듭했지만 번번이 실패했습니다. 결국 도산 위기에 처하게 되었죠. 그는 기도하러 산에 올라갔습니다. 처음에는 사업을 위해 기도하는데, 하나님께서는 사업보다 더욱 중요한 것이 그의 인생에 있음을 가르쳐 주셨습니다. 그는 사업이 망할지라도 믿음은 지켜야 하고, 어떤 경우에도 예수님을 인생의 중심에 모시며 살아야 한다는 사실을 깊이 깨달았습니다.

그는 기도 중에 철저히 하나님 중심으로 사업을 하겠다고 서원했습니다. 구체적으로 세 가지 서원 기도를 하였는데, 첫째로 아무리 바빠도 주일은 꼭 지키며 사업하겠다는 것! 둘째, 물질을 오직 하나님의 영광을 위해 쓰겠다는 것! 셋째, 새벽기도부터 시작해서 열심히 기도 생활 하겠다고 결심했습니다. 기도하고 난 다음에 하나님의 말씀을 읽고 또 읽었습니다. 요한복음 21장을 읽을 때였습니다. "베드로가 예수님이 지시한 곳으로 그물을 던졌더니 153마리의 고기를 잡았으나 그물이 찢어지지 않았다"라는 말씀이 가슴에 확 다가왔습니다. 그때 그는 이렇게 기도했습니다. "하나님, 제가 이번에 만들 볼펜은 '모나미 153'이라고 이름 붙이겠습니다. 이 볼펜이 우리나라 모든 사람의 손을 넘어 전 세계 모든 사람들의 손에 다 들려지길 원합니다. 이런 볼펜을 만들 수 있는 기술과 지혜를 주십시오." 기도하고 난 후 그는 목표를 크게 세웠습니다. 당시 세계 인구가 30억이었습니다. 그래서 "30억 개 팔리게 하옵소서!" 그 후에 망해가던 그의 회사는 모나미 153 볼펜을 30억 개 이상을 팔았습니다. 지금까지 팔린 것이 대략 200억 개가 넘는다고 합니다. 그는 말합니다. "모나미 153을 만든 것보다, 회사가 성공한 것보다, 내 인생에 더욱 소중한 것이 있습니다. 그것은 내가 나의 남은 삶을 하나님과 이웃을 섬기는 삶을 살아야 한다는 사실을 깨달은 것입니다. 내 인생의 목적과 주인을 다시 발견한 것입니다."

이 자리에 있는 우리 모두가 모나미 153 볼펜을 만든 분처럼 사업가로 대성할 수는 없을 것입니다. 그러나 우리는 우리 인생의 주인 되신 예수님을 모시며 살아갈 수 있습니다. 요즘은 대부분 오래 삽니다. 갑자기 사고를 당하거나 큰 병에 걸리지 않는다면 우리는 90세나 100세까지 살수도 있습니다. 그렇다면 오늘 헌신 예배를 드리는 40대 50대 남선교회 분들은 인생의 절반을 산 것입니다. 이제는 인생의 2모작을 시작하는 시간입니다. 지금은 인생의 하프 타임입니다. 후반전을 준비하는 시간입니다. 그렇다면 지금 무엇을 준비하시겠습니까? 무엇을 하든지 우리 인생의 주인 되시는 예수님을 향해 나아가는 별과 같은 삶을 살아야 하지 않겠습니까?

누군가 말하길, 오늘의 한국 사회, 특별히 40대, 50대 남성들에게 세 가지가 없다고 합니다. 첫째, 인생에 대한 자신감이 없습니다. 둘째, 마음을 터놓을 친구가 없습니다. 셋째, 미래에 대한 꿈이 없습니다. 그러나 우리 예수님께서는 자기를 찾는 모든 이에게 인생의 자신감을 주십니다. 인생의 의지할 친구가 되어 주십니다. 미래의 꿈을 향해 떠나가게 하십니다. 인생은 예수님과 함께 걸어갈 때 행복합니다. 이런 예수님을 만나고 예수님과 함께 인생의 후반전을 시작하는 우리가 되기를 바랍니다.

마지막 세 번째 별입니다. 이는 다니엘서 12장 2절과 3절에 나오는 별입니다. "땅의 티끌 가운데서 자는 자 중에 많이 깨어 영생을 얻는 자도 있겠고, 부끄러움을 받아서 무궁히 부끄러움을 입을 자도 있을 것이며, 지혜 있는 자는 궁창의 빛과 같이 빛날 것이요, 많은 사람을 옳은 데로 돌아오게 한 자는 별과 같이 영원토록 비취리라." 다니엘서의 이 별은 무엇일까요? 그것은 우리 인생이 사람들을 옳은 대로 돌아오게 하는 삶이 되어야 함을 알려 주는 별입니다. 인생을 살면서 하나님이 나를 돌보고 계시며 나의 아버지가 되심을 아는 것은 정녕 행복합니다. 하나님 안에서 내가 걸어갈 인생 목표를 발견하고 그렇게 살아가는 것은 큰 축복입니다. 나아가 많은 사람들을 생명의 길로 이끌어 가는 삶을 살아간다면, 그 삶이야말로 진정 아름답습니다.

1963년, 마틴 루터 킹(Martin Luther King) 목사는 흑인 인권 운동을 시작했습니다. 그는 지지자들과 함께 미국 워싱턴 광장에까지 긴 행진을 하였고, 그곳에서 20여만 명의 청중 앞에서 "나에게는 꿈이 있습니다"라는 위대한 설교를 했습니다. 흑인이 사람 대접을 받지 못하던 그 당시에 킹 목사는 하나님 앞에서 흑인과 백인이 모두 당당하게 그의 인격과 능력으로 대우받는 그런 사회를 꿈꾸었습니다. 당시 킹 목사는 이렇게 외쳤습니다.

"나에게는 꿈이 있습니다. 언젠가 조지아의 언덕 위에서 그 옛날 노예들의 후손과 주인들의 후손이 형제애 가득한 식탁에 함께 앉게 되리라는 꿈입니다.

나에게는 꿈이 있습니다. 언젠가는 불의와 억압의 열기에 메마른 미시시피 주조차도 자유와 정의의 오아시스로 바뀔 것이라는, 나의 네 자녀들이 피부색이 아니라 인격에 따라 평가받는 그런 나라에 살게 되리라는 꿈입니다.

오늘, 나에게는 꿈이 있습니다. 주지사가 흑인들을 재판 없이 감옥에 집어넣을 수 있다느니, 흑인은 백인과 비교하면 모자란다고 말하는 앨라배마 주에서 흑인 소년 소녀가 백인 소년 소녀의 손을 잡고 형제자매처럼 함께 걸어가리라는 꿈입니다."

그는 이 꿈 때문에 곤욕을 치러야 했지만, 이 꿈 때문에 행복하기도 했습니다. 결국 이 한 사람이 꾼 꿈이 많은 사람들의 삶을 바꾸었고 미국의 방향을 바꾸었습니다. 이 꿈은 한참 세월이 흘러 버락 오바마(Barack Obama)라는 흑인 대통령을 당선시켰고, 그는 마틴 루터 킹 목사가 설교하였던 바로 그곳 워싱턴 광장에서 대통령으로 취임하였습니다. 마틴 루터 킹 목사가 하나님 앞에서 고난을 각오하고 꿈을 꾸지 않았다면, 많은 사람을 옳은 길로 돌아오게 하는 선한 삶에 삶을 드리지 않았다면, 그것을 위해 기꺼이 고난의 길을 가지 않았다면 과연 최초의 흑인 대통령이 생길 수 있었을까요?

무하마드 유누스(Muhammad Yunus)라는 분이 있습니다. 그는 방글라데시의 치타공 대학 경제학과 교수로 있던 1976년, 빈민들을 돕기 위해 담보 없이 돈을 빌려줘 자활을 돕는 무담보 소액 대출 운동을 벌였습니다. 자립 의지가 있지만 아무런 지원이 없어서 절망하는 가난한 사람들을 돕기 위해 그는 이 운동을 시작했습니다. 그는 가난한 사람들에 대한 기회 제공을 강조하였습니다. "가난은 사회 구조적인 문제이지 개인 문제만은 아닙니다. 사람들에게 기본적인 기반이 주어진다면 누구나 성공할 수 있습니다." 그는 사회가 그런 기반을 제공해 주어야 한다는 생각에서 그라민 은행을 시작했습니다. 그가 시작한 그라민 은행은 지금 방글라데시를 넘어서 아프가니스탄, 카메룬 등 전세계 저개발국은 물론 미국, 캐나다, 프랑스 등 선진국을 포함해 전세계 40개 나라에서 2500여 개의 지점을 운영하고 있습니다. 연간 700만 명 정도가 일인당 평균 20만 원 정도 대출받아서 자립의 밑천으로 삼고 있지요. 상환율은 98%를 넘는다고 합니다. 그는 몇 년 전 서울에 와서 이화여대생들과 대화 속에서 "가난의 대물림을 끊읍시다. 타인과 다음 세대에 대한 책임감을 가지고 삽시다. 지구상에서 가난한 사람을 한 명도 찾을 수 없을 때까지 이 운동을 계속합시다. 우리 후손들에게 보다 나은 삶을 물려주어야죠. 여기에 함께 헌신해 주세요"라고 도전하였습니다.

물론 우리가 마틴 루터 킹 목사나 유누스 총재처럼 살기는 쉽지 않습니다. 예수님처럼 살 수는 더욱 없을 것입니다. 하지만 가끔이라도 우리 자신의 삶을 한 그릇의 밥처럼 이웃에게 나누어 줄 수 있지 않겠습니까? 몸과 마음과 영혼이 지친 사람을 위로하고 새 힘을 주는 데 쓸 수 있지 않겠어요? 오늘 당장 내 옆에서 예배드리고 있는 형제, 자매에게 따스한 사랑의 손길을 내밀 수 있지 않겠습니까? 참으로 많은 사람을 옳은 길로 돌아오게 한 자는 하늘의 별과 같이 빛날 것입니다. 이런 삶에 참여하는 우리가 될 수 있기를 축원합니다.

이제 말씀을 정리하십시다. 가을이 깊어 가는 이 계절에, 성도님들 모두 시편 8편의 별, 곧 우리를 향한 하나님의 사랑과 관심을 알려 주는 별을 만나실 수 있기를 바랍니다. 마태복음 2장 1절의 별, 인생의 의미와 목적을 하나님 안에서 찾게 하는 별이 우리 삶에 있기를 바랍니다. 마지막으로 다니엘 12장 2절의 별, 곧 많은 사람들을 선하고 아름다운 길로 인도하는 별이 예배 드리는 우리 모두에게 있기를 바랍니다. 이런 축복이 함께하시기를 기원합니다.

09 나의 죄악을 기억마소서, 나를 기억하소서!⁴
시편 25:6-7

성경을 읽다 보면 특별히 마음을 잡아당기고 깊이 생각하게 만드는 구절을 만날 때가 있습니다. 저에게는 시편 25편 7절 말씀이 그랬습니다. "여호와여, 내 젊은 날의 죄와 허물을 기억하지 마소서. 주의 인자하심을 따라 나를 기억하소서." 여기서 저자는 하나님께 한 가지는 기억하지 말고, 한 가지는 기억해 달라고 간구합니다. 곧 자기의 젊은 시절의 죄와 허물은 기억하지 말고, 대신 자신은 기억해 달라고 간절히 부탁합니다. "젊은 날"이라는 말을 쓴 것을 보니, 이 시편 기자는 아마 나이가 많이 들어서 이 글을 쓴 것 같습니다. 아마 이런 심정이 아닐까요? "하나님! 제가 믿음으로 살려고 나름 애를 썼으나, 세월이 많이 지나 되돌아보니 참 많은 실수와 잘못이 있습니다. 그것들을 생각하니 가슴이 답답해져서 이렇게 간구합니다. 하나님, 나의 젊은 날의 죄와 잘못과 허물을 잊어 주시옵소서."

우리 역시 살면서 아쉬움과 후회가 많습니다. 특별히 젊을 때는 넘

---

4 미국의 어느 목사님 설교를 듣고 영감을 받아 작성했습니다.

치는 의욕과 미숙함으로 인해 어리석은 일들을 저지르기 쉽습니다. 그리고 시간이 지나 후회합니다. 어떤 이는 그런 기억 때문에 밤에 잠들지 못합니다. 그것들을 잊기 위해 사람들과 모여 잡담을 하고, 텔레비전을 보기도 하고, 술을 마시는 등 애를 씁니다. 실제로 어떤 기억은 잊어버릴 수 있고, 세월이 지남에 따라 아픔이 덜해질 수도 있습니다. 그러나 다 잊을 수 있을까요? 그렇지 않습니다. 우리는 자신의 잘못을 잊기 어렵습니다. 어디 자신의 잘못뿐일까요? 다른 사람이 자신에게 한 잘못도 잊지 않고 있을 때가 많습니다.

본문에 나온 "젊은 날"이라는 말에 저는 제 젊은 날, 특히 신학대학원 학생일 때의 두 가지 사건을 떠올렸습니다. 먼저 다른 사람이 저에게 잘못한 일입니다. 제가 신학대학원 2학년이던 어느 주일 아침에 폭설이 내렸습니다. 서울 시내가 완전히 하얀 눈으로 덮였습니다. 10년 만의 최악의 눈이라고 했습니다. 눈 때문에 버스가 다니지 못했죠. 그때 중고등부를 맡고 있던 저는 교회에 가야 해서 어쩔 수 없이 택시를 탔습니다. 신학교가 있었던 광장동에서 교회가 있던 경희대 앞 제기동까지 택시는 달팽이처럼 기어가느라 거의 두 시간 가량 걸렸습니다. 가난한 교육전도사 시절이라 택시 미터기 올라가는 소리에 가슴이 조마조마했지요.

중간에 어떤 젊은 남녀가 합승했습니다. 안면이 있는 학부 신학과 학생이었는데, 그도 역시 교회에 가기 위해서 자기 부서의 젊은 여선생님과 탔던 것입니다. '다행이다. 이 친구와 나누어 내면 돈 부담이 적어지겠구나'하고 생각했는데, 이 친구가 한 시간 가량 동승한 후, 내릴 때 뒷자리에 앉은 저의 눈치를 살피더니 "선배님, 감사합니다"라고 하더니 훌쩍 내려 버렸습니다. 그날 저는 그 친구의 차비까지 더 내고, 그달 내내 학교 식권을 살 돈이 없어서 힘들었던 기억이 납니다. 학교에서 볼 때마다 '저런 녀석이 무슨 신학생이고 전도사야' 하는 괘씸한 마음이 있다가 세월이 지나면서 잊어버렸습니다. 그런데 약 6년 전, 중국에서 사역하는 선교사가 저희 학교에 와서 채플 설교를 했습니다. 안면이 있는 것 같아 자세히 생각해 보니 바로 그 친구였습니다. 그는 하나님 말씀에 대한 열정을 가진 좋은 선교사로 변해 있었습니다. 그도 저를 기억은 했지만, 표정을 보니 그때 일은 전혀 기억하지 못하는 듯했어요. 저 역시 20년도 더 지난 그 일을 말할 이유가 없었습니다. 그저 인사하고 서로 소식 나눈 후 헤어졌습니다. 하지만 젊었던 그 날의 기억이 남아 있습니다. "우리의 젊은 날의 죄를 기억하지 마소서."

반면, 우리는 자신의 잘못도 잘 잊어버리지 못합니다. 신학대학원 2학년 때 열린 학교 수양회에서 저는 분반으로 나뉜 성경 공부의 조장이었습니다. 다섯 차례에 걸쳐서 하는 성경 공부로 제가 빠지면 모임 진행이 진행되기 쉽지 않았습니다. 그러나 그 당시 저는 너무 모범생으로 살아온 내가 싫어져서 좀 거칠고 비규범적으로 살아야겠다는 생각을 한참 할 때였습니다. 드디어 친구 한 명과 함께 수양회장을 떠나서, 수양회 끝날 때까지 들어가지 않았어요. 그때 그 모임이 어떻게 진행되었는지 알지 못했지만, 그 이후 오랫동안 마음이 불편했습니다. 그때 그 조에 속했던 사람들도 지금은 모두 목회자가 되어 있을 텐데, 그들이 그때의 저를 기억한다면, 그리고 혹시 지금 이 예배에 참석한다면 어떻게 생각할까요? "그 정도로 무책임했던 그 사람이 무슨 설교를 하고 신학교 교수를 해?"라고 하지 않을까요? 그래서 이 말씀을 다시 생각하지 않을 수 없습니다. "주님, 우리의 젊은 날의 죄와 허물을 기억하지 마소서."

우리는 모두 지난 기억 때문에 힘들어합니다. 너무 힘든 경우는 자다가 벌떡 일어나 괴로워하며 어리석었던 자신을 한탄하기도 합니다. 제가 토론토에서 공부하면서 잠시 목회할 때 암을 앓던 한 권사님이 생각납니다. 그분은 "하나님 앞에 죄송해요. 그렇게 사는 것이 아니었는데…."라고 자주 후회의 말씀을 하셨습니다. 아마 그분은 하나님 뿐 아니라 자기 자신에 대해서도 삶을 제대로 살지 못했다는 자책으로 힘들었던 것 같습니다.

그런데 더 심각한 문제는 우리가 우리의 잘못을 다 알지 못하고, 안다 해도 다 기억하지 못하지만 하나님은 다 알고 계신다는 것입니다. 엄위하신 하나님이 우리 잘못을 모두 기억하시기에 우리는 두렵습니다. 성경은 하나님이 전지하셔서 불꽃같은 눈으로 다 보신다고 말합니다. 우리는 그런 하나님의 시선을 피하고 싶어 합니다. 시편 139편의 기자는 "내가 주의 낯을 피하여 어디로 가리이까? 내가 앉아도 아시고, 일어서도 아시고, 내 생각을 아십니다. 내가 새벽 날개를 치며 먼 바다로 나아가도 하나님이 거기에도 계십니다"라고 고백합니다. 이 표현을 보니 이 시편 기자 역시 하나님으로부터 도망가고 싶었던 모양입니다. 그러나 그는 도망갈 수 없는 자신을 발견합니다. 그래서 말하는 것입니다. "여호와여, 주께서 죄악을 감찰하실진대 누가 주 앞에 서리이까?"

중세의 대 신학자, 토머스 아퀴나스(Thomas Aquinas)가 하나님의 전능하심에 대해 강의할 때 한 학생이 물었습니다. "전능하신 하나님께도 한계가 있습니까?" 아퀴나스는 "예. 하나님께도 한계가 있습니다." 그러자 강의실이 충격을 받은 듯 조용해졌지요. '하나님도 하실 수 없는 일이 있다고? 그게 과연 무엇일까?' 모두가 궁금해할 때 아퀴나스는 조용히 말했습니다. "전능하신 하나님조차도 이미 지나간 일들을 없었던 것으로 만들 수 없습니다."

그렇습니다. 전능하신 하나님조차도 이미 일어난 일은 어떻게 할 수 없습니다. 이미 일어난 일은 일어난 것입니다. 그것은 변경될 수 없고 바뀔 수 없습니다. 우리 젊은 날의 모든 잘못과 실수와 죄악도 없었던 것으로 만들 수는 없습니다. 그래서 할 수 있는 한 선하고 아름답게 살지 않으면 안 됩니다. 하지만 이것으로 끝은 아닙니다. 여기에 하나님의 놀라운 약속이 있습니다. 과거의 잘못과 실수와 죄악은 사라지지 않지만, 이제 하나님은 예수 그리스도 안에서 그 모든 것을 없었던 것처럼 여기시겠다고 말씀하십니다. 성경은 말합니다.

여호와께서 말씀하시되 오라 우리가 서로 변론하자 너희의 죄가 주홍 같을지라도 눈과 같이 희어질 것이요 진홍같이 붉을지라도 양털같이 희게 되리라(사 1:18).

인간의 고난, 하나님의 침묵 그리고 십자가

우리가 우리 죄를 자백하면 저는 미쁘시고 의로우사 우리 죄를 사하시
며 모든 불의에서 우리를 깨끗하게 하실 것이요(요일 1:9).

그런즉 누구든지 그리스도 예수 안에 있으면 새로운 피조물이라 이전
것은 지나갔으니 보라 새것이 되었도다(고후 5:17).

하나님이 기억하지 않으시면 그것은 이미 없는 것과 마찬가지입니
다. 그것이 가진 모든 부정적인 힘은 사라져 버렸습니다. 성경의 하나
님은 거룩하신 하나님, 죄를 결코 그대로 보아 넘기지 않으시는 하나
님이시지만, 동시에 우리를 불쌍히 여기시고 용서하시는 하나님이십
니다. 성경은 말합니다. "하나님은 우리의 죄를 따라 갚지 않으셨다.
이는 하늘이 땅보다 높음같이 그를 경외하는 자에게 그 인자하심이 크
심이로다. 동이 서에서 먼 것처럼 우리 죄과를 우리에게서 멀리 옮기
셨다." 여기서 '죄과'라는 말은 '죄'와 '과실'이 합친 말 아닙니까? 하나
님은 우리의 모든 죄, 모든 과실을 이미 용서하셨고 잊으셨다는 말입
니다. 하나님은 우리 허물을 다 잊어버리시고 새롭게 살게 하시는 분
입니다.

그런데 하나님께서 이런 용서와 사랑의 하나님임을 어떻게 알 수
있을까요? 그것은 하나님을 온전히 보여 주신 예수 그리스도의 삶과
죽음을 통해 압니다. 예수님은 간음 중에 잡혀 온 여인을 향해 놀라운
용서를 선언하십니다. "여인이여, 너를 정죄하는 자가 어디 있느냐?"
"아무도 없습니다." "나도 너를 정죄하지 아니하노니, 가서 다시는 죄

를 범하지 말라"(요 8:110). 율법에 의하면 여인은 정죄받고 심판받아야 합니다. 하지만 예수님은 지금 이 여인을 긍휼히 여기고 용서하사 새로운 삶을 살게 하십니다.

이뿐만이 아닙니다. 십자가에 함께 달린 두 강도를 향한 예수님의 태도를 보십시오. 한 강도는 여전히 예수님을 비난합니다. 다른 한 강도는 "너는 하나님이 두렵지 않느냐? 우리는 우리에게 합당한 일을 당하지만, 이분은 그렇지 않다." 그러면서 말합니다. "예수여, 당신의 나라가 임할 때 나를 기억하소서." 그는 "나의 죄를 기억하소서. 나의 모든 실수를 기억하소서. 내 모든 잘못을 기억하소서"라고 말하지 않습니다. 오직 "나를 기억하소서"라고 말합니다. 곧 이 사람은 이렇게 말하는 것입니다. "예수님! 별로 자랑할 만한 내가 아닙니다. 훌륭한 내가 아닙니다. 그냥 부끄럽고 추하기만 한 나입니다. 그러나 제발 나를 불쌍히 여겨 나를 기억해 주십시오." 그때 예수님이 약속하십니다. "내가 진실로 네게 이르노니, 오늘 네가 나와 함께 낙원에 있으리라"(눅 23:43).

무슨 말일까요? 예수님은 이 사람의 죄와 실패와 허물을 기억하지 않으신다는 것입니다. 잘못 살아온 삶의 시간도 기억하지 않습니다. 대신 이 사람 자체를 기억하십니다. 그 크신 긍휼로 이 사람 자체를 기억하면서 영원한 낙원을 약속하십니다. 우리에게도 마찬가지입니다. 주님이 원하시는 것은 우리 한 명 한 명이 새롭게 출발하는 것입니다. 그래서 우리의 모든 죄를 용서하시고 모든 허물과 실패를 잊어 주십니다. 새롭게 살게 하십니다. 이것이 복음이고, 이것을 체험하며 사는 것이 그리스도인의 삶이고, 이것을 전하는 것이 선교입니다.

필리핀의 어느 마을에 예수님을 마치 친구를 만나듯이 수시로 만나 대화하는 소녀가 있다는 소문이 들렸습니다. 나이 든 주교가 확인하기 위해 이 소녀를 불러 보니 확실히 무엇인가 달랐습니다. 그래도 긴가민가해서 진짜 예수님을 만났는지 알아보기 위해 이렇게 말했습니다. "애야, 네가 다음에 예수님과 대화하게 되면, 젊은 날에 내가 본당 신부로 있을 때 했던 큰 잘못이 하나 있는데, 그것이 무엇인지 알려 달라고 여쭈어보아라." 얼마 후 소녀가 와서 말합니다. "주교님이 말씀하신 대로 예수님께 여쭈어보았어요. 그랬더니 빙그레 웃으시면서 이렇게 말씀하셨어요." 그 친구가 젊었을 때 무언가 사고를 친 것 같기는 한데 이미 잊어버려서 기억이 하나도 안 나네. 그러니 다음에 그를 만나면 내가 다 잊어버렸으니 마음 편히 지내라고 해라." 소녀가 전하는 말을 고개를 숙이고 듣던 주교가 한참 후 잔뜩 붉어진 얼굴로 눈물을 글썽이며 말합니다. "네가 만난 분이 예수님이 틀림없나 보다. 예수님이 아니고서야 누가 그렇게 시원하게 잊어버려 주시겠니?"

하나님은 나의 모든 허물과 죄악을 다 잊어버리십니다. 그러므로 여러분도 자신의 허물과 연약함을 다 잊어버리십시오. 대신 하나님이 나를 기억하심을 믿으십시오. 어떤 나입니까? 죄가 있고 연약하고 부족하지만 하나님의 은혜를 입은 나입니다. 하나님의 용서와 사랑을 받은 나입니다. 하나님의 새롭게 하심을 입은 나입니다. 하나님의 능력 안에서 새롭게 살아가게 된 나입니다. 이 사실을 끊임없이 기억하십시오. 이것이 성경의 약속이고, 이것을 믿는 것이 믿음입니다. 이제 우리 모두 성령의 능력 안에서 새로운 삶으로 출발하십시다. 하나님이 여러분을 크게 축복해 주시기를 원합니다. 아멘.

10 위기, 하지만 기회
여호수아 1:1-11

오늘 말씀에서 이스라엘 백성들은 약속의 땅, 가나안 앞에 서 있습니다. 이제 눈앞의 요단강을 건너만 가면 그들의 길고 긴 여정은 끝이 납니다. 마땅히 크게 기뻐하고 즐거워할 터인데 문제가 생깁니다. 지금까지 그들을 인도해 왔던 위대한 지도자 모세가 죽은 것입니다. 오늘 말씀은 모세가 죽었다는 것을 1절과 2절에서 반복해서 말합니다.

모세의 죽음! 이것은 큰 위기입니다. 이집트에서의 탈출이 힘들었고, 광야에서 40년간 방황하는 생활도 고달팠지만, 그들에게는 그 모든 순간에 지도자 모세가 있었습니다. 그런데 이제 그 모든 여정의 끝이 보이는 약속의 땅, 가나안에 들어가려는 순간, 모세가 죽어 버린 것입니다. 이스라엘 백성에게 절호의 기회가 왔는데, 위기도 함께 찾아온 것입니다.

그런데 가만히 보면 우리 삶도 그렇죠. 삶에는 언제나 위기와 기회가 같이 있습니다. 위기는 그 자체로 위기지만, 어떻게 응답하느냐에 따라 우리를 한 단계 성숙시키는 기회가 되기도 합니다. 산다는 것은 위기를 기회로 바꾸어 가는 것이고, 그 가운데 인간답게 성장하고, 하나님이 쓰실 수 있는 사람으로 변화되어 가는 것입니다. 어떻게 하면 삶의 위기들을 아름다운 기회로 만들 수 있을까요? 어떻게 하면 인생의 거침돌들을 디딤돌들로 바꿀 수 있을까요? 본문 말씀에서 세 가지를 찾아봅니다.

첫째, 지금 없는 것을 생각하지 말고, 있는 것을 붙잡아야 합니다.

지금 이스라엘 백성에게는 없는 것이 있습니다. 모세라는 위대한 지도자는 이제 없습니다. 가나안 땅에 사는 족속들과 싸워야 하는데 전쟁 준비 역시 없습니다. 이스라엘 백성에게는 무기도 없고, 경험도 없고, 훈련된 군인도 없습니다. 그러나 있는 것이 있습니다. 모세의 후계자 여호수아가 있습니다. 경험은 없지만 약속의 땅으로 들어가려는 열망에 찬 사람들이 있습니다. 무엇보다 그들에게는 하나님의 약속의 말씀이 있습니다. 그 약속의 말씀은 두 가지입니다. 첫째 가나안 땅을 주시겠다는 약속, 둘째, 언제나 함께해 주시겠다는 약속입니다. 2절 이후 말씀입니다. "너의 평생에 너를 능히 대적할 자가 없으리니, 내가 모세와 함께 있었던 것같이 너와 함께 있을 것임이라. 내가 너를 떠나지 아니하며 버리지 아니하리니."

우리도 마찬가지입니다. 삶에는 언제나 없는 것이 있습니다. 어떤 분은 건강이 없고, 어떤 분은 돈이 없습니다. 어떤 분은 나이가 많고 기회가 주어지지 않습니다. 그래서 한탄합니다. "나에게 이것만 있으면 한번 해 보겠는데…." 하지만 탄식만으로 문제는 해결되지 않습니다. 차라리 그렇게 탄식할 힘으로 지금 있는 것에 집중하십시오.

『성공하는 사람들의 7가지 습관』이라는 유명한 책에서 저자인 스티븐 코비(Stephen Richards Covey)는 '관심의 원'과 '영향력의 원'을 구별합니다. '관심의 원'은 마음의 바람은 있지만 내가 이룰 수 없는 일들의 영역입니다. 희망 사항의 원이라고 해도 되겠지요. 실패하는 사람들은 주로 관심의 원에 마음을 씁니다. 이런 사람들은 현실에서 거의 이루어지지 않을 백일몽을 꾸곤 하지요. "어느 날 돈이 하늘에서 쏟아지면 좋겠다." "내가 20년만 더 젊어진다면 정말 좋겠다." 그러나 그런 일은 일어나지 않습니다. 이런 희망 사항의 원이 커질수록 그 인생은 더 초라해지고, 현실은 더 힘들어집니다. 반면에 '영향력의 원'은 내가 지금 할 수 있고, 조금이라도 시도해서 어떤 변화를 가져올 수 있는 영역입니다. 성공을 자주 경험하는 사람들은 이 영향력의 원에 마음을 쏟습니다. 자신의 관심사를 관심의 원에서 영향력의 원으로 전환하고 키워가는 게 성공의 비결입니다. 다르게 말하자면, 지금 없는 것을 가지고 한탄할 시간에 지금 있는 것들, 그중에서도 하나님이 주신 약속을 믿고 신뢰하는 것이 성공의 길입니다. 인생에서 정말 중요한 것은 나에게 일어난 일이 아니라, 거기에 내가 어떻게 응답하느냐 하는 데 있기 때문입니다.

한 아이가 있었습니다. 어릴 때 눈에 문제가 생겨서 병원을 갔는데 치료가 잘못되어 생후 6개월에 시각 장애인이 되어 버렸습니다. 사춘기가 되면서 자기 삶이 너무 힘들어 몇 번이나 죽음을 생각했습니다. 그런 그녀에게 누군가가 점자로 된 성경을 주었고, 이 성경을 읽으면서 조금씩 삶이 변하였습니다. 인생에 소망을 갖게 되었고, 미래를 계획하게 되었습니다. 그녀는 어느 날 아침 무릎을 꿇고 간절히 기도했습니다. "하나님 나처럼 앞이 안 보이는 사람도 할 수 있는 일이 있을까요?" 이후 그녀는 자기가 시를 짓는 데 재능이 있음을 알았고, 그때부터 일생 약 8,000편의 찬송시를 지었습니다. 그 찬송시가 얼마나 은혜롭고 아름다운지 그중 24곡이나 우리 찬송가에 포함되었습니다. 「예수로 나의 구주 삼고」, 「나의 갈 길 다가도록」, 「찬송으로 보답할 수 없는 큰 사랑」, 「인애하신 구세주여」 같은 주옥같은 곡들입니다.

이 여인의 이름은 화니 제이 크로스비(Fany J. Crosby)입니다. 그녀는 이렇게 말합니다. "만일 내 인생에서 최고의 행운이 무엇이었느냐고 묻는다면, 나는 단연코 내가 앞을 못 보게 된 것이라고 말할 것이다. 앞을 못 보기에 나는 하나님을 만났고, 그분의 은혜를 알게 되었다." 그녀는 다시 태어나도 시각 장애인으로 태어나고 싶다고 말하기도 했습니다. 실제로 그녀는 찬송시를 쓸 때 항상 무릎을 꿇고 기도하며 지었고, 그 가운데 말할 수 없는 기쁨과 감격을 체험했습니다. 그래서 우리 역시 그녀를 한 명의 장애인이 아니라, 하나님의 영감에 붙잡혀 살았던 아름다운 찬송시의 저자로 기억합니다.

그동안 우리는 나름으로 열심히 살아왔습니다. 그 사이 나이도 어느새 제법 들었습니다. 마음속에는 아직 청년이 남아 있는데, 몸은 여기저기 아프고, 인생의 좋은 시간은 거의 지나간 것 같아 보입니다. 그러나 아직 우리가 걸어가야 할 길이 있습니다. 하나님의 부르심의 시간은 여전히 남아 있습니다. 그러니 우리에게 주신 약속의 말씀을 굳게 붙들고, 지금 맡겨주신 일들을 잘 감당해 나가시기 바랍니다. 그 길 가는 동안 하나님께서 성도님들을 크게 도와주시기 바랍니다.

둘째, 위기의 순간이 오면 하나님의 말씀을 붙잡으면서, 그것을 입으로 계속 선포해야 합니다.

본문 말씀에서 하나님은 여호수아에게 말씀하십니다. 8절입니다. "너는 이 율법책을 네 입에서 떠나지 말게 하며, 주야로 그것을 묵상하여 그 안에 기록한 대로 다 지켜 행하라. 그리하면 네 길이 평탄하게 될 것이라. 네가 형통하리라." 하나님의 말씀을 가까이하고, 계속 묵상하고, 그 말씀을 푯대 삼아 살아가면 길이 열릴 것입니다. 여기서 묵상한다는 말은 히브리어로 '하가'인데, 이는 소의 되새김질을 가리키는 말입니다. 곧 소가 한 번 먹은 음식을 다시 끄집어내어 되새김하듯이 말씀을 한 번 듣고 흘려보내는 게 아니라, 계속 생각하고 생각해 보는 것입니다. 가령 데살로니가전서 5장 13절의 "항상 기뻐하라. 쉬지 말고 기도하라. 범사에 감사하라"라는 말씀을 묵상합니다. 마음이 답답하고 힘들 때, 여러 생각으로 밤에 잠이 오지 않을 때, 저는 자리에 누워 이 구절을 계속 반복합니다. 빌립보서 4장 6절의 "아무것도 염려하지 말고, 오직 기도와 간구로 너희 구할 것을 감사함으로 하나님께 아뢰라. 그리하면 모든 지각에 뛰어난 하나님의 평강이 그리스도 예수 안에서 너의 마음과 생각을 지키시리라"라는 말씀도 자주 곱씹어 봅니다. 그러다 보면 여러 생각이 떠나가고 어느새 잠이 들어 있는 저를 발견하곤 합니다.

묵상이 그렇게 어려운 것이 아닙니다. 이미 우리는 살면서 묵상을 많이 해 왔습니다. 그런데 무엇을 묵상합니까? 걱정거리를 묵상합니다. '몸이 아픈데 어떡하지?' '돈이 없는데 어떻게 하지?' '아이들은 어떻게 하지?' '사업을 새로 시작했는데 잘 안 되면 어떻게 하지?' 그런가 하면 상처와 분노도 묵상합니다. 배우자에 대한 분노, 자녀에 대한 분노, 이루지 못한 꿈, 좌절감도 자주 떠올려 곱씹으며 더 큰 원망과 분노에 사로잡히곤 합니다. 실상 우리는 이런 부질없는 것들을 묵상하며 지낼 때가 많고 그러다 보니 인생에 기쁨도 없고 능력도 없습니다. 그러니 이제부터 하나님의 말씀을 묵상하는 습관을 가집시다. 걱정과 분노 대신 하나님의 생명의 말씀을 묵상하도록 노력합시다.

저는 이 말씀 앞에 제 자신의 삶을 세우고 돌아봅니다. 청년 시절에 예수님의 부르심을 입어 제자의 길로 따라 나섰습니다. 평생 예수를 따르는 자가 되고 싶어 신학 공부를 했고, 목사가 되고 교수가 되었습니다. 열심히 할 때도 있었고 게으를 때도 있었습니다. 성공이라고 할 만한 일도 있었고, 아쉽고 죄송한 일도 여럿 있습니다. 그럼에도 불구하고 제 삶에서 무엇인가 선하고 아름답고 의미 있는 것이 있다면, 그것은 예외 없이 하나님의 말씀에 붙잡혀 그 말씀을 전하고, 그 말씀을 따라서 살아온 결과물들이었습니다. 그 말씀들이 제 자신을 지탱해 주었고, 삶을 이끌어 주었습니다. 특히 청년 시절, CCC 활동할 때 외운 성경 구절들이 지금도 제 양식이 되고 있습니다. 우리가 암송하고 묵상한 말씀이 우리를 지탱하고 성장하게 합니다.

인간의 고난, 하나님의 침묵 그리고 십자가

더 나아가, 묵상뿐 아니라 주어진 말씀을 소리 내어 선포하기를 바랍니다. 말에는 힘이 있어서 말이 현실을 만듭니다. 우리는 먼저 생각한 다음 그 생각을 말로 표현한다고 흔히 생각하지만 언어학자들은 그 반대라고 말합니다. 다시 말해, 우리는 말을 먼저하고 그 말에 따라 생각을 한다는 것입니다. 이 사실을 저는 미국과 캐나다에서 유학하면서 뼈저리게 느꼈습니다. 영어를 나름 준비했지만 여전히 어려웠습니다. 박사 과정에서는 영어나 독일어로 쓰인 책을 한 주에 약 800쪽 정도씩 읽어 내야 합니다. 어떻게든 읽고는 가는데 세미나를 들어가서 영어로 말하려면 잘 안 나옵니다. 어쩌다 영어로 표현해도 그 내용이 정밀하지 못해 답답했습니다. 그때 깨달았지요. '우리는 언어로 생각을 하는구나. 언어가 바뀌니까 생각이 잘 안 되는구나.' 우리는 말로 생각합니다. 따라서 말이 바뀌면 우리 생각도 바뀌고, 나아가 삶도 바뀌게 됩니다. 그래서 묵상한 말씀을 나 자신에게도, 이웃에게도 선포하는 것이 중요합니다.

여호수아가 말합니다. "이 율법 책을 네 입에서 떠나지 말게 하라. 그 가운데 기록한 대로 다 행하라." 여호수아는 하나님 말씀 앞에 서서 그 말씀을 붙잡고, 그 말씀을 따라 살아갔습니다. 그렇게 하는 가운데 결국 자신도 살고, 이스라엘 백성들도 살립니다. 오늘 우리 한국 사회는 어렵습니다. 우리 가정들도 쉽지 않고 개인적으로도 넘어야 할 산들이 있습니다. 그럴수록 말씀을 묵상하고, 말씀을 선포하면서 앞으로 나아갑시다. 하나님의 함께하심을 신뢰하고 그 말씀 붙잡기를 바랍니다. "내가 산을 향하여 눈을 들리라. 나의 도움이 어디에서 올

꼬? 나의 도움이 천지를 지으신 여호와에게서로다"(시 121:1-2).

셋째, 성결한 삶을 회복하는 것입니다.

이제 백성들은 요단강을 건너가려 합니다. 그런데 3장 5절에 보면 요단강을 건너가기 전에 먼저 해야 할 일이 있습니다. 그것은 '자신을 성결하게 하는 일'입니다. "여호수아가 또 백성에게 이르되, 너희는 자신을 성결하게 하라. 여호와께서 내일 기이한 일을 행하시리라." 여기서 '성결'이라는 히브리어 단어는 '카다시'입니다. 그것은 잘라낸다는 뜻으로, 이 세상에서 우리 삶을 왜곡시키고 잘못되게 하는 것들을 잘라 버리는 것입니다. 100미터 선수들이 경기장에 설 때 무거운 외투나 가방 같은 것 매고 뛰지는 않습니다. 최대한 몸을 가볍게 하고 뜁니다. 우리 역시 인생 경주자로서 삶을 무겁게 하는 것들, 즉 거룩하지 않은 것들을 내어 버려야 합니다. 잘못된 습관, 불필요한 욕심, 악한 행동들을 내어 버리고 몸을 가볍게 해서 뛰어갈 준비를 해야 합니다.

언젠가 어느 권사님이 당신의 꿈 이야기를 하셨습니다. 꿈속에서 그분은 양손에 짐이 가득 든 검정 봉지들을 들고 버스를 탔습니다. 막상 내릴 곳이 되어 바닥에 놓아 둔 봉지들을 허겁지겁 챙기다 보니 내려야 할 곳을 놓쳐 버렸습니다. 다음 정류장에서라도 내리려 했더니, 이번에는 그 검정 봉지 중 하나가 터져 버려서 결국 내릴 수 없게 되었습니다. 그리고는 권사님이 제게 물었습니다. "목사님! 제가 꿈속에서 들고 있던 그 많은 검정 봉지들은 도대체 무엇이었을까요?" 여러분, 그 검정 봉지는 무엇이었을까요? 저는 그것을 권사님이 가지고 있는 여러 근심, 걱정거리로 생각했습니다. 별로 중요한 것 같지는 않은데, 그렇다고 쉽게 내려놓지도 못하는 인생의 여러 걱정 꾸러미들 말입니다. 실상 우리 모두에게 이런 걱정 꾸러미들이 있습니다. 바라기는 나이 들어갈수록 인생의 비본래적인 일은 줄여가며, 좀 더 본래적인 일에 삶을 집중하는 우리가 되었으면 합니다. 히브리서 12장 1절은 말합니다. "이러므로 우리에게 구름같이 둘러싼 허다한 증인들이 있으니, 모든 무거운 것과 얽매이기 쉬운 죄를 벗어 버리고, 믿음의 주요 온전케 하시는 이인 예수를 바라보자." 로마서 12장 1절도 말합니다. "너희는 이 세대를 본받지 말고 오직 마음을 새롭게 함으로 변화를 받아 하나님의 선하시고 온전하시고 기뻐하시는 뜻이 무엇인지 분별하도록 하라."

한 해가 벌써 절반이 지났습니다. 우리의 남은 시간도 금방 지나갈 것입니다. 여러분은 버려야 하고 잘라 내야 할 것을 계속 붙잡고 있지는 않은지요? 그래서 몸이 무거워 제대로 달려가지 못하고 있지는 않는지요? 우리 자신을 살피고 잘라 내어 버릴 것을 잘라 내어 버렸으면 합니다. 물론 쉽지 않은 일입니다. 불교식으로 말하면 이는 '까르마', 곧 몸에 깊이 스며들어 있는 업, 혹은 업장이기에 잘 바뀌지 않습니다. 그렇기에 더욱 반복해서 내려놓는 연습, 또 잘라 내는 연습을 해야 합니다. 실상 예배는 거룩하신 하나님 앞에서 우리에게 있는 불순한 것들을 찾아 잘라 내는 시간, 한 주간을 돌아보면서 어느새 스며든 잘못된 생각과 행동들을 찾아내어 잘라 내는 시간입니다. 그러다

보면 언젠가는 몸이 점점 가벼워지고 인생이 점차로 편안해질 것입니다. 하나님의 평온과 여유가 깃들 것입니다.

요즘 제가 무척 좋아하는 시 한 편입니다. '중세기 어느 어부의 기도'라는 아주 짧은 시입니다.

"하나님, 제 평생에 물고기를 잡을 수 있게 해 주십시오.
그리고 마지막 날, 주님이 그물을 던지실 때
제가 그 그물에 걸리게 해 주십시오."

어부의 본분은 물고기 잡는 일 아닙니까? 그래서 그는 "하나님, 제가 마땅히 해야 할 일을 열심히 즐겁게 잘 감당하게 해 주십시오"라고 기도합니다. 또한 그는 "마지막 날 주님의 시간에, 제가 당신의 은혜와 긍휼의 그물에 붙잡혀 당신과 더불어 영원히 거할 수 있게 해 주십시오"라고 기도합니다. 저 역시 나이 들어가면서 이 어부의 마음으로 "주님, 남은 시간 동안 맡기신 일을 잘해 낼 수 있게 해 주십시오. 설교든, 강의든, 상담이든 맡은 일 잘 감당하게 해 주십시오"라고 기도합니다. 그리고 언젠가 그 모든 시간이 끝나고 주님 부르실 때, "저를 당신의 자비로 받아 주십시오"라고 기도합니다.

이제 말씀을 맺습니다. 인생에는 언제나 바람이 불고 비가 내리기 마련입니다. 인생에 위기에 올 때 우리는 어떻게 해야 할까요? 첫째,

지금 없는 것을 생각하지 말고 있는 것에 집중합시다. 둘째, 하나님 말씀을 가까이하고 그것을 묵상하고 암송합시다. 셋째, 벗어 버려야 할 것을 던져 버리고 푯대를 향해 열심히 달려갑시다. 하나님께서 우리를 축복하시고 새롭게 해 주시기를 기원합니다. 아멘.

II 경계선을 넘으라
요한복음 4:3-26

우리가 자주 사용하는 말 중에 '유유상종'이 있습니다. 비슷한 사람끼리 서로 모인다는 뜻입니다. 경상도 말로 하면 "저거끼리 모인다", 전라도 말로 하면 "거시기끼리 모인다"일 것입니다. 영어에도 비슷한 표현이 있습니다. "Birds of a feather flock together" 같은 깃털을 가진 새들이 무리를 짓는다는 말입니다. 왜 우리는 비슷한 사람끼리 모이려고 할까요? 그것이 심리적으로 편하기 때문입니다. 자신과 나이와 경험이 비슷한 사람과 같이 있을 때 우리는 안정감을 느낍니다. 그래서 공통점을 가진 사람들끼리 각종 모임을 만듭니다. 낚시 좋아하는 사람들은 낚시 동우회로, 산을 좋아하는 사람들은 산악 동우회로 모입니다. 언젠가 한 공원을 갔더니, 마침 마티즈 차 소유주 동우회가 모이고 있었습니다. 빨간 우산, 파란 우산, 찢어진 우산이 아니라 빨간 마티즈, 파란 마티즈, 울긋불긋한 마티즈 등 마티즈 차량 20대 정도 쭉 서 있는데 정말 볼 만했습니다. 이분들은 마티즈 소유자라는 공통점을 갖고 있습니다. 공통점이 있는 사람끼리는 빨리 친해지고, 함께 지내기 편합니다.

그런데 이 말을 뒤집어 보면, 우리는 나와 다른 것에 대해서는 불편해한다는 것입니다. 나와 다른 것은 피하고 싶습니다. 그래서 다른 것에 대해 경계선을 긋습니다. 성별에 따라 경계선을 긋고, 지역이나 인종에 따라 경계선을 긋고, 사회적 지위와 신분 따라 경계선을 긋습니다. 그리고는 그 경계선을 넘어가지 못하도록 질서와 관습이라는 이름으로 경계선을 고착시킵니다. 경계선 저쪽에 있는 사람들은 무엇인가 이상한 사람들, 가까이해서는 안 될 사람들, 더 나아가 위험인물, 범죄자, 문제아로 여기기도 합니다. 이 선을 지키기 위해 법을 만들고, 어기는 사람을 처벌하고, 때로는 전쟁까지 일으킵니다. 인류 역사는 이런 경계선 긋기의 역사였다고도 할 수 있습니다.

하지만 때로 이런 경계선을 넘어가려고 시도한 사람들이 있습니다. 그 경계선을 넘어섰을 때, 그 너머에 있는 사람들은 이상하거나 열등하거나 악한 존재가 아니라, 나와 똑같은 사람임을 발견하게 됩니다. 남자와 여자가 결국은 모두 같은 사람입니다. 백인, 황인, 흑인 모두 피부 빛깔은 달라도 같은 사람입니다. 부자도 가난한 자도 어린아이도 나이든 할머니도 결국 모두 같은 사람이지요. 경계선을 넘을 때 우리는 친구가 되고, 더불어 살 수 있게 됩니다. 실상 인류의 역사는 이처럼 경계선을 넘어가서 서로를 새롭게 발견하고 친구로 만든 사람들 덕분에 발전해 왔습니다.

존 하워드 그래핀(John Howard Griffin)이라는 분이 있습니다. 그는 인종차별을 당연하게 여기는 미국 남부에서 태어나 자랐습니다. 하지만 그 자신이 몇 년 동안 실명의 고통을 당한 후에 흑인에 대한 차별이 잘못되었음을 깨닫고, 흑인들과 친구가 됩니다. 흑인 친구들이 그에게, "너는 그래도 백인이고, 흑인이 아니기 때문에 우리의 아픔을 결코 알지 못할 것이다"라고 했을 때, 그는 백인이라는 경계선을 넘어 흑인으로 살아 보기로 결심합니다. 1959년의 어느 날, 그는 피부과 의사의 도움으로 피부의 색소를 흑색으로 바꾸는 약을 먹고, 또 햇볕에 잔뜩 태워 검게 만들고, 머리카락도 흑인처럼 만들었습니다. 마침내 외모가 완전히 흑인처럼 된 그는 50일 동안 인종 차별이 심한 미국 남부를 여행합니다. 그런데 그가 단지 피부 빛깔만 바꾸었을 뿐인데 그의 삶은 너무나 달라졌습니다. 어디를 가도 흑인이라는 것 때문에 그는 무시와 경멸의 대상이 되었습니다. 가게에 물건을 사러 가도, 버스를 타도, 관공서를 들러도, 그는 무시와 차별의 대상이 되었습니다. 그것은 아주 무서운 공포였습니다. 그는 이렇게 말합니다. "흑인이 된 나는 더 이상 사람이 아니었습니다. 피부 빛깔이 다르다는 것 때문에 나를 벌레처럼 취급하는 그들을 보면서 나는 마음속으로 외쳤습니다. '우리는 하나님 앞에서 모두 똑같은 사람입니다. 당신들은 하나님이 두렵지 않습니까?'"

그는 이 경험담을 『나와 같은 흑인』(Black Like Me)이라는 책으로 냈습니다. 이 책이 나오자 그는 KKK 같은 백인 우월주의자들의 증오의 대상이 되어 수차례 공격을 받았고, 한 번은 거의 목이 졸려 죽을 고비도 넘겼습니다. 그가 60세에 죽었을 때, 그의 사인 중 하나는 피부암이었습니다. 흑인이 되기 위해 과도하게 피부 빛깔을 바꾸려는 시도로 인해 그는 죽게 된 것입니다. 하지만 이런 노력 덕분에, 사람들이 굳이 거론하고 싶어 하지 않던 미국의 인종 차별 문제는 더욱 분명하게 드러났고, 이것이 1960년대 마틴 루터 킹 목사님을 중심으로 한 흑인 민권 운동을 일으킨 주요 사건의 하나가 되었습니다.

본문 말씀을 보면 예수님 역시 이런 경계선을 넘어가십니다. 예수님은 전도 여행 중에 사마리아 마을의 한 우물가에 앉아 지친 몸을 쉬고 있다가, 물을 길으러 온 한 여인과 이야기를 나눕니다. 그런데 예수님과 이 사마리아 여인 사이에는 당시 문화에서는 결코 메꿀 수 없는 엄청난 경계선들이 여럿 있었습니다.

첫째, 인종의 경계선입니다. 유대인과 사마리아인은 원래 다 같이 유대인입니다. 하지만 주전 722년에 앗시리아가 쳐들어와서 그 땅에 있는 쓸모 있는 사람들 약 27,000여 명을 끌고 가고, 가장 가난하고 비천한 사람들만 그 땅에 남았습니다. 그 빈자리를 앗시리아 사람 3만 명으로 채웠습니다. 이들이 어울려 살다 보니 결국 피가 섞였고, 그 후예가 바로 사마리아인들입니다. 이 일 때문에 남쪽의 유대인들은 사마리아인들을 자신들의 동족으로 여기지 않고, 하나님을 모르는 이방인 취급했습니다. 이들 사이에 엄청난 갈등이 있었고, 서로 상종조차 하지 않았지요. 갈릴리에서 사마리아를 통과해서 유대 땅으로 가려면 4시간만 걸으면 되지만, 유대인들은 그 땅에 발을 딛기 싫어서 10시간이 넘는 길을 돌아가곤 했습니다. 사마리아 사람들 역시 유대인들이 그 땅에 들어오는 것을 싫어해서 들어오지 못하게 하였고, 들어오면 돌팔매질을 했습니다. 이들은 결코 함께 할 수 없는 원수지간이 되었습니다. 유대 랍비의 가르침에 나오는 이야기입니다. 한 제자가 묻습니다. "하나님이 왜 이방인을 만들어 놓았습니까?" 스승이 답합니다. "마지막 날, 지옥의 불쏘시개로 쓰시려고 그렇게 하셨다." 사마리아인들이 다름아닌 그 이방인의 전형이었습니다.

둘째, 남녀의 경계선입니다. 유대 사회에서 남녀 사이는 대단히 엄격했습니다. 남자들은 길거리를 다닐 때 외간 여자를 쳐다보거나 말을 걸 수 없었습니다. 여자들 역시 길거리에서 남자를 쳐다보면 안 되었습니다. 그래서 여자들은 남자들이 볼 수 없게 얼굴에 베일을 썼습니다. 집에서도 맨얼굴을 보일 수 있는 것은 자기 아버지와 형제들, 남편과 자식뿐이었습니다. 유대 사회에는 남자와 여자 사이에 깊은 차별의 경계선이 있었습니다.

셋째, 유대 종교 지도자와 버려진 여인이라는 경계선입니다. 예수님은 하나님의 말씀을 가르치는 유대인 랍비입니다. 반면 본문 말씀에 나오는 여인은 이전에 남편 다섯과 살았고, 지금도 다른 남자와 사는데 정식으로 혼인한 남자는 아닙니다. 그렇다고 해서 우리는 이 여인을 방탕한 여인이고 남자관계가 화려한 바람둥이라고만 생각하지는 맙시다. 당시 사회는 철저히 남성 중심 사회여서, 여자들이 먹고살기 위해 할 수 있는 직업이란 애초에 없었습니다. 부모로부터 물려받은 유산이 없다면 여자는 결혼만이 생존의 유일한 길이었습니다. 결혼 생활이 아무리 힘들어도 여자들은 이혼을 요구할 수 없었고, 남자들만 이혼을 요구할 수 있었습니다. 어쩌면 이 여인은 한 남자랑 살다가 버림받고, 굶어 죽을 수 없기에 또 다른 남자를 만나서 살고, 그러다 또 버림받고, 이렇게 남자 다섯과 살았을 수 있습니다. 만일 그랬다면 그녀는 무슨 생각을 하고 있었을까요? '남자라면 지긋지긋하다, 신물이 난다, 남자를 믿을 수 없다'는 깊은 불신이 있지 않았을까요?

이처럼 여인과 예수님 사이에는 건널 수 없는 경계선들이 겹겹이 놓여있었습니다. 그러나 예수님은 "나에게 물 좀 주시오"라는 말로 경계선들을 뛰어 넘어 버리십니다. 낮 기온이 40도까지 올라가는 고대 근동 지역에서 물은 생명처럼 소중합니다. 그래서 나누어 마셔야 합니다. 물을 나누어 마신다는 것은 이제부터 적이 아니고, 친구가 된다는 의미입니다. 서로를 도와주고 격려하는 사이가 되는 것입니다. 따라서 예수님이 여인에게 "물을 달라"라고 한 것은 "나와 친구가 됩시다. 서로 위로하고 격려하며 인생길을 함께 걷는 사이가 됩시다"라는 초청입니다. 당연히 여인은 화들짝 놀라며 말합니다. "당신은 유대인이자 남자이면서 어떻게 사마리아인이자 여자인 나에게 물을 달라고 하나요?"

예수님이 왜 이렇게 하셨을까요? 그녀의 깊은 외로움을 아셨기 때문입니다. 이 여인은 지금 유대 시간으로 여섯 시, 우리 시간으로는 낮 12시에 홀로 물을 길으러 왔습니다. 왜 시원한 아침과 저녁 시간 아닌 햇볕이 가장 뜨거운 시간에 왔을까요? 사람들을 만나는 게 싫고 두려워서 그렇게 하지 않았을까요? 남편 다섯과 살았으나 삶에 만족이 없는 여인, 지금 있는 남자 역시 언제 헤어질지 모르는 미래가 불안하고 불투명한 여인, 사람들의 비웃음과 조롱을 받고 있는 여인의 아픔을 주님은 들여다보셨습니다. 이 여인에게 필요한 것이 그저 목마름을 달랠 물뿐이었을까요? 그녀에게는 다른 물이 필요했습니다. 삶의 안정이라는 물, 사람들의 존중과 사랑이라는 물, 인간으로서의 자존감이라는 물, 무엇보다 인생에 소망을 가지고 살 수 있는 소망의 물이 필요했을 것입니다.

예수님은 이 여인이 진정 필요로 하는 물을 주실 수 있는 분입니다. 그래서 주님은 "내가 당신에게 당신이 정말 깊이 원하는 삶의 안정이라는 물을 주겠습니다. 자존감이라는 물을 주겠습니다. 인생의 소망이라는 물을 주겠습니다" 하며 먼저 말을 건네십니다. 우리는 이런 예수님에게서 하나님의 모습을 봅니다. 성경이 말하는 하나님은, 오늘도 사람들이 만들어 놓은 모든 경계선과 벽을 허물어 버리며 우리를 찾아오십니다. 하나님은 모든 경계선을 뚫고 넘어 우리를 찾아오시는 주님이십니다.

오늘 예수님과 사마리아 여인의 만남을 통해 우리는 무엇을 배울 수 있을까요? 첫째, 우리에게도 이런 만남이 필요하다는 것입니다.

우리는 어떻습니까? 이 여인처럼 우리에게도 잘못 살아온 삶에 대한 후회가 있지 않습니까? 남이 알지 못하는 마음 깊은 곳의 고통과 죄책은 없습니까? 지나온 시간을 보면서 잘 살았다는 생각은 별로 없고, 그저 삶이 허망하고 암담하다는 생각을 하십니까? 누군가 '노인'을 정의하길, "과거가 그립고 현재가 괴롭고 미래가 두려우면, 그는 나이에 관계없이 노인이다"라던데 여러분은 어떠신가요? 정호승 시인이 쓴 「산산조각」이라는 시입니다.

룸비니에서 사온 흙으로 만든 부처님이
마룻바닥에 떨어져 산산조각이 났다.
팔은 팔대로 다리는 다리대로
목은 목대로 발가락은 발가락대로
산산조각이 나
얼른 허리를 굽히고
무릎을 꿇고
서랍 속에 넣어 두었던
순간 접촉제를 꺼내 붙였다.
그때 늘 부서지지 않으려고 노력하는
불쌍한 내 머리를
다정히 쓰다듬어 주시면서
부처님이 말씀하셨다.
산산조각이 나면
산산조각을 얻을 수 있지.
산산조각이 나면 산산조각으로 살아갈 수 있지

이 시처럼 어쩌면 우리 삶 역시 겉으로는 멀쩡하지만 속은 부서져 있는 것은 아닐까요? 남들 눈에는 그럴듯해 보이지만, 내면으로는 금이 가고 어쩌면 조각조각 부서진 부분이 우리에게도 있지 않습니까?

하나님은 이런 우리를 지금, 이 순간 찾아오셔서 새롭게 하십니다. 예수님은 우리를 친구 삼으시며 우리에게 말씀하십니다. "수고하고 무거운 짐 진 자들아, 다 내게로 오라. 내가 너희를 쉬게 하리라. 나는 마음이 온유하고 겸손하니 나의 멍에를 매고 내게 배우라"(마 11:28-29). "평안을 너희에게 끼치노니 곧 나의 평안을 너희에게 주노라. 너희는 마음에 근심도 말고 두려워하지도 말라"(요 14:27).

물론 살다 보면 하나님의 임재와 도움을 느끼지 못할 때가 있습니다. 성경을 읽어도 기도를 드려도 그저 막막하기만 하고, 하나님이 정말 나의 삶의 문제에 관심이 있는지 의심스러울 때가 있습니다. 하지만 믿음이란, 앞이 캄캄해서 보이지 않아도 하나님의 신실함을 신뢰하고 그분에게 삶을 맡기는 것입니다. 어느 2층 집에서 갑자기 불이 났습니다. 아버지가 아이들을 데리고 연기가 가득한 집에서 탈출해 밖으로 나왔습니다. 그런데 다섯 살짜리 막내가 너무 겁이 나서 복도 저쪽으로 뛰어가 버렸습니다. 아이가 미처 나오지 못한 것을 알고 아버지가 다시 뛰어 들어가려는데 갑자기 아이가 2층 창문가에 나타나서 외칩니다. "아빠, 나 여기 있어요. 도와주세요." 아빠가 말합니다. "그래, 얘야 내가 여기 있다. 거기서 뛰어내려라. 내가 너를 여기서 받아주마." "아빠, 그러고 싶지만 연기 때문에 아빠가 보이지 않아요." 아빠가 말합니다. "너는 나를 보지 못하지만 나는 너를 보고 있다. 그

러니 뛰어내려라." 아이는 뛰어내렸고, 아빠는 아이를 안전하게 받아
내렸습니다.

이 여인도 마찬가지입니다. 여인은 예수님이 자신에게 생명의 물을
주시겠다는 말씀에 집중했고 그 말씀을 믿었습니다. 그러자 황량한
폐허였던 그녀의 가슴에 뭔가 새로운 희망과 변화가 뭉클뭉클 솟아오
르기 시작했습니다. 이런 일이 우리에게도 있기를 기원합니다.

둘째, 우리도 경계선 넘어가기를 해야 한다는 것입니다.

본문 28절을 보면, 여자가 물동이를 버려두고 동네에 들어간 후 곧
동네 사람들에게 예수님에 대해 전합니다. "나의 행한 모든 일을 알고
있는 이 사람을 보라. 이분이 바로 우리가 기다려 왔던 바로 그 그리스
도가 아닌가?" 예수께서 경계를 넘어가서 이 여인은 만나시자 이제 그
녀 역시 자신 앞에 놓여 있던 경계선을 넘어갑니다. 자기가 살아온 삶
을 다 아는 마을 사람들과 자신 사이에 그어져 있던, 결코 넘어설 수
없어 보였던 경계선입니다. 그들이 두렵고 싫어서 끊임없이 피해 왔
던 여인이지만 이제 주도적으로 동네 사람들에게 다가갑니다. 진실로
예수를 만나고 나니 그녀는 그 경계선을 넘어갈 용기와 사랑이 생겼습
니다. 그녀의 외침을 거부한 이들도 있겠지만, 예수님을 알고 믿게 된
이들도 있었을 겁니다. 이것이 전도입니다. 예수 믿고 나와 내 삶은
이렇게 변하고 있노라고 전하는 것입니다.

결국 전도란, 이처럼 경계선을 넘어서는 것입니다. 잘 모르는 사람
들, 나와 전혀 달라 보이는 사람들에게 다가가서 이야기를 나누는 것

입니다. 나처럼 넘어지고 일어서기를 반복하며 절망과 희망을 살아온 사람들에게 예수님 안에 있는 희망을 말해 주는 것입니다. 이 희망을 보기 위해 함께 교회에 함께 가고 예배에 참석하기를 초대하는 것이며, 말씀 안에 있는 다시는 목마르지 않은 생수를 길어 보자고 권하는 것입니다. 우리들의 삶에도 이런 전도의 열매가 있기를 바랍니다. 더 나아가 우리 모두 갖가지 이름으로 경계선의 줄을 그어 놓은 이 세상 속의 모든 차별과 편견을 넘어서는 사람들이 됩시다. 이런 축복이 우리 모두에게 있기를 축원합니다.

인간의 고난, 하나님의 침묵 그리고 십자가

12 악한 권세에 맞서 싸우라
에베소서 6:10-17

약 10여 년 전에 미국의 어느 교단에서 찬송가를 개편하기로 했습니다. 찬송가 개편 위원회를 만들어 찬송들을 한 편씩 검토하다가, 「십자가 군병들아」(새 찬송가 325장)를 계속 둘지 여부로 의견이 갈렸습니다. 어떤 위원들은 이 찬송이 오랫동안 사랑받은 찬송이기 때문에 반드시 찬송가에 넣어야 한다고 했고, 어떤 사람들은 평화의 왕이신 예수를 믿는 그리스도인들이 부르기에는 너무 전투적이고 정복주의적인 가사이기 때문에 빼야 한다고 주장했습니다. 위원회는 격론 끝에 결국 전투적인 가사를 조금 부드럽게 바꿔서 찬송가에 넣는 것으로 결론을 내렸습니다.

그런데 찬송가는 그렇다 치고 성경은 어떨까요? 구약 성경을 보면 이집트와의 전쟁, 블레셋과의 전쟁, 앗수르와 바벨론과의 전쟁 등 수많은 전쟁들이 나오고, 신약 성경 역시 전쟁 이야기로 가득 차 있습니다. 오늘 읽은 에베소서 말씀도 전쟁의 언어로 가득합니다. "하나님의 전신갑주를 입으라." "진리의 허리띠를 띠라." "의의 흉배를 붙이라."

"믿음의 방패로서 악한 자의 불화살을 소멸하라." "구원의 투구와 성령의 검 곧 하나님의 말씀을 가지라." 이 모두는 전투에 임하는 사람들의 모습을 가리키고 있습니다.

왜 성경에는 이렇게 전쟁에 대한 이야기가 많이 나올까요? 첫째로, 성경은 우리 삶이 전쟁터임을 잘 알고 있기 때문입니다. 실제로 사는 것이 그렇지 않나요? 먹고사는 것이 전쟁이고, 공부하는 것이 전쟁이고, 아이들 키우는 것이 전쟁입니다. 어른들만 그런 것이 아니라 아이들도 그렇습니다. 언젠가 밤 12시쯤 늦게 돌아온 날, 승강기에서 같은 아파트에 사는 초등 5학년 아이를 만났는데, 평소에는 밤 11시면 학원에서 오는데 그날은 보충이 있어 더 늦었다고 합니다. 한참 재미있게 뛰어놀아야 할 초등 5학년 아이가 말입니다. 여러분은 지난 한 주간 세상의 전쟁에서 이겼습니까? 아니면 여기저기 상처 입은 부상병이 되어 지금 이 자리에 오셨습니까?

둘째 이유는, 우리가 진정 그리스도인답게 살려면 이 전쟁에 참여할 수밖에 없기 때문입니다. 디모데후서 3장 12절은 이렇게 말합니다. "무릇 그리스도 예수 안에서 경건하게 살고자 하는 자는 핍박을 받으리라." 왜 경건하게 살려는 사람에게 핍박이 있을까요? 하나님은 세상을 선하고 아름답게 만드셨지만 죄가 들어왔고, 세상의 완전한 구원과 회복의 날은 아직 오지 않았기 때문입니다. 따라서 진실로 경건하고 거룩하게 살려는 사람은 당연히 어려움을 겪을 수밖에 없습니다. 그래서 진실한 그리스도인으로 살아가는 것은 마치 물살을 거슬러 올라가는 것과 같고, 전쟁에 참전한 사람과 같습니다.

그런데 그리스도인의 전쟁에서 대적은 누구일까요? 저희 둘째가 중학생일 때 학교에서 씨름을 배워 와서는 자기 동생을 데리고 종종 씨름하자고 했습니다. 동생은 형이 놀아 주니 좋아서 따라 하다가, 형이 휙 집어 던지니까 막 울고 싸우느라 시끄러웠습니다. 그래도 이런 싸움은 지나고 보니 그립고 재미있는 추억입니다. 하지만 성경이 말하는 전쟁은 재미 삼아 하는 싸움이 아닙니다. 그것은 사느냐 죽느냐 하는 싸움입니다. 본문 말씀 12절은 "우리의 씨름은 혈과 육에 대한 것이 아니요, 정사와 권세자들과 이 어두움의 세상 주관자들과 하늘에 있는 악의 영들에게 대함이라"라고 말합니다. 우리가 싸워야 할 적은 눈에 보이는 어떤 사람이나 단체가 아니라 이 시대를 지배하고 있는 오랜 관행, 가치관, 이미 굳건해진 지배 시스템들, 한마디로 말해서 삶의 불의한 구조입니다.

미국의 작가 존 스타인벡(John Ernst Steinbeck)은 이 구조 문제를 그의 소설『분노의 포도』에서 한 농부가 하소연하는 이야기를 통해 지나가듯이 짧게 이야기합니다. 그 내용을 조금 덧붙여서 말하면 이렇습니다. 한 농부가 열심히 일했는데 어찌 된 셈인지 계속 빚이 늘어 갑니다. 마침내 빚을 갚기 위해 그의 농장을 은행에 넘겨야 했고, 은행은 매정하게 그의 농장을 차압합니다. 죽도록 일만 했는데 왜 이런 일이 일어나야 하는지 도저히 이해할 수 없었던 순박한 농부는 같은 마을 사람인 은행 서기를 찾아갑니다. 하지만 은행 서기는 은행장이 시키는 대로 했다고 합니다. 먼 친척뻘인 은행장을 만났더니 은행장도 마음이 아프지만 자기 역시 이사회가 시키는 대로 할 수밖에 없다고 합니다. 그래서 이사 중의 한 명을 찾아갔더니 그는 "은행의 주주들의 이익을 지키려면 그렇게 할 수밖에 없다"라고 말합니다. 그런데 농부가 가만히 생각해 보니, 자기 역시 얼마 되지는 않지만 이 은행의 주식을 가지고 있는 주주 중의 한 명이었습니다. 돌고 돌아 제자리로 돌아오고 말았습니다. 결국 아무도 잘못하지 않았습니다. 왜냐하면 모두 잘못했기 때문입니다. 언제부터인지 모르지만 사회 구조가, 시스템이 그렇게 구성되어 있기 때문입니다. 그래서 모두가 가해자이고 동시에 모두가 피해자가 되어 버립니다. 모두가 책임이 있지만 누구도 책임지지 않는 사회! 가난한 사람은 더 가난해지며, 가진 사람은 더 부유하게 되는 그런 사회 구조 속에 우리는 이미 살고 있습니다. 본문이 가리키는 적은 사회의 악한 구조입니다. 본문에서 말하는 "정사와 권세와 이 어두움의 세상 주관자들과 하늘의 악의 영들"은 우리 현실에서는 언제나 구조화된 힘, 관행적인 시대정신, 기업을 비롯한 여러 조직체의 모습을 통해 나타납니다. 그리고 그 이면에는 악한 영의 힘이 작동하고 있을 것입니다.

지금, 세월호 참사 이후 온 나라의 관심이 문제가 무엇이었고, 누가 책임이 있는지 찾는 데 쏠려 있습니다. 겉으로는 배에 대한 책임을 다하지 못한 선장과 선원들, 유병언이라는 사이비 종교 지도자와 그의 추종자들, 거기에다가 무책임과 무능력으로 일관했던 정부 당국을 들 수 있을 것입니다. 하지만 독일 베를린 예술대학의 한병철 교수는 이번 사고의 주범은 배의 선장이나 선원을 넘어서, 신자유주의 경제 체제라고 말합니다. 그는 이런 체제에서는 언제든지 일어날 수밖에 없는 일이 터졌을 뿐이고, 이런 시스템이 바뀌지 않으면 앞으로도 계속 이런 일은 일어날 것이라고 말합니다. 신자유주의는 1980년대 초반, 영국의 대처 수상과 미국의 레이건 대통령의 주도 아래 오랫동안 세계 경제를 주도하고 있습니다. 그것은 모든 기업들이 아무런 제약 없이 최대한 자유로운 상태로 기업 활동을 하도록 하면 결국 가장 효율적으로 일하는 기업들이 승리하고, 그 결과 사회의 부가 축적되어 경제적으로 모두가 유익하게 된다는 입장입니다. 그래서 자유로운 기업 활동을 막는 모든 규제를 철폐하고, 공공 부문도 최대한 민영화시키고, 기업 이익을 위해서 노동 유연성을 확보하기 위해 정규직은 최대한 줄이고 비정규직으로 가려고 합니다.

한병철 교수는 이번 사고는 결국 정권이 기업하기 좋은 나라를 만들겠다며 각종 규제를 철폐한 결과라고 말합니다. 그 중에는 진짜 없애야 하는 것들도 있었겠지만 소수자, 약자를 보호하고 생명을 지키기 위해, 대기업과 중소기업 사이에 페어플레이를 하도록 반드시 지켜야 하는 규제들도 있었던 것입니다. 그런데 대기업이 돈을 잘 벌도록 그런 것을 다 철폐하고 시장에 맡기고자 했고, 이번 정권 들어서는 이런 일을 지난 5년 내내 지속적으로 했습니다. 이번 세월호도 승객들의 안전을 위해 20년 된 배는 운항할 수 없게 되어있는데, 그것을 30년으로 연장했고, 그러자 일본에서 18년 되어 이제 퇴역해야 하는 배를 사 와서 내부 수리를 해서 운항시켰습니다. 왜 그랬을까요? 결국 생명보다 더 중요한 것이 돈벌이고 이윤 획득이라고 생각했기 때문입니다.

실제로 어느 순간부터 한국 사회는 돈의 문화가 지배하기 시작했습니다. 사람보다 돈을 더 소중하게 여기는 풍조, 세상적 성공만이 최고라고 여기고, 더불어 살아가기보다는 나 혼자만이라도 잘 살아 보려는 태도, 궁극적이고 영원한 것보다 지금 당장 재미와 즐거움을 주는 것을 더 중요하게 여기는 태도가 우리 사회의 현실입니다. 이 모든 것들이 구조화되고 조직화되어서 우리에게 영향을 줄 때, 성경은 그것을 정사와 권세와 어두움의 세상 주관자들, 하늘에 있는 악한 영들이라고 말하는 것들입니다. 성경은 아주 분명하게 그리스도인들은 결코 그런 세상 관행을 따라 살아서는 안 된다고 말합니다. "이 세상이나 세상에 속한 것을 사랑하지 말라. 이는 세상에 있는 것이 육신의 정욕과 안목의 정욕과 이생의 자랑이니 다 지나간다."

하지만 안타깝게도 그리스도인이라 불리는 우리 역시 하나님의 말씀과 이웃과 생명보다 눈앞의 이익을 훨씬 소중히 여기지 않았습니까? 하나님의 진리가 확장되는 것보다 내 수중에 돈이 많아지는 것을 훨씬 더 기뻐하지 않았습니까? 우리 역시 구조화된 신자유주의 경제 체제에 매여 고통당하면서도, 동시에 거기에 열심히 참여하여 열심히 이익을 취해 오지 않았습니까?

이런 상황에서 우리는 무엇을 해야 할까요?

첫째, 우리가 지금 무엇을 위하여 살고 있는가 돌아볼 필요가 있습니다. 과연 지금 우리는 무엇을 우선해서 살고 있나요? 성경은 우리에

인간의 고난, 하나님의 침묵 그리고 십자가

게 하나님의 나라, 곧 하나님의 다스림을 구하라고 말합니다. "너희는 먼저 하나님 나라와 그 의를 구하라. 그리하면 이 모든 것을 너희에게 더하시리라"(마 6:33). 우리는 계속해서 내가 지금 하나님 나라 안에서 살고, 하나님 나라를 구하며 살고 있는지 물어보아야 합니다.

히틀러(Adolf Hitler)의 나치 독일 시대에 저항했던 목회자의 한 명으로 마르틴 니묄러(Friedrich Gustav Emil Martin Niemöller) 목사라는 분이 있습니다. 이분은 히틀러에 저항하던 고백 교회 운동의 창시자로, 이 때문에 8년을 감옥에서 보냅니다. 전쟁이 끝난 후 그는 지난 시간을 돌아보면서 쓴 책인『전쟁 책임 고백서』에서 이런 말을 남깁니다. "전쟁의 책임은 히틀러와 나치에게만 있는 것이 아니라, 목사인 나에게도 있다!" 그는 나치에게 체포되어 감옥에 갇혀 있을 때, 같은 내용의 꿈을 일곱 번이나 반복해서 꾸었다고 다음과 같이 술회합니다.

"꿈속에서 수많은 사람들이 하느님의 심판대 앞에 줄을 서서 차례를 기다리고 있었는데, 나도 그 가운데 하나였다. 그런데 내 앞의 어떤 사람이 하나님의 심판대 앞에 서서 죄를 고백하지도 않고 회개도 하지 않은 채, '아무도 나에게 복음을 전해 주지 않았습니다. 그래서 나는 믿을 수가 없었습니다'라고 변명만을 늘어놓았다. 나는 그 소리를 듣고 깜짝 놀랐다. 귀에 익은 음성이었기 때문이었다. 그 목소리의 주인공이 누구인지 궁금해서 그를 누목해서 본 후 나는 소스라치게 놀랐다. 그 사람은 바로 아돌프 히틀러였기 때문이었다."

니묄러 목사는 이런 내용의 꿈을 일곱 번째 꾸던 날, 꿈이라 하기에는 너무나도 생생한 하느님의 음성이 들려왔다고 말합니다. 그것은 "니묄러야! 너는 목사로서 히틀러를 미워하며 항거했을 뿐, 한 번이라도 그를 위해서 진심으로 기도하거나 그에게 복음을 전한 적이 있느냐? 네가 히틀러에게 전도했더라면 그가 무서운 폭군이 되어 전쟁을 일으키지 않았을 것이 아니냐?" 하고 질책하는 음성이었습니다. 그는 그 말씀을 듣고 깊은 깨달음을 얻었다고 합니다. "그렇다. 전쟁의 책임은 히틀러에게만 있는 것이 아니다. 그를 위해 진심으로 기도하지 않고 그에게 복음을 전하지 않은 나에게도 역시 있다. 진실로 참회할 사람은 아돌프 히틀러뿐 아니라, 그에게 하나님의 말씀을 전하지 않았고, 그를 위해 기도하지 않고 미워하기만 한 목사인 나였다!"

우리는 문제가 생기면 원인을 찾고 책임질 사람을 찾습니다. 물론 이런 일은 필요합니다. 하지만 동시에 자신을 돌아보아야 할 것입니다. '나의 삶은 어떠할까? 이 세상과 세상에 있는 것들을 하나님 나라와 그 의보다 더 사랑하고 있지 않을까? 나는 과연 돈보다 사람을, 세상적 성공보다 하나님 앞에서의 성공을 더 소중히 여기는가?'를 물어보아야 합니다. 요한일서 2장 15-17절은 말합니다. "이 세상이나 세상에 있는 것을 사랑하지 말라. 누구든지 세상을 사랑하면 아버지의 사랑이 그에게 있지 아니하니, 이는 세상에 있는 것이 육신의 정욕과 안목의 정욕과 이생의 자랑이니, 다 하나님께로 온 것이 아니요. 세상으로부터 온 것이라. 이 세상도 그 정욕도 지나가되 오직 하나님의 뜻을 행하는 사람은 영원히 거하느니라."

둘째, 이웃에 대한 돌봄의 문제입니다.

세월호 참사로 자녀를 잃은 어느 유가족이 이런 말을 남겼습니다. "그동안 가난했어도 행복했는데, 네가 사라진 지금 오직 가난만 남았다." 참 가슴 아픈 이야기입니다. 우리 역시 그런 사고를 당할 수 있고, 우리 아이들 역시 그럴 수 있는데, 그럴 때 이 사회가, 이 나라가 과연 나와 우리 가족들을 구해 줄 의지나 능력이 있는 것인지를 우리는 진지하게 묻게 됩니다. 눈물도 많고 정이 많아서 가난해도 서로 도와가면서 이때껏 살아온 우리 민족인데 왜 이렇게 되었을까요? 생명, 인권, 도덕, 하나님의 진리보다 경제적 이윤을 더 중요하게 여기는 정신이 공중의 권세 잡은 자 되어 우리를 이렇게 휘몰아 온 것이 아닐까요?

앞서 언급한 니묄러 목사님은 원래 신학적으로나 사회를 보는 관점에 있어서 보수적인 분이었습니다. 처음에는 히틀러에 대해 좋은 생각을 하고 있었습니다. 전쟁에 패하고 낙심해 있는 독일 국민을 잘 이끌어 줄 수 있는 지도자로 기대했습니다. 그래서 처음에는 소극적으로 지내다가, 시간이 지나 히틀러와 나치 독일의 정체가 분명해 지면서 강한 히틀러 반대 운동을 펼칩니다. 전쟁이 끝난 다음에 처음에 소극적이었던 데 대해 부끄러움을 느끼면서 「그들이 나를 잡아갈 때」라는 시를 썼습니다.

그들이 나를 잡아갈 때

나치가 공산주의자들을 잡아갈 때 나는 침묵했다

왜냐하면 나는 공산주의자가 아니었기 때문이다

그들이 사민당원들을 체포할 때 나는 아무 말도 하지 않았다
왜냐하면 나는 사민당원이 아니었기 때문이다

그들이 노동조합원들을 잡아갈 때 나는 침묵했다
왜냐하면 나는 노동조합원이 아니었기 때문이다

그들이 유대인들을 잡아갈 때 나는 침묵했다
왜냐하면 나는 유대인이 아니었기 때문이다.

마침내 그들이 나를 잡아갈 때
나를 위해 항의할 자들은 하나도 남지 않았다

무슨 이야기입니까? 결국 우리는 모두 서로 깊이 연결되어 있다는 것입니다. 우리가 이웃을 돕는 이유는 그것이 도덕적으로 옳기 때문이기도 하지만, 실상 그것이 내가 살고 함께 보호받는 현실적 방법이기 때문입니다. 내가 도움의 손길을 펼 때 그 도움의 손길은 돌고 돌아 언젠가 나에게도 미칠 것입니다. 성경은 말합니다. "너희가 서로 돌아보아 사랑과 선행을 격려하라"(히 10:24). "너희도 함께 갇힌 것 같이 갇힌 자를 생각하고, 너희도 몸을 가졌은즉 학대받는 자를 생각하라"(히 13:3).

셋째, 하나님을 신뢰하면서, 할 수 있는 한 선한 일을 계속 해야 합니다.

우리는 적극적으로 선한 일, 생명을 살리는 일에 집중해야 하고, 교회 역시 그 일에 앞장서야 합니다. 우리들은 자주 넘어지고 자주 포기하지만, 하나님은 결코 포기하지 않으십니다. 우리를 보면 희망이 보이지 않아도 하나님과 그 말씀 안에는 영원한 희망과 약속이 있습니다. 이를 믿고 삶 속에서 선한 일을 계속해 가는 우리 모두 되기를 바랍니다. 오늘 에베소서는 이렇게 말합니다. "구원의 투구와 성령의 검 곧 하나님의 말씀을 가지라." 여기에서 구원의 투구는 구원의 확신입니다. 하나님이 나와 함께 계시며, 나의 삶을 인도하신다는 확신입니다. 성령의 검은 하나님의 말씀입니다. 하나님의 말씀이 바로 선포되고 바로 행해질 때, 교회와 세상은 더욱 새롭게 되어 갈 것입니다. "주의 말씀은 내 길에 빛이요 내 길에 등이니이다"(시 119:105). 우리 개인뿐 아니라 사회와 교회가 나아갈 길 역시 하나님 말씀으로 돌아가는 것에 있습니다. 하나님을 신뢰하며, 우리가 할 수 있는 한 계속해서 선한 일을 하고, 생명을 살리는 일에 집중하십시다.

무엇보다 교회가 올바른 가치관을 가진 주님의 인재를 키워야 할 것입니다. 지금 청년들은 끝없는 경쟁과 승자독식으로 힘들어하며, 살아남기 위해 스펙 쌓기 전쟁에 뛰어들어야 하는 고단한 세대가 되었습니다. 역사학자 이만열 교수는 말합니다. "젊은이들이 먼저 정의로운 나라와 옳은 의를 구하는 일에 힘쓰고, 역사의식을 통한 시대 의식을 분명히 해야 한다. 그래야만 직장 문제와 장래 문제가 해결된다.

지금처럼 알알이 다 흩어진 상태에서 연대가 없고, 정의를 세우는 일에 힘쓰지 않으면 희망이 없다는 것을 분명히 이야기하고 싶다."

성경은, 그리고 기독교 신앙은 개인의 행복과 구원을 넘어, 또 교회의 성장을 넘어 하나님 나라를 꿈꾸고 선포합니다. 그 가운데 공중권세 잡은 구조화된 권세와의 싸움은 필연적입니다. 우리 삶이 하나님 나라를 향해 나아가는 가운데 이 싸움을 잘 감당하기를, 부활하신 예수 그리스도의 능력 안에서 이 사명에 충실하기를 축원합니다.

13 죽음에 이르는 병[5]

열왕기하 5:1-8

오늘 본문 말씀은 이스라엘의 이웃 나라였던 아람의 군대 장관 나아만이 나병에 걸려서 죽을 몸이 되었으나, 하나님 말씀의 능력으로 회복되었다는 내용입니다. 이 본문을 중심으로 "죽음에 이르는 병"이라는 제목으로 하나님의 은혜를 나누고자 합니다.

첫째, 우리 모두에게는 해결하기 어려운 삶의 문제가 있다는 점입니다.

오늘 말씀에 '나아만'이라는 사람이 등장합니다. 이 사람은 사람들이 부러워할 만한 거의 모든 조건을 지니고 있습니다. 먼저 그는 한 나라의 군대 장관이라는 권력을 가지고 있습니다. 오늘날은 국가의 힘이 주로 경제력과 과학 기술력에 의해 결정되지만, 고대 사회로 갈수록 군사력이 가장 중요했습니다. 고대 사회의 경제는 거의 농업이었

---

5   마틴 로이드 존스 목사님의 어느 설교의 대지를 따랐습니다.

습니다. 그런데 농사가 항상 잘되는 것은 아니기에, 나라 경제를 유지하기 위해서는 때로 다른 나라와 전쟁을 해서 수확물을 약탈해 오지 않을 수 없었습니다. 따라서 전쟁을 잘하는 것이 아주 중요했고, 이점에서 모두 막강한 군대를 보유하고자 했습니다. 오늘날에는 국방비가 한 나라 경제의 30%를 넘지 않는데, 고대 사회의 경우에는 그 나라경제의 거의 70% 이상이 군대를 키우고 먹이는 데 사용되었다고 합니다. 나아만은 그 나라의 군대 전체를 통솔하는 군대 장관이니 사실상 왕을 제외하고는 그 나라의 최고 권력자였을 것입니다.

또한 나아만은 명예를 가지고 있었습니다. 성경에 자세한 설명은 없지만, 그는 큰 용사로서 한때 그의 나라인 아람이 위기에 빠졌을 때 나라를 구했다고 합니다. 그런 인물이니 당연히 큰 명예를 가졌겠지요. 또한 이런 권력과 명예를 가진 사람이라면 당연히 큰 부자였을 것입니다. 그의 집은 크고 아름다웠을 것이고, 많은 종들이 그를 위해 일했을 것입니다. 그의 주변에는 그의 환심을 사고 싶어 하는 사람들이 줄을 서서, 모임이 있을 때마다 그와 한마디라도 나누고 싶어 했을 것입니다. 곧 그에게는 권력, 명예, 경제력, 인기 등 사람들이 원하는 모든 것이 있었습니다. 하지만 문제는 그런 그에게 매우 심각한 약점이 있었다는 겁니다. 그는 고대인들이 결코 고칠 수 없는, 저주받은 병으로 여긴 나병에 걸린 것입니다. 그리고 그가 가진 나병이라는 이 문제 하나 때문에 그가 지닌 다른 모든 좋은 것들은 의미를 잃어버리게 되었습니다.

가만히 들여다보면 우리 삶도 비슷합니다. 우리 삶에도 우리를 결정적으로 힘들게 만드는 것이 뭔가가 하나, 둘 있고, 그 한두 가지로 인해 다른 좋은 것들이 소용없게 되는 경우가 많습니다. 어떤 사람은 능력도 있고 의욕도 있는데, 타고날 때부터 몸이 너무 약해서 일생 자기 뜻을 제대로 펼치지 못합니다. 어떤 사람은 나름 성공적인 삶을 살아왔는데 자식 문제만은 도저히 어쩔 수 없어서 힘들어합니다. 어떤 사람은 과도한 욕심 때문에 실컷 쌓아 올렸던 일생의 모든 수고와 영예를 한순간에 날려 버리는 경우도 있습니다. 그럴 때 사람들은 이렇게 말합니다. '내 인생에서 이 문제만 해결되면 정말 만사형통인데….' 그러면서 그 문제를 해결하려고 안간힘을 씁니다. 하지만 대부분 실패로 끝납니다. 삶에서 일어나는 대부분 문제는 그 사람의 성격이나 살아온 삶의 방식과 연관되어 있어서, 그것을 바꾸는 것이 아주 어렵기 때문입니다. 나아만 장군 역시 이 병만 고치면 된다고 생각했겠지만 그게 결코 쉬운 일이 아니었습니다.

둘째로, 이 문제는 세상의 권세와 힘으로는 해결할 수 없다는 점입니다.

나아만의 병은 당대의 그 누구도 고칠 수 없었습니다. 나아만이 가진 모든 것으로도 불가능했고, 가족을 포함한 주변 사람들의 노력도 성공하지 못했습니다. 나아만 장군의 주인인 아람 왕도 발 벗고 나서서 혹시나 하는 마음으로 이스라엘 왕에게 편지를 보내어 나아만의 병을 고쳐 달라고 부탁합니다. 그러나 그 편지를 받은 이스라엘 왕은 "내가 하나님이냐? 내가 어떻게 그 큰 병을 고칠 수 있겠느냐?"라고 기가 막혀 하면서 자기 옷을 찢었습니다. 아람 왕과 이스라엘 왕, 당대의 두 권력자들이 "나는 할 수 없다"라고 포기합니다. 삶에는 안 되는 것이 있고, 할 수 없는 것이 있으며, 넘을 수 없는 한계가 있는 것입니다.

한국의 대표적인 어느 대기업 회장의 일이 생각납니다. 그의 개인사는 그리 행복하지만은 않았던 것 같습니다. 그분의 한 자녀는 스스로 생명을 끊었습니다. 고운 외모에 공부도 잘했고, 개인 자산만 해도 엄청났는데, "내 뜻대로 되는 것이 하나도 없다"는 말을 남기고 몇 년 전 세상을 떠났습니다. 회장 본인도 뇌출혈 증상으로 몇 년간 병원 입원실을 벗어나지 못하고 있다가 결국 세상을 떠났습니다. 인간 힘으로 안 되는 것은 안 되는 것입니다.

오늘의 주인공 나아만 역시 어쩔 수 없이 안 되는 것이 있었는데, 그것이 바로 나병이었습니다. 성경에서 나병은 부정함, 곧 죄에 대한 상징으로 사용됩니다. 이는 나병과 죄의 성격이 여러 면에서 비슷하기 때문입니다.

첫째, 나병은 몸 안에서부터 시작하여 피부 밖으로 번져 나옵니다. 처음에는 흔적이 없는데 시간이 지남에 따라 피부에 물집이 생기고, 마침내 몸 전체가 상처와 고름으로 뒤덮입니다. 죄 역시 마찬가지여서 언제나 우리 내부에서부터 시작합니다. 우리 내면이 이미 뒤틀려 있기에 악한 행동, 비도덕적인 삶으로 나타납니다. 죄를 지어서 죄인이 아니라 죄인이기에 죄 된 행동을 합니다. 죄는 안에서부터 밖으로 나옵니다.

둘째, 나병이 찾아오면 처음에는 그 부위가 매우 가렵고 아프다고 합니다. 하지만 나병은 신경을 먼저 죽이기 때문에 병이 깊어지면서 피부가 짓무르고, 손가락과 발가락이 빠지고, 나중에는 팔이나 다리가 떨어져 나가는 정도가 되어도 환자는 별반 고통을 느끼지 못한다고 합니다. 죄도 마찬가지입니다. 죄가 처음 우리를 붙잡고 우리를 찾아오면 처음에는 괴로워서, 회개도 하고 고치려고 하지만 죄가 오래 반복되어 우리를 붙잡고, 죄된 행동이 습관이 되면 괴로워하지도 않습니다. 그렇게 되면 우리는 죄에 둔감하게 되고, 삶의 기쁨과 만족과 감사가 사라지고, 깊은 절망에 빠져 영적 사망에 이르게 됩니다.

셋째, 나병환자는 부정하게 여겨졌고 사회로부터 격리됩니다. 죄도 마찬가지로 우리들을 하나님으로부터, 사람으로부터, 마침내 자기 자신으로부터 분리시킵니다. 죄가 찾아오면 가장 가깝고 사랑했던 사이도 멀어집니다. 남편과 아내, 부모와 자식 사이도 싸늘해지고 심하면 원수가 됩니다. 죄인에게 용서와 긍휼을 바랄 수 없으며 결국 모든 관계가 망가져 버립니다.

오늘 말씀의 제목인 "죽음에 이르는 병"은 덴마크의 고독한 철학자 키에르케고르(Søren Aabye Kierkegaard)의 유명한 책 제목입니다. 그는 이 책에서 인간은 유한하지만 언제나 무한을 꿈꾸며 이를 이룰 수 없기에 깊은 절망에 빠질 수밖에 없다고 말합니다. 그는 모든 사람은 이 죽음에 이르는 병에 걸려 있으며, 오직 하나님의 은총 안에서만 이 문제가 해결된다고 갈파하고 있습니다. 성경은 이를 단순하게 표현합니다. "죄의 삯은 사망이요. 하나님의 은사는 그리스도 예수 우리 주 안에 있는 영생이니라"(롬 6:23).

저는 저 자신의 체험으로 제가 깊이 죄인이라는 것을 절감하고 있습니다. 오래전 신학대학원 다닐 때의 일입니다. 신학교의 기숙사 새벽 기도는 아침 6시에 시작합니다. 그날따라 기도가 너무 잘되어 거의 두 시간 가까이 깊이 기도하고, 찬송하고, 울고불고했지요. 하나님의 은혜를 깊이 체험한 행복한 시간이었습니다. 기도를 마친 후 주변 정리를 하고 기숙사 복도를 걸어갈 때 제 마음은 지극히 맑고 순수하고 아름다운 상태였습니다. 하나님을 위해 지금 당장 죽으라고 해도 죽을 수 있을 것 같은 감격과 헌신의 마음이 제 안에 가득했습니다. 기숙사로 돌아오니 그때가 추운 겨울이어서 그런지 복도가 조용했고 아무도 없었습니다. 그런데 그 순간 제 마음 속에 이런 생각이 스쳐 지나갔습니다. '아! 나 오늘 정말 오랫동안 기도 많이 했는데 누가 나와서 나 좀 봐주지 않나?' 무슨 이야기를 하고 싶은지 아시겠지요? 다른 때도 아니고 제가 도달할 수 있었던 가장 맑고, 순수하고, 거룩한 상태에 있을 때도 제게는 여전히 저를 드러내고 자랑하고 싶은 욕망이 있었던 것입니다. 그때 저는 성경이 말하는 "모든 사람이 죄인이니 하나님의 영광에 이르지 못한다"라는 말씀을 다시 진지하게 되새기지 않을 수 없었습니다. 죄는 언제, 어디에나 있고 개인의 삶과 사회 전체에 영향을 미칩니다.

셋째, 문제의 해결책은 사람들이 눈여겨보지 않는 지극히 작은 것 속에 숨어 있다는 것입니다.

나아만이 나병으로 고생하고 갖은 방법을 다 써도 차도가 없는 것을 보고 이스라엘에서 잡혀 온 어린 여종이 말합니다. "우리 주인님이 이스라엘의 예언자 엘리사를 만나면 병을 고칠 수 있을 텐데…." 나아만과 그의 부인은 처음에는 그 여종의 말을 귀담아듣지 않았을 것입니다. 하지만 더 이상 방법이 없게 되자 지푸라기라도 잡는 마음으로 여종의 조언을 따르게 되었습니다. 그는 신하들과 함께 이스라엘 땅으로 가서 엘리야 선지자를 만나고, 그의 말을 따라 요단강에 가서 일곱 번 목욕합니다. 그렇게 했더니 그 피부가 어린아이의 피부같이 회복되어 깨끗하게 되었습니다. 도저히 이루어질 수 없을 것 같은 일이 일어난 것입니다. 얼마나 놀라고 기뻐했겠습니까?

여러분! 문제 해결의 길이 왕도, 권력자도, 지식인도, 많은 돈을 가진 사람도 아닌 이름 없는 한 소녀, 그것도 포로로 잡혀 온 어린 몸종에게서 나왔다는 점에 주목하시기 바랍니다. 실상 세상의 일도 많은 경우 이렇게 이루어집니다. 문제가 생기면 정치가, 학자, 정부와 국회의 많은 전문가들이 달려들어 해결하려고 하고, 또 그렇게 해결되기도 합니다. 그러나 정말 근본적이며 참된 변화는 지극히 작은 것, 남의 눈에 띄지 않는 곳에서부터 시작됩니다. 나아만의 질병은 포로가 된 어린 계집아이의 말을 듣게 됨으로 고치게 되었습니다. "하나님의 사람을 만나 보라. 가서 하나님 말씀을 들으라"라는 가장 미약한 한 여종의 말을 따랐을 때 문제가 해결된 것입니다.

왜 그럴까요? 이것이 하나님이 일하시는 방법이기 때문입니다. 하나님께서는 힘 있는 자 아닌 가난한 자, 약한 자를 들어서 강한 자를 부끄럽게 하십니다. 이스라엘을 위협하는 골리앗을 물리친 것은 이름 없는 일개 목동 다윗이었습니다. 당대 세계 최대의 제국이었던 이집트를 기근으로부터 해방시킨 사람은 감옥에 있던 이방인이자 노예였던 요셉이었습니다. 무엇보다도 온 세상을 구원하신 하나님의 아들은 로마 황제의 가문이나 귀족 가문 아닌, 보잘것없는 변두리인 이스라엘 땅의 한 이름 없는 목수의 모습으로 우리를 찾아오셨습니다. 그리고 그분은 우리를 구원하고 변화시키고 새롭게 살아가도록 한 방법은 놀랍게도 세상적 권력과 능력이 아닌 수치와 고통과 버려짐의 십자가 죽음이었습니다. 찬송가 150장은 이를 이렇게 표현합니다.

갈보리 산 위에 십자가 섰으니
주가 고난을 받은 표라
험한 십자가를 내가 사랑함은 주가 보혈을 흘림이라.
최후 승리를 얻기까지 주의 십자가 사랑하리
빛난 면류관 받기까지 험한 십자가 붙들겠네

이것이 하나님의 방법입니다. 바울은 이 사실을 요약하여 고린도전서 1장 27절에서 이렇게 말합니다. "하나님께서는, 지혜 있는 자들을 부끄럽게 하시려고 세상의 어리석은 것들을 택하셨으며, 강한 것들을 부끄럽게 하시려고 세상의 약한 것들을 택하셨습니다." 그렇게 함으로 주님은 우리에게 하나님이 계시며, 인생에서 가장 근본적인 문제들은 오직 하나님의 능력과 그 도우심으로만 해결될 수 있음을 알게 하십니다. 예수의 십자가와 그의 부활의 능력 안에서 결국 문제는 근본적으로 해결되는 것입니다.

그러니 오늘 우리 각자의 삶과 우리 교회에 "우리 주인이 이스라엘 땅에 있는 예언자를 만나면 문제가 해결될 텐데"라고 말하는 어린 여종이 있기를 원합니다. 또한 우리 주변에서 이런 어린 여종과 같은 목소리가 들릴 때 그 메시지를 청종할 수 있기를 바랍니다. 더 나아가 고통당하는 세상, 어려움에 빠진 사람들을 보면서, '저들이 하나님의 말씀을 들으면 새롭게 변화될 텐데' 하는 안타까워하는 마음이 우리 마음에 있기를 원합니다. 그런 마음들이 모일 때 복음이 전파되고 사람들의 삶이 바뀌며 생명이 살아날 것입니다.

나아만 장군은 나병으로 인해 몸이 썩어 가던 사람이었고, 모든 관계가 망가질 수 있었던 사람이었으며, 가장 높은 영광의 자리에서 가장 초라한 자리에 떨어질 수 있었던 사람이었습니다. 하지만 "여기에 구원이 있다"라는 말을 듣고 순종했을 때 그의 삶은 변화됩니다. 우리도 마찬가지입니다. 하나님은 예수 안에서 죄 용서의 복음을 주셨습니다. 예수의 십자가 죽음과 부활을 통해서 오늘 우리 삶의 문제들이 해결되는 놀라운 체험이 있으시기를 기원합니다. 아멘!

14 용서와 사랑만이 죽음을 이긴다
요한복음 8:1-11

　오늘 말씀의 핵심은 "용서와 사랑만이 죽음을 이긴다"라는 제목에 모두 들어 있습니다. 이 제목에 나오는 용서, 죽음, 사랑이라는 세 단어를 하나씩 생각해 보십시다.

　먼저 죽음입니다. 미국의 유명한 코미디언이 우스개 삼아 말했습니다. "미국에는 확실한 사실이 두 가지 있다. 그 하나는 모두가 죽는다는 것이고, 다른 하나는 모두가 세금을 내어야 한다는 것이다." 미국의 모든 사람이 세금을 내는지는 모르겠지만, 미국의 모든 사람이 죽는다는 것은 확실합니다. 실상 죽음처럼 확실한 것이 없습니다. 4년 전 어느 날, 제가 가르치던 학생 한 명이 간암으로 세상을 떠났습니다. 학교를 졸업하고 목사 안수를 받고 경기도의 어느 교회에서 사역을 잘하였는데, 몸이 이상해서 검사를 해 보니 간암 말기였습니다. 며칠 전 그의 부인에게서 문자가 왔습니다. "남편 목사가 세상을 떠난 지 4년이 지났습니다. 조금씩 잊혀 가는 그를 생각하면서 그동안 보내 주신 관심과 사랑에 감사를 드립니다." 지금 그 부인과 자녀들은 어떻게 살고 있는지 궁금합니다.

몇 년 전 세상을 떠난 어느 만학도도 있습니다. 52세 늦은 나이에 신학대학원에 입학하여 무척 열심히 공부했습니다. 도서관에서 늘 책을 즐겨 읽던 그는 유학을 가려는데 무엇을 준비해야 하는지를 제게 물었습니다. 나이도 있으니 유학보다는 좋은 목회자가 되도록 준비하면 좋겠다고 권면했는데, 어느 날 갑자기 고혈압으로 인한 뇌출혈로 세상을 떠났습니다. 그 부인과 대학생, 고등학생, 중학생인 가족을 문상하면서 저는 무슨 말로 위로를 해야 할지 말을 꺼내기 어려웠습니다.

실제로 죽음은 우리 가까이 있습니다. 태어나는 날은 알지만 죽는 날은 누구도 모릅니다. 모두 건강하게 살려고 운동도 하고 등산도 다니지만, 원하는 대로 되지만은 않습니다. 누군가 장난스럽게 담배와 인삼을 파는 '한국담배인삼공사(KT&G)'의 광고 표어를 "담배로 버린 건강, 인삼으로 다시 찾자"로 하면 좋겠다고 제안했습니다. 하지만 우리가 인삼을 비롯해 좋은 것을 아무리 먹고 건강 관리를 잘해도, 죽음은 누구에게나 찾아옵니다.

이 세상의 모든 위대한 철학과 종교들은 어떤 의미에서는 결코 피할 수 없는 이 죽음을 받아들이고 화해하려는 시도라고 할 수 있습니다. 고대 그리스의 철학자 플라톤(Platōn)은 그의 책 『파에도』에서 "인간은 영혼과 육체로 되어 있는데, 이 중 본질적인 것은 영혼이며, 영혼은 영원히 죽지 않는다. 사람이 죽으면 그 육신은 땅에 묻혀 썩지만,

그 영혼은 영원한 이데아의 세상으로 가서 거기서 영원히 사니까 죽음을 두려워하지 말라"라고 가르쳤습니다.

불교 역시 사람이 죽으면 끝이 아니라 다시 태어난다고 가르칩니다. 죽음이란 끊임없이 돌고 도는 윤회의 한 순간에 불과해서, 산다는 것은 구름 한 점 하늘에 떠다니는 것과 같고, 죽는다는 것은 이 구름 한 점 지는 것에 불과하니 너무 크게 슬퍼하지 말고, 차라리 다음에 더 좋은 모습으로 환생하기 위해 이 땅에서 선업을 쌓으며 살라고 가르칩니다.

우리나라의 무속 신앙 역시 결코 피할 수 없는 죽음을 있는 그대로 받아들이고 죽음과 화해하기 위한 하나의 노력입니다. 특히 무교의 오구굿의 경우 굿이 클라이맥스에 이르면, 억울하게 죽어서 차마 이승을 떠날 수 없는 망자의 영혼을 무당이 불러내어, 마치 자기가 그 죽은 사람인 것처럼 말을 합니다. 때로 무당은 망자의 옷을 입고 그의 목소리로 말을 하여 가족과의 마지막 이별의 순간을 더 슬프게 만들기도 합니다. "어머니, 먼저 가는 이 불효자식을 용서하이소." "아무개야, 나는 먼저 가니 어머니를 잘 부탁한다." 그러면 남아 있는 유족들의 슬픔과 고통은 봇물 터지듯 터져 버립니다. "아이고 이놈아, 나를 두고 네가 어떻게 먼저 가니?" 그렇게 무당은 망자의 혼이 사랑하는 사람들과 마지막 이별을 하게 하고, 이 땅에서의 모든 한을 풀게 한 다음, 저세상으로 보내 줍니다.

이 모든 종교들의 공통점은, 죽음은 어쩔 수 없으니까 죽음을 수용하고 화해하라는 메시지를 전하는 데 있습니다. 그러나 기독교 신앙은 그렇지 않습니다. 그리스도인들은 죽음을 수용하고 받아들이는 정도를 넘어, 죽음이 예수 그리스도 안에서 극복되었다고 믿습니다. 고린도전서 15장 55절은 이렇게 말합니다. "사망아, 너의 이기는 것이 어디 있느냐? 사망아, 너의 쏘는 것이 어디 있느냐? 우리 주 예수 그리스도로 말미암아 우리에게 이김을 주시는 하나님께 감사하노니." 죽음의 독침에 쏘이면 천하의 절대 권력자도, 아름다운 여인도, 위대한 학자도, 부자도 다 죽게 되어있습니다. 그러나 성경은 그것이 끝이 아니라고 말합니다. "우리 주 예수 그리스도로 말미암아 우리에게 이김을 주시는 하나님께 감사하노니." 예수님 안에서 죽음을 이기는 생명이 우리에게 나타났습니다. 이 생명 안에서 죽음이 죽어 버렸습니다. 그래서 우리는 죽지만 죽지 않습니다. 죽음이 더 이상 우리를 어떻게 할 수 없습니다. 성경은 예수 그리스도 안에서 죽음이 극복되었음을 선언합니다. "찬송하리로다. 우리 주 예수 그리스도의 아버지 하나님이, 그 많으신 긍휼대로 예수 그리스도의 죽은 자 가운데서 부활하심으로 말미암아, 우리를 거듭나게 하사 산 소망이 있게 하시며"(벧전 1:3).

이와 같은 죽음을 넘어선 산 소망은 오늘 읽은 요한복음 8장에도 나타나고 있습니다. 이 말씀에 보면 예수님이 성전에서 가르치고 계셨는데, 서기관들과 바리새인들이 한 여인을 끌고 와서 예수님 앞에 세우고 말합니다. "선생이여, 보소서. 이 여자가 간음하던 현장에서 잡혔습니다. 율법에 따르면 이런 여자는 돌로 쳐서 죽여야 한다 했습니다. 선생님은 어떻게 말하겠습니까?" 그리고는 무수한 사람들이 모두 돌멩이를 들고 금방이라도 이 여자를 쳐 죽일 듯이 살기등등하게 쳐다보고 있었습니다.

이 질문은 예수님에게 피하기 힘든 함정입니다. 만일 예수님이 평소에 가르치던 대로 "하나님은 용서와 사랑의 하나님이다. 그러니 이 여인을 용서하라"라고 한다면 예수님은 율법을 정면으로 거부하는 셈이 됩니다. 반면 "율법에 기록한 대로 이 여인을 치라"라고 하면 그동안 예수님이 말해 온 사랑과 용서의 하나님에 대한 모든 가르침은 무효가 되고, 예수님에 대한 사람들의 신뢰 역시 사라져 버릴 것입니다.

그때 예수님은 아무 말씀도 하지 않고, 몸을 굽힌 다음 손가락으로 땅에 어떤 글씨를 쓰셨습니다. 뭐라고 쓰셨을까요? 많은 사람들이 이를 궁금해합니다. 누군가는 믿음, 소망, 사랑을 쓰셨다고 하고, 다른 누군가는 용서라는 단어를 쓰셨다고 합니다. 어떤 사람은 그 자리에 있는 사람들의 이름과 그 숨어 있는 죄악들을 하나씩 쓰셨을 것이라고도 합니다. 만일 이 마지막 말이 맞다면 사람들은 자기 이름과 자기만이 아는 죄를 예수님이 하나씩 쓰는 것을 보면서 모두 마음에 가책을 받았을 것입니다. 아니면 예수님은 그냥 사람들이 흥분을 가라앉히고 차분하게 생각할 시간을 갖게 하도록 그랬을 수도 있습니다. 아무튼, 사람들이 예수님의 말씀을 들을 준비가 되자 주님은 이렇게 말씀하십니다. "너희 중에 누구든지 죄 없는 자가 돌로 치라."

그러자 사람들은 모두 양심에 가책을 느낍니다. '나는 지금 이 여인을 죄인이라 하여 손에 돌을 들고 여차하면 던져서 이 여인을 죽이려

인간의 고난, 하나님의 침묵 그리고 십자가

고 하지만, 실상은 나 자신도 죄인 아닌가? 드러나지 않아서 그렇지 드러나기만 한다면 저 여인뿐 아니라 나 역시 이 자리에 서 있어야 하는 것 아닌가? 설사 저 여인처럼 되지 않는다고 해도, 나의 모든 거짓과 죄악이 있는 그대로 드러난다면 어떻게 그 수치를 견딜 수 있을 것인가?' 결국 한 명씩 그 자리를 떠났고 마침내 예수님과 여인만 남게 되었을 때, 예수님은 수치와 공포 속에 떨고 있는 여인을 향해서 말씀하십니다. "여인이여, 당신을 고소하는 이들이 어디 있는가? 당신을 정죄한 자가 여기 있는가?" 여인이 고개를 들어 둘러보니 그 많은 사람들이 다 사라져 없었습니다. 여인이 대답합니다. "주님, 없습니다. 나를 정죄하던 그들은 다 떠나 버렸습니다." 그러자 예수님이 대답하셨습니다. "여인이여, 나도 당신을 정죄하지 않습니다. 그러니 편안히 가시오. 그러나 다시는 그런 죄를 짓지 마시오."

사실 그날 그 자리에 있던 사람 중 예수님만이 이 여인을 정죄하고 심판하실 수 있는 분입니다. 예수님은 가장 온전히 선하고 가장 거룩한 분이기에 이 여인을 정죄할 수 있습니다. 그러나 예수님은 그렇게 하지 않으셨고, 그녀를 용서하시고 받아 주십니다. 이 용서의 사랑을 통해 여인은 죽음을 극복합니다. 새로운 삶을 시작합니다. 전해지는 말에 의하면 이 여인이 바로 '막달라 마리아'입니다. 그녀는 예수님이 돌아가시기 전 향유로 그의 발을 적셨고, 훗날에 예수님 부활의 첫 증인이 되었습니다. 용서받을 수 없고 사랑받을 수 없음에도 용서받고 사랑받게 되면서, 그 사람의 삶은 근본적으로 변화됩니다.

그런데 예수님은 어떻게 이 여인을 용서하고 사랑할 수 있었을까요? 그것은 예수님이 이 여인에게서 다른 것을 보셨기 때문일 것입니다. 여인을 정죄하기 위해 모인 사람들은 이 여인에게서 간음하다 잡힌 추하고 악한 사람, 구제불능의 한 인간을 보았습니다. 그러면서 "저런 것 때문에 이 세상이 문제로 가득하다" 하면서 정죄합니다. 하지만 예수님은 수치와 두려움 속에 떨고 있는 이 여인에게서 하나님의 딸을 보았습니다. 비록 잘못된 삶에 빠졌지만 여전히 사랑받고 있는 소중한 딸, 한때 인생에 꿈이 있었지만, 어쩌다 보니 삶이 무너지기 시작해서 밑바닥에까지 떨어져 버렸던 딸, 그렇지만 여전히 하나님의 사랑과 긍휼 속에 있는 하나님의 딸을 보았습니다. 그렇기에 예수님은 그 여인을 용서할 수 있었고, 더 나아가 그를 불쌍히 여기고 사랑할 수 있었습니다. 이런 용서와 사랑 덕분에 여인은 죽음에서 벗어나 새로운 삶을 살아가게 됩니다.

　　우리도 마찬가지입니다. 오늘 우리 개인과 가정과 사회에는 계속해서 죽음의 힘이 활동하고 있습니다. 부부간에, 부모와 자식 간에 서로 판단하고 정죄하고 나아가 심판합니다. 그때 우리의 관계는 깨어지고, 우리는 조금씩 죽어 갑니다. 하지만 서로를 하나님의 사랑을 받고 있는 사람으로 볼 수 있을 때, 그래서 서로 용서하고 사랑할 수 있을 때, 우리는 우리 주변의 어둠을 조금씩 내몰며 새로운 생명으로 들어갑니다. 그래서 성경은 "서로 용서하라. 서로 사랑하라"라고 명합니다.

　　물론 이 말이 정의가 필요없다는 말이 아닙니다. 가정이 서고, 사회가 유지되려면 정의가 있어야 합니다. 사람들이 공평하게 일이 진행된다고 느낄 때, 사회는 안정되고 나라는 강력해집니다. 그래서 정의는 소중합니다. 구약의 예언자는 이스라엘 사회를 향해 말합니다. "오직 정의를 물같이, 공의를 하수같이 흘릴지어다"(암 5:24). 그러나 정의만으로는 충분치 않습니다. 정의보다 더 큰 용서와 사랑이 필요합니다. 그때 생명이 살아나고, 가정과 사회가 새롭게 되어 갑니다. 실상 사랑은 정의와 다르지 않습니다. 정의가 가장 극대화되고 완성된 것이 사랑입니다. 그래서 용서와 사랑에는 때로 악에 대해 맞서는 것도 포함됩니다. 가정에서 폭력을 행사하는 남편과 아버지를 향해 사랑하고 용서한다고 그냥 맞고만 있어서는 안 됩니다. 서로 직면하고 도전하고 바꾸어야 합니다. 동시에 서로 불쌍히 여기는 마음, 사랑하는 마음으로 직면해야 합니다. 국가에 대해서도 마찬가지입니다. 국가의 정의를 세우는 것이 국가에 대한 사랑입니다. 그래서 제대로 된 사람을 정치 지도자로 선택해야 하고, 그가 나라를 잘 이끌어 가도록 감시해야 합니다. 사람들을 억압하고 고통을 주는 정권에 대해서는 항거하는 것이 사랑입니다.

지난 1월 15일은 「울지마 톤즈」라는 영화로 우리에게 참 많은 감동을 주었던 이태석 신부님이 세상을 떠난 기일입니다. 이분은 인제의대를 졸업하고 의사가 된 후에 다시 신학교에 가서 신부가 되었습니다. 그는 나라가 두 쪽으로 갈라져서 싸우고 있는 아프리카의 수단으로 갔습니다. 그곳에서 가장 가난한 사람들의 친구가 되어 그들을 가르치고, 병을 고쳐 주고, 하나님의 복음을 전했습니다. 특별히 길고 긴 전쟁 중에 꿈을 잃어버리고 거칠어져 있는 그곳 아이들에게 금관악기 합주단을 만들어 음악을 통해 인간답게 사는 법을 가르쳤습니다. 그러다가 잠시 귀국해서 검진을 받아 보니 이미 대장암 말기 상태였고, 투병 생활을 하다가 소천하셨습니다. 이 신부님은 어떻게 이렇게 철저하게 사랑과 섬김의 삶을 살 수 있었을까요? 그가 고등학교 1학년 때 쓴 「묵상」이라는 제목의 시에 그 단서가 들어 있습니다.

십자가 앞에 꿇어 주께 물었네
추위와 굶주림에 시달리는 이들
총부리 앞에서 피를 흘리며 죽어 가는 이들을
왜 당신은 보고만 있느냐고
눈물을 흘리면서 주께 물었네

세상엔 왜 죄인들과 닫힌 감옥이 있어야만 하고
인간은 고통 속에 번민해야만 하느냐고

조용한 침묵 속에 주 말씀하셨지
사랑, 사랑, 오직 서로 사랑하라고

난 영원히 기도하리라
세계의 평화를 위해

난 사랑하리라 내 모든 것 바쳐

사랑, 사랑, 오직 사랑하라고

여기 열여섯 살 사춘기의 예민한 소년이 예수님께 묻습니다. 왜 이렇게 세상에 고통이 많습니까? 왜 세상에는 죄인들이 있어야 하고, 그들을 가두는 감옥이 있어야 합니까? 왜 사람들의 관계는 계속해서 쉽게 단절되고 죽음의 힘은 왜 이다지도 강성합니까? 그런데 당신께서는 침묵하고 계십니다. 왜 그렇습니까? 치열하게 물었더니 하나님의 답변이 들려옵니다. 왜 이런 고통이 있는지, 왜 선하시고 전능하신 하나님이 아직 이 땅에 죄악을 그냥 두시는지에 대해 주님은 아무 말씀하지 않으십니다. 다만 용서하고 사랑하라고 하셨고, 용서와 사랑만이 문제의 해결이며 희망이라고 하십니다. 그는 이 말씀을 붙잡고 열심히 공부해서 의사가 됩니다. 그 뒤 신학대학교에서 공부하고 신부가 된 후에 내전으로 고통받고 있는 아프리카의 수단을 가서 섬깁니다. 그는 "사랑, 사랑, 오직 사랑하라"라고 말씀하신 예수님의 거룩한 부르심을 따라 순종의 길, 순명의 길을 걸어갑니다.

정녕 우리를 둘러싸고 있는 심판과 죽음을 극복하는 길은 어디 있을까요? 그것은 오직 용서와 사랑을 통해서 가능합니다. 본문 말씀에서 죽을 운명에 처한 여인을 다시 살린 것은 예수님 안에 있는 용서와 사랑의 힘이었습니다. 마찬가지로 우리가 이 땅에서 주님의 용서와 사랑의 힘 안에서 매일을 살아 낼 때, 우리는 이미 죽음을 극복한 삶을 사는 것입니다. 그렇게 산다면 살아 있을 때 뿐 아니라 언젠가 죽음이 찾아와도 기꺼이 받아들이고, 감사함으로 하나님께 우리 삶을 맡길 수 있을 것입니다. 그때 죽음은 우리 사람들을 두렵게 하는 것이 아니라, 우리를 하나님께로 인도하는 귀한 길 안내자가 됩니다.

미국의 영성가이며 사회운동가 매델린 랭글은 말합니다. "어떤 사람에게 '너를 사랑해'라고 말하는 것은 '너는 영원히 살 것이다'라고 말하는 것과 똑같다. 나는 불멸의 삶이 어떤 것인지 조금씩 배우고 있다." 이 말처럼 누군가를 깊이 용서하고 사랑할 수 있을 때, 우리는 이미 하나님의 구원을 체험하고 영생에 참여하고 있는 것입니다. 그때 우리는 예수 그리스도 안에서 죽음이 이미 극복되었음을 믿고 깨닫게 될 것입니다. 이런 놀라운 용서와 사랑의 축복이 우리 가운데 항상 함께하기를 바랍니다. 아멘!

15 심히 불편한 예수
마가복음 3:20-21; 누가복음 6:20-26

　교회 생활을 하는 분들은 예수님에 대해 모두 나름의 이해가 있습니다. "예수님이 어떤 분입니까?" 하고 물어보면 곧잘 나오는 답변은 다음과 같을 것입니다. "예수님은 하나님의 아들입니다." "예수님은 구원자이며 주님입니다." "나의 기도를 들어주시는 분입니다." 이를 이미지로 표현하면 우리에게 친숙하고 또 우리가 좋아하는 예수님의 모습은 가슴에 어린 양을 안고 있거나, 그 양떼를 사랑스럽게 이끌어 가시는 모습, 또는 문 앞에 서서 문을 두드리면서 우리를 간절히 만나기를 원하시는 모습입니다. 특히 사는 게 힘들고 지칠 때 우리는 이런 예수님의 모습을 마음에 품고 기도합니다. "수고하고 무거운 짐 진 자들아, 다 내게 오라. 내가 너희를 쉬게 하리라고 말씀하신 예수님! 내가 이제 주님 앞에 나왔으니, 나 좀 쉬고 내 문제 좀 해결해 주세요." 몇 년 전 암으로 세상을 떠난 소설가 최인호 선생님은 병상에서 투정처럼 이렇게 말했다고 합니다. "예수님, 아직 쓰고 싶은 소설이 너무 많은데 제가 몇 년만 더 살다가 가면 안 되겠습니까?"

그런데 오늘 말씀은 우리의 이런 생각을 깨뜨립니다. 오늘 말씀에 보면, 예수님은 사람들에게 미친 사람으로 여겨집니다. 예수님의 가족들까지 예수님을 미쳤다고 생각하고, 예수님을 잡으러 왔다고 합니다. 왜 그랬을까요? 그것은 예수님이 살아가는 방식이 당시 사람들과 너무 달랐기 때문입니다. 도대체 예수님이 어떻게 사셨기에 미친 사람처럼 여겨졌을까요? 짐작컨대, 다음의 몇 가지를 생각해 볼 수 있습니다.

예수님은 집안의 장남이었습니다. 당시 사회는 아버지가 돌아가시면 장남이 가업을 이어 집안을 이끌어 가야 했습니다. 예수님 역시 목수인 아버지의 뒤를 이어 목수가 되어 집안을 이끌어 가야 하는데 그렇게 하지 않습니다. 또한 당시의 남자들은 빨리 결혼하고 아이를 낳아 대를 이어야 했는데, 그것도 이행하지 않습니다. 참고로, 당시 유대인 남자는 평균 18세, 여자는 15세가 되면 결혼을 했다고 합니다. 예수님은 심지어 집을 떠나 무리 지어 떠돌이 생활을 하며 남들이 인정도 하지 않는 지도자 역할을 합니다. 더 나아가 그가 가르치는 내용이 가히 충격적입니다. 예를 들면 다음과 같습니다.

누가복음 6장에서 예수님은 "가난한 사람은 복이 있다. 천국이 저희 것이다"라고 말씀합니다. 우리는 이 말에 익숙해져 있어서 그냥 그런가 보다 하고 읽지만, 생각해 보면 참 이상한 말입니다. 솔직히 가난한 사람이 무슨 복이 있습니까? 부자가 복이 있지요. 그래서 모두가 "뭐니 뭐니 해도 머니가 최고야"라며 부자 되려고 하지 않습니까?

인간의 고난, 하나님의 침묵 그리고 십자가

제가 신학대학원 다닐 때 한 교수님이 이런 말씀을 하셨습니다. "나는 어릴 때 너무 가난하게 살아서 가난이 얼마나 힘든지 안다. 그래서 죄를 짓는 한이 있어도 다시는 가난하게 되고 싶지는 않다." 그 말을 들을 때 제가 스물일곱 살이었는데, '솔직한 말씀이긴 하지만, 그래도 목사이며 교수인 분이 저렇게 말씀하셔도 될까?'라고 생각했었습니다. 그러나 제가 그분 나이가 되어 보니 그때 그분의 심정을 조금은 이해할 수 있게 되었습니다. 실상 할 수 있으면 부자로 살고 싶다는 것이 우리 대부분의 희망 아니겠습니까?

또한 예수님은 "지금 우는 사람은 복이 있다"라고 말씀하십니다. 세상에 웃는 사람이 복이 있지, 우는 사람이 무슨 복이 있습니까? 우리는 "웃으면 복이 와요"라고 말하지 "울면 복이 와요"라고 하지는 않습니다. 우리는 아픈 사람, 우는 사람, 슬퍼하는 사람 옆에 있기 싫어 합니다. 그렇지 않아도 사는 것이 힘든데 왜 그런 사람 옆에 가야 할까요? 제가 오래 전 암 수술을 하고 집에서 투병 생활을 할 때, 마침 아파트 입구에서 아는 분을 만났습니다. "안녕하세요?" 서로 인사 나누는데 그분이 이런 말을 했습니다. "목사님 안 아프시죠? 괜찮지요? 괜찮다고 하세요." 사실 저는 그때 너무도 힘들었는데 그런 말을 들으니 좀 섭섭했습니다. 지금 짐작해 보면 그분은 아픈 사람을 만나거나, 고통스러워하는 사람을 지켜보는 것이 힘들어서 그렇게 했을 수도 있지요.

그런데 예수님은 여기에서 한술 더 떠서 말씀하십니다. "화 있을지어다. 너희 부요한 자여. 너희는 이미 위로를 받았다. 화 있을지어다. 지금 너희 배부른 자여. 너희는 이제 배가 고플 것이다. 화 있을지어다. 지금 너희 웃는 자여. 너희가 애통하며 울리로다. 모든 사람이 너희를 칭찬하면 화가 있도다."

웃고, 배부르고, 부유한 것은 모든 사람이 원하는 것입니다. 저는 우리 성도님들이 모두 이렇게 살면 정말 좋겠습니다. 가난한 분들은 좀 부유하게 되고, 몸 아픈 사람들은 건강하게 되고, 모두 가정에 웃음꽃 피우며 살면 정말 좋겠습니다. 그런데 예수님은 그런 소박한 꿈을 꾸는 사람들을 향해 아예 저주를 퍼붓고 있습니다. "지금 웃고 배부르고 부유한 너희들은 이미 위로를 받았으니, 받을 것 다 받았다. 그러니 이제는 울게 될 것이다. 배고파질 것이다. 너희가 좋은 사람, 똑똑한 사람, 능력 있는 사람이라고 칭찬을 많이 받게 될수록 너희들의 인생은 심판 아래 있을 것이다." 여러분 주위에 이런 말을 계속하는 사람이 있다면 그 사람은 분명 기피인물이 될 것입니다. 사람들이 모두 그를 피해 버릴 것입니다. 예수님이 바로 그런 사람이었습니다. 그의 말이 오죽 과격하고 충격적이었으면 사람들이 그를 보고, "귀신의 왕 바알세불에 붙잡혔다"라고 했을까요.

무엇보다 예수님이 무척 견디기 어렵고 불편한 분이었다는 사실은, 그분이 십자가에서 죽임을 당했다는 데서 분명히 드러납니다. 오늘날 우리 교회는 예수님의 십자가를 우리 죄를 해결하기 위한 하나님의 방법으로 이해합니다. "그는 친히 나무에 달려 우리 죄를 담당하셨다." 물론 이는 올바른 이해입니다. 그러나 2000년 전, 예수님의 십자가 죽음을 직접 목격했던 그 순간의 제자들도 그렇게 생각했을까요? 그렇지 않습니다. 그렇게 생각했다면 십자가 죽음을 보고 깊은 절망감에 그렇게 뿔뿔이 사방으로 흩어지지 않았을 것입니다.

십자가는 인간이 만들어 낸 가장 참혹한 사형 방법이었습니다. 그 것이 너무나 고통스럽고 야만스러워서, 로마는 로마 시민권을 가진 사람의 경우는 그 어떤 흉악범일지라도 십자가에 죽게 하지 않았습니다. 그들은 로마의 평화에 가장 위협이 되고, 당시의 사회 질서를 근본적으로 흔들 수 있는 사람을 십자가에 못 박아 죽였습니다. 십자가에서 사람이 죽으면 내려서 들판에 던져 버렸고, 그러면 까마귀나 들개가 와서 그 시신을 먹어치웠습니다. 이것은 고대인들에게는 엄청나게 두렵고 수치스러운 죽음이었습니다. 그런데 예수님이 바로 이런 십자가에 매달려 돌아가신 것입니다. 당시의 정치 종교 지도자들은 이 예수님을 도무지 견딜 수 없었기에 그를 미친 사람이라고 부르고, 귀신의 왕 바알세불에 붙잡혔다고 비난하다가, 마침내 십자가에 매달아 죽여 버린 것입니다.

우리는 예수님의 공생애 기간을 보통 3년이라고 말합니다. 그 이유는 요한복음에 예수님이 유월절을 세 번 보냈다고 나오기 때문입니다. 그러나 마가복음에서는 유월절이 한 번 나옵니다. 그래서 신약신학자 안병무 교수는 실제 예수님의 공생애는 1년에서 1년 반 남짓밖에 안 되었으리라고 봅니다. 그 이유는 마가복음이 요한복음보다 먼저 기록되었고, 실제 살았던 예수의 모습을 더 잘 서술하고 있기 때문입니다. 여기에 덧붙여 안 교수는 이렇게 말합니다. "예수님처럼 살면 1년 반을 버틸 수가 없다. 그의 삶은 너무 근본적이고 철저해서 어느 사회도 견딜 수 없다"라는 것입니다.

　도대체 예수님의 어떤 점이 그렇게 철저하게 달랐던가요?

　첫째, 예수님은 모든 사람이 다 하나님 앞에서 평등하다고 믿었습니다. 모든 사람이 평등하다는 것은 지금이야 너무나 당연하고 올바른 생각이지만, 예수님 당시는 그렇지 않았습니다. 그때는 차별이 있는 것이 당연했습니다. 남녀차별이 당연했고, 가진 자와 못 가진 자, 민족과 민족 사이에 차별을 두는 것 역시 정당했습니다. 그러나 예수님은 이 모든 것을 부정해 버립니다. 예수님이 꿈꾸신 하나님 나라는 모든 사람이 평등한 나라입니다. 한 분 하나님을 모시고 사는 모두가 동등하고 평등한 형제자매의 세상입니다. 예수님은 이를 입증하기 위해 당시 사회에서 가장 대접받지 못하는 사람들과 어울리셨으며, 죄인이라는 말을 듣는 길거리 사람들, 창녀들, 버려진 사람들과 어울려 함께 밥을 먹었고, 이런 사람들이 하나님 나라에 먼저 들어간다고 말씀하셨습니다.

　예수님의 제자들은 이런 예수님 안에서 무한한 자유와 평등을 원하시는 하나님을 보았습니다. 그리고 예수님의 삶에 큰 도전을 받은 이들은 곳곳에 다니면서 예수님의 이야기를 전했습니다. 이것을 기록한 것이 신약 성경이고 복음서입니다. 또한 제자들은 사람들을 만날 때마다 예수님을 소개하고 이 분의 말씀따라 살자고 사람들에게 권했습니다. 이것이 전도였고, 그 결과 세워진 것이 교회들이었습니다. 이들이 모여서 기도하고 예배할 때, 예수님께서 "아버지"라고 부르신 하나

인간의 고난, 하나님의 침묵 그리고 십자가

님께서 그들과 함께 계시며, 그들의 아버지가 되심을 보여 주셨고, 성령은 그들의 삶을 그렇게 놀랍게 인도하셨습니다. 이들의 전파력이 얼마나 컸던지, 그 반대파들은 "이들이 가는 곳마다 세상을 시끄럽게 한다. 이들이 전염병처럼 세상에 퍼진다"라고 말했습니다.

초대 교회 사람들은 이처럼 모든 사람이 철저하게 평등하다는 사상을 받아들였습니다. 그중의 한 명인 사도 바울은 이렇게 외칩니다. "너희는 유대인이나 헬라인이나 종이나 자유인이나 남자나 여자나 다 그리스도 예수 안에서 하나이니라"(갈 3:28). 남녀 차별이 당연했고, 종과 주인의 구별이 당연했으며 민족과 민족이 서로 대립하고 반목하던 시대에 바울은 이렇게 외칩니다. "남자, 여자 모두 하나님의 자녀입니다. 모두 동등합니다. 서로 도우며 함께 살아가는 하나님의 가족입니다. 종과 자유자의 구별 역시 그리스도 예수 안에는 없습니다. 모두가 하나님 앞에서 자유자입니다. 누구도 종이 되어서는 안 됩니다. 더 나아가 인종과 민족에 대한 차별도 없습니다." 실상 서구의 경우 모든 인간이 동등하고 모든 인간이 똑같이 존중받아야 한다는 사상은 기독교 신앙에서부터 나온 것입니다.

둘째, 예수님은 철저한 평화주의를 말씀하십니다. 예수님이 세상에 태어나실 때 하늘의 천사가 외칩니다. "지극히 높은 곳에서는 하나님께 영광이요, 땅에서는 하나님이 기뻐하신 사람들 중에 평화로다"(눅 2:14). 예수님 역시 하나님 나라 복음을 전할 때 이렇게 말씀하십니다. "화평하게 하는 자는 복이 있나니, 그들이 하나님의 아들이라

일컬음을 받을 것임이요"(마 5:9). "또 누구든지 너로 억지로 오 리를 가게 하거든 그 사람과 십 리를 동행하고, 네게 구하는 자에게 주며, 네게 꾸고자 하는 자에게 거절하지 말라"(마 5:41-42).

어디 이뿐입니까? 겟세마네 언덕에서 예수님이 붙잡히실 때 베드로가 칼을 휘둘러 예수님을 지키려고 합니다. 그때 예수님은 말씀하십니다. "내가 하늘의 아버지께 기도하여 천사들을 부를 수 있다. 그러나 이것이 하나님의 뜻이다." "칼로 일어나는 자는 칼로 망한다"(마 26:52-54). 예수님의 길은 철저한 비폭력 평화주의에 기초한 정의와 생명과 평화의 길이었습니다.

초대 교회는 예수님의 이런 가르침과 삶을 온전히 받아들였습니다. 그래서 어디를 가든 평화의 사람으로 살고자 했습니다. 그들은 폭력에 반대했고, 전쟁에 반대했습니다. 군인들의 경우는 전쟁에 나가 피를 흘리는 사람이라고 하여 결코 세례를 주지 않았습니다. 이들은 군복을 벗고 군대를 떠날 때 비로소 세례를 받고 성찬에 참여할 수 있었습니다. 로마의 귀족 출신으로 성 마틴이라는 군인이 있습니다. 그는 장군도 되고 더 나아가 황제까지 될 수 있는 사람이었지만, 예수를 만난 이후에 자기 성공의 터전인 군대를 떠납니다. 군대를 떠나며 그는 이런 말을 남깁니다. "내 인생에 진짜 주인이 생겼습니다. 그분의 군대에 속하기 위해 나는 이 땅의 군대를 떠납니다." 예수의 첫 제자들은 철저한 평화주의자였습니다.

세 번째로, 예수님은 철저한 사랑의 삶을 가르칩니다. 권력이나 물질이나 쾌락이 아닌 사랑이 가장 소중한 것이라고 가르칩니다. 이는 하나님이 바로 온전한 사랑 그 자체이시고, 또 그렇게 우리를 사랑하시기 때문입니다. "하나님이 세상을 이처럼 사랑하사 독생자를 주셨으니, 이는 저를 믿는 자마다 멸망치 않고 영생을 얻게 하려 하심이라"(요 3:16). 그래서 서로 사랑하라고 말씀하십니다. 이를 따라 초대 교회도 그렇게 했습니다. 초대 교회를 구별짓는 가장 큰 특징 하나는 모든 사람을 향한 철저한 사랑의 환대(hospitality)였습니다. 그 사랑은 그저 그리스도인들 사이뿐 아니라 교회 밖의 사람들, 특히 가난하고 어려운 사람들을 향했습니다. 학자들의 연구에 의하면 첫 교회 공동체에서의 성만찬은 사실 먹을 것이 하나도 없는 지극히 가난한 사람들을 불러서 먹이는 공동 식사였다고 합니다. 더 나아가 그 사랑은 다른 인종, 다른 민족, 다른 계층의 사람들에게까지 퍼져 나갔습니다. 로마 시대의 사람들이 예수 믿는 사람들을 보았을 때 가장 두드러지는 것은 사랑이었습니다. 기독교가 수많은 박해 속에서도 그렇게 짧은 기간에 로마 전역에 들풀처럼 번져 가게 된 것은 그들의 교리나, 조직 때문이 아니라, 그리스도인들이 진실하게 서로 깊이 사랑하는 것을 세상이 보았기 때문입니다. 2세기의 철학자이며 변증가였던 순교자 저스틴(Justin Martyr)은 기독교 신앙에 대한 그의 『변증』(Apology)에서 이렇게 말합니다. "우리도 예전에는 재물과 소유를 취득하는 것을 가치 있게 생각하던 사람들이었습니다. 하지만 지금은 우리가 지닌 것들을 공동 소유로 가져다 놓고, 필요한 사람이면 누구에게든지 나누어 주는 사람들이 되었습니다. 전에는 서로 증오하며 파멸시켰고, 다른 부

15 심히 불편한 예수 · 마가복음 3:20–21; 누가복음 6:20–26

족들과는 어울려 살지 않던 사람들이었지만, 그리스도께서 오신 이후로 우리는 모두 가족처럼 지내며, 원수들을 위해서 기도하는 사람들이 되었습니다." 이런 정신이 있었기에 진정 복음이 선포된 곳에는 언제나 해방이 있었습니다. 여성 해방, 노예 해방, 모든 종류의 차별과 편견을 뛰어넘는 해방이 이어졌습니다. 피부 빛깔, 인종, 문화, 종교에 관계없이 사람이기에 모두 소중하고 귀한 하나님의 자녀들이라고 말하는 사람들이 나타난 것입니다.

그로부터 2000여 년의 긴 세월이 지나, 이제 우리는 '그리스도인'이라는 이름으로 이렇게 모여 있습니다. 그런데 뭔가 이상하지 않나요? 예수님은 그렇게 철저하게 다르게 사신 분인데, 또 교회사에도 그렇게 사신 분들이 있는데, 현재의 우리는 그렇지 않아 보입니다. 오늘날 세상 사람들은 그리스도인들을 그저 좀 착하고 이웃을 잘 돕는 사람들 정도로 생각하는 것 같습니다. 심하면 일주일에 몇 번씩 교회라는 곳에 모여 "주여, 주여" 하면서 자기들끼리만 통하는 이상한 암호만 나누고 헤어지는 사람으로 보기도 합니다.

덴마크의 철학자 키에르케고르이 한 어떤 풍자가 생각납니다. "어느 곳에 거위들이 모여 살았습니다. 그들은 매 주일 한 곳에 모였습니다. 그러면 거위 하나가 앞으로 나와 말합니다. '여러분, 우리 거위들은 이렇게 땅에만 걸어 다니도록 만들어지지 않았습니다. 우리 역시 독수리처럼 날개를 펴고 높은 창공을 날아가도록 만들어졌습니다. 그러니 모두 날개를 펴고 저 높은 하늘로 날아오릅시다.' 그러면 다른 거위들은 잠시 하늘을 나는 자기 모습을 상상하고 기뻐하면서 '아멘!'으로 화답하고, 그 모임이 끝나면 다시 뒤뚱거리는 걸음으로 자기 집으로 돌아갑니다. 그리고 그것을 매 주일 반복했습니다."

어떤가요? 너무 정확하게 오늘 우리 교회의 현실을 날카롭게 지적하고 있지 않습니까? 그럼 우리가 어떻게 되어야 할까요? 그 답은 원래 우리 그리스도인들이 어떤 사람들인가를 다시 찾고 그런 삶을 회복하는 데 있을 것입니다. 다시 말해 "철저한 예수 운동!" 이것이 우리 교회의 고민이 되어야 합니다. 그렇게 살기 위해 공부하고, 기도하고, 노력해야 합니다. 우리가 그렇게 살지 못하는 이유는 하나님의 은혜 체험이 부족하고, 충분히 성령 충만하지 못해서 그럴 것입니다. 그러나 동시에 내가 "예수 운동가"로 먼저 고생하고 손해 볼 각오가 없기 때문일 것입니다. 고난과 어려움을 겪고 싶지 않기 때문입니다. 하지만 바울은 말합니다. "무릇 그리스도 예수 안에서 경건하게 살아가고자 하는 사람은 박해를 받으리라"(딤후 3:12).

우리는 위로받고, 축복받고, 문제 해결받고 싶어서 교회에 오는 경우가 많습니다. 그것이 나쁜 것은 아닙니다. 필요하기도 하고 또 하나님께서 그런 것을 주기 기뻐하십니다. 하지만 오직 그런 것만을 위해 살아간다면 궁극적으로는 진정한 위로도 축복도 쉼도 누리지 못할 것입니다. 오히려 예수님이 걸어가신 길을 따라 걸어가고, 그러다가 고생도 하고 손해도 볼 때 우리에게는 부르심을 받은 자로서 진정 가야 하는 길을 가는 사람의 기쁨이 있습니다. 그때 우리는 세상이 알지 못하는 하늘의 깊은 위로와 평안을 맛봅니다. 그때 우리의 기도는 응답될 것입니다. 하나님의 능력이 우리 통해 나타날 것입니다. 마침내 세상이 감당하지 못할 사람이 될 것입니다. 이것을 경험한 바울은 옥중에서 이렇게 외칩니다. "내게 능력 주시는 자 안에서 내가 모든 것을 할 수 있느니라"(빌 4:13). 그래서 그는 이제 당시의 교인들에게, 그리고 우리들에게 이렇게 권면합니다. "아무것도 염려하지 말고, 오직 모든 일에 기도와 간구로, 너희 구할 것을 감사함으로 하나님께 구하라. 그리하면 주시리라"(빌 4:6).

이제 말씀을 정리하십시다. 우리가 원하고 바라듯이 예수님은 목자같이 우리를 이끄시는 분이고, 우리 기도에 응답하시는 분이며, 지금도 문밖에서 간절히 우리 마음의 문을 두드리시는 분입니다. 이 모두가 맞습니다. 그러나 동시에 예수님은 불편한 분이기도 합니다. 그분은 너무 크고 놀라운 하나님 나라의 꿈을 가지고 우리를 부르십니다. 그분이 걸어간 길을 따라 함께 거룩한 고난으로 가자고 초대하고 계십니다. 그 길은 쉽지 않습니다. 좁고 어려운 길입니다. 하지만 그 길을 따라 걸어갈 때 하나님이 주시는 큰 위로와 기쁨과 자긍심이 있습니다. 하나님 앞에서 바로 살아가는 사람들이 누리는 행복이 있습니다. 이런 사람들이 세상을 바꾸어 갑니다. 이런 축복, 이런 은혜. 불편하지만, 사실은 가장 올바른 삶의 길을 따라 걸어가는 사람들이 누리는 행복이 저와 성도님들에게 있기를 축원합니다. 아멘!

16 기억과 망각
이사야 43:18-21

오늘 같이 생각해 볼 주제는 기억과 망각입니다. 우리는 기억은 좋은 것이고, 망각은 나쁜 것이라고 여깁니다. 그래서 기억'력'이라 부르고 망각'증'이라고 말합니다. 실제로 기억은 아주 중요합니다. 내가 아침에 잠이 깨어 어제와 동일한 사람으로 나를 인식하는 것은 내 속에 어제의 기억이 남아 있기 때문이고, 함께 사는 사람들이 나의 가족임을 아는 것도 이들과 함께 지내온 세월의 기억들이 남아 있기 때문입니다. 만약 이런 기억들이 사라진다면 나는 내가 누구인지도 모르고 가족도, 친구도, 교우들도 누구인지 모를 것입니다. 생각해 보십시오. 아침에 잠에서 깨어났는데 옆에 어떤 사람이 누워 자고 있습니다. 그런데 그가 누구인지 아무리 생각해도 기억이 나지 않는다면 얼마나 황당할까요?

실제로 이런 소재를 다룬 영화가 있습니다. 「내일의 기억」이라는 일본 영화로, 이 영화의 남자 주인공은 대기업의 부장입니다. 열심히 성실하게 살아왔고 나름 성공한 사람입니다. 그런데 얼마 전부터 자주

시야가 축소되고, 머리가 멍해지며 가장 기본적인 것들이 기억나지 않습니다. 항상 다니던 길도 어떻게 가야 할지 몰라 잊어버립니다. 병원에 가서 검사를 해보니 알츠하이머 병 초기라고 합니다. 소위 치매가 찾아온 것이죠. 치료법은 없고, 다만 진행 속도를 늦출 수 있을 뿐입니다. 깊이 절망하다가 그래도 병에 맞서 싸우고자 최선의 노력을 다합니다. 하지만 시간이 지날수록 점점 많은 것을 잊어버리며 일상이 힘들어집니다. 중요한 회의 시간을 잊어버리고, 준비해 둔 서류를 잊어버리고, 할 일이 있어서 나왔는데 무슨 일 때문에 나왔는지 기억이 나지 않습니다. 결국 어쩔 수 없이 권고 사직을 받고 평생 일해 온 회사를 떠나게 됩니다. 이제 아내가 대신 돈을 벌러 나가고 그는 혼자 집에 머무릅니다. 그러나 시간이 지날수록 밥을 먹고 약을 챙기고 하는 가장 기본적인 것도 잊어버립니다.

더 이상 아내의 짐이 될 수 없다고 생각한 그는 요양병원을 알아보러 나갔다가, 먼 옛날 아내를 처음 만나 사랑하게 되었던 곳을 찾아갑니다. 그곳에서 하룻밤을 보내고 내려오다가, 사라져 버린 남편을 찾아 그곳까지 찾아온 아내를 만나게 됩니다. 평생을 함께 산 부부가 산모퉁이에서 마주치지만, 그는 이제 아내조차 알아보지 못하고, 처음 만난 사람처럼 자기를 소개합니다. "기차를 타러 가십니까? 저도 기차역으로 가는데, 그럼 같이 가시지요." 아내는 그 모습에 충격을 받지만, 곧 상황을 파악하고 눈물을 훔치면서 마치 처음 만나는 사람인 양 자신을 소개하고, 그 뒤를 조용히 따라가는 것으로 영화는 끝이 납니다. 이 영화를 보면서 참 오랫동안 마음이 찡했습니다. 인생의 만남과 헤어짐, 기억의 중요성에 대해 많은 것을 생각하게 했던 영화였습니다.

그러니 여러분! 미우나 고우나 나를 기억하는 가족이 옆에 있고 함께 신앙생활 하는 교인들이 있다는 것이 고마운 일입니다. 그러니 옆에 있는 분들에게 이렇게 말해 봅시다. "저를 기억해 주셔서 감사합니다." "저도 당신을 계속 기억하겠습니다."

성경도 기억의 중요성을 자주 언급합니다. 그래서 계속해서 "기억하라"라고 말합니다. "이스라엘아, 기억하라. 주 너의 하나님을 기억하라. 너의 하나님의 크신 은택을 잊지 말라"라고 말합니다. 우리 인간뿐만 아니라 실상 하나님께서 이집트에서 종살이하던 이스라엘 백성을 구원하신 것도, 하나님이 아브라함과 이삭, 야곱과 하신 언약을 기억하셨기 때문입니다. 출애굽기 2장 23절을 보면, 이스라엘 백성이 이집트 땅에서 고된 노동으로 인하여 탄식하여 부르짖을 때, 하나님께서 아브라함과 이삭과 야곱에게 세운 언약을 기억하시어 이스라엘 자손을 돌아보셨다고 합니다.

그런데 과연 기억은 언제나 좋고, 망각은 언제나 나쁘기만 한 것일까요? 기억력 대신 '기억증'이라 말하고 망각증 대신 '망각력'이라고 해야 할 때도 있지 않을까요? "아는 것이 힘이다"라는 말이 맞지만, "모르는 것이 약이다"라는 말도 맞지 않을까요? 사실은 기억만큼이나 망각도 중요합니다. 독일의 철학자 프리드리히 니체는 망각의 중요성을 설명하면서 소화를 예로 듭니다. 아무리 몸에 좋고 맛있는 음식을 먹었다 해도 그것이 빨리 소화되어야 좋은 음식입니다. 그런데 음식이 계속해서 배 속에 남아 있다면, 그것은 소화 불량이라고 불립니다. 소화 불량이 되면 괴롭습니다. 기억도 마찬가지여서 처절한 실패의 경험, 무시당한 아픔, 잘못 살아온 인생에 대한 후회 같은 것들은 적절한 때에 소화되고 망각되어야 합니다.

우리 모두에게는 나름의 아픈 기억들이 있습니다. 오래 전 이야기입니다만 저의 신학교 선배 중에 한 분이 어떤 여성을 소개받았는데 첫눈에 꽤 마음에 들었습니다. 그 여성도 자기를 마음에 들어 했답니다. 두 사람 다 두근거리는 마음으로 즐거운 저녁 식사를 마쳤습니다. 집에 바래다주기 위해 전철을 타러 역사로 내려가니까 막 전철이 들어오고 있었습니다. "빨리 탑시다" 하며 뛰어가 전철을 탔는데, 으레 따라왔으리라 생각했던 그 여성은 미처 따라오지 못하고, 자기 혼자만 탄 채 전철은 곧 떠나 버렸답니다. 너무 미안해서 연락을 했더니 그분이 냉정하게 말합니다. "이런 남자를 어떻게 믿고 평생을 살겠어요? 앞으로 연락하지 마세요." 가슴 설레던 만남이 그렇게 끝나 버린 것입니다. 선배는 이제는 세월도 많이 지나고 다른 분과 결혼도 했지만, 전철 문이 열렸다 닫힐 때면 그때의 기억이 떠올라서 지금도 미안한 마음이 든다고 합니다.

그래도 이런 정도는 아쉽지만 괜찮습니다. 하지만 살아가면서 정말 끊어내기 힘든 것들이 있습니다. 트라우마라고 불릴 만한 것들이 있습니다. 마음 깊은 곳의 상처, 끊임없이 솟아나는 생채기, 잊어버리려고 해도 불쑥불쑥 찾아와서 인생을 마구 휘저어 버리는, 마음 깊은 곳의 고통들입니다. 그런 것은 잊어야 하고, 떠나보내야 하는데, 우리는 트라우마 고통에 매여 현재와 미래를 제대로 살지 못할 때가 많습니다.

이런 맥락에서 본문 말씀은 무척 의미심장합니다. "너희는 이전 일을 기억하지 말며, 옛날 일을 생각하지 말라." 본문 말씀에서 하나님은 이전 일을 기억하지 말고, 옛날 일을 생각하지 말라고 하십니다. 왜냐하면 그것이 우리의 생명력을 약화시키고, 주저앉게 하며, 절망에 빠뜨리기 때문입니다. 그리고 이보다 더 중요한 이유는 지금 하나님께서 우리 삶에 새로운 일을 행하실 때 방해가 되기 때문입니다.

오늘의 말씀은 이스라엘 백성이 바벨론 포로 생활할 때 선포된 말씀입니다. 바벨론 포로 생활은 아주 고통스러웠습니다. 그러나 이제 하나님은 이스라엘 백성을 다시 그리운 고향 예루살렘으로, 팔레스타인 땅으로 돌려주실 것입니다. 그러니 이스라엘 백성도 지난 과오와 슬픔을 잊고, 새로 시작하려는 결단이 필요합니다. 우리도 마찬가지입니다. 지난 삶을 돌아보면 아쉽고, 억울하고 눈물 나는 것들이 많습니다. 때로는 밤잠을 자지 못하고 후회하며 힘들어 합니다. 그러나 이렇게 과거에 발목 잡혀 매여 있다면, 우리는 현재와 미래를 제대로 살아 내지 못합니다. 하나님께서는 지금 우리 형편이 어떻든, 나이가 얼마가 되었든, 과거에 어떤 트라우마를 경험했든 상관없이 오늘부터 새롭게 시작하기를 원하십니다.

어떻게 하면 이전의 고통스러운 일들, 실패의 경험들, 마음속에 쌓여 있는 울분들을 잊어버리고 앞으로 나아갈 수 있을까요?

첫째, 문제를 있는 그대로 직시할 때 가능합니다.

내 삶이 힘들다면 그 힘든 원인을 찬찬히 다시 살펴보아야 합니다. 그것이 나의 그릇된 판단으로 인한 잘못이었든, 주변 환경이 너무 힘들어서 생겨난 문제이든, 부모나 주변 사람의 탓이든, 이유야 어쨌든 그것을 직시할 수 있어야 해결할 길이 보이기 시작합니다. 그중에서 적어도 내가 책임져야 하고 바꿀 수 있는 부분을 찾아내고 책임지려 해야 합니다. 그렇지 않은 것들은 정확히 이해하고 용서하고 떠나보내야 합니다. 지난 상처를 직시하는 것은 정말 어렵습니다. 하지만 직시하고 정리할 때만 새로 출발할 수 있습니다. 우리 마음은 오랜 세월 동안 쌓여 온 마음의 앙금들이 가라앉아 있는 거대한 저수지와 같습니다. 어느 심리학자가 말합니다. "우리가 경험한 것들은 사라지지 않고 다 마음속에 묻혀 있다. 다만 기억을 못할 뿐이다." 누군가 프로이트의 정신분석학을 이렇게 간단히 요약했습니다. "첫째, 내 인생에는 나도 모르는 내가 있다. 둘째, 나도 모르는 그 내가 내 인생을 지배한다. 셋째, 나도 모르는 나를 알게 될 때 내 삶은 훨씬 나아질 수 있다." 상당히 통찰력 있는 이야기입니다. 아무튼 우리는 이미 벌어진 일들을 있는 그대로 직시할 때 앞으로 나아갈 수 있습니다. 역설적이지만 잊기 위해 먼저 그것을 기억해야만 합니다. 탁월한 심리학자이며 영성가인 헨리 나우웬(Henri Jozef Machiel Nouwen)의 말처럼 "기억이 구속을 가져옵니다(Memory brings redemption.)" 치유와 변화는 직면한 기억에서 비로소 시작되기 때문입니다.

둘째, 하지만 그 문제를 다르게 해석합시다.

우리는 수많은 사람을 만나고 수많은 사건을 경험합니다. 그것들은 우리 삶에 좋든 나쁘든 영향을 미칩니다. 그렇게 우리 인생에는 주름이 생겨나지요. 그러나 가만히 보면 우리 인생에 정말 영향을 미치는 것은 일어난 사건 자체라기보다는 그것을 어떻게 해석하느냐에 달려 있는 것 같습니다. 누가 봐도 힘들고 어려운 인생, 저주받은 것 같은 인생을 살아도, 그것을 어떻게 해석해 내느냐에 따라 삶의 길은 전혀 달라질 수 있습니다. 누군가에게는 걸려 넘어지는 걸림돌이지만, 다른 누군가에게는 딛고 성장할 디딤돌이 됩니다. 결국 인생은 해석의 문제입니다.

발명왕 에디슨을 우리는 위대한 발명가와 탁월한 사업가로 기억합니다. 그러나 그의 생애에도 실패와 좌절은 많았습니다. 어느 날, 그가 십 년 이상 공들여 세운 그의 연구소에 불이 나 전부 타 버렸습니다. 화재 소식에 달려가 보니 모든 것이 타 버리고 잿더미만 남았지요. 지난 십 년 동안의 모든 연구가 헛수고가 되어 버린 것입니다. 그가 연구하면서 정리해 놓은 자료들도 다 사라져 버렸습니다. 그의 부인과 아이들은 에디슨이 너무 충격을 받아 미치지나 않을까 걱정했습니다. 그런데 이 참혹한 화재 현장을 한참 동안 쳐다보고 있던 에디슨이 아내에게 말합니다. "여보, 이 연구소가 불타 버린 것과 동시에 그

동안의 내 모든 실수와 잘못도 함께 불타 버렸소. 이제 우리는 전보다 더욱 멋있는 일을 함께 할 기회를 얻게 되었소. 하나님이 우리에게 새로 시작할 시간을 주셨으니 감사합시다."

일어난 일을 어떻게 해석하는가에 따라 우리 삶이 바뀌어 갑니다. 이스라엘 백성들은 하나님의 말씀에 의지해서 바벨론 포로기의 의미를 새롭게 해석합니다. 바벨론 포로기는 고통 그 자체였습니다. 그렇게 된 이유는 이스라엘의 죄와 불순종 때문이었습니다. 하지만 이스라엘 백성들은 그것을 하나님이 자신들을 하나님의 거룩한 부르심을 입은 하나님의 백성으로 빚어 가기 위한 훈련 기간으로 재해석했습니다. 그들은 이 기간을 통과하면 더욱더 하나님의 거룩한 백성답게 하나님의 영광을 드러낼 수 있으리라고 믿었습니다. 예루살렘 성전은 오래전에 무너졌으므로, 그들은 말씀을 읽고 배울 회당을 세우고 안식일마다 모여 성경을 연구하고 가르쳤습니다. 그 속에서 그들은 하나님을 새롭게 발견합니다. 그들은 하나님이 이스라엘 땅만이 아닌 바벨론 땅에도 함께 계신 분, 아니 온 우주 전체에 계시고 세계를 인도하시는 분임을 깨닫습니다.

한 걸음 더 나아가 그들은 자신들의 고난이 하나님의 구원을 가져올 수 있음을 배웁니다. 그리고 그로 인해 고난을 당하나 그 고난으로 세상을 구원하는 종의 노래를 고백하게 되었습니다. "여호와께서 붙드시는 나의 종을 보라…그는 실로 우리의 질고를 지고 우리의 슬픔을 당하였거늘, 우리는 생각하기를, 그는 징벌을 받아 하나님께 맞으며 고난을 당한다 하였노라. 그가 찔림은 우리의 허물 때문이요. 그가 상함은 우리의 죄악 때문이라. 그가 징계를 받음으로 우리는 평화를 누리고, 그가 채찍에 맞으므로 우리는 나음을 받았도다"(사 53:1-5). 마침내 긴 세월이 지나고 이 노래처럼 고난을 통해 세상을 구원하는 하나님의 아들, 구세주 예수께서 오십니다.

우리 인생도 해석입니다. 인생에 고난 없는 사람이 어디 있고, 실패 없는 사람이 어디 있습니까? 그 고난을 통해 우리는 변화하고 성숙할 수 있습니다. 더 깊고 아름다운 사람이 되어 가지요. 하나님께서는 우리가 전에는 알지 못했던 새로운 세계를 고난을 통과하면서 보게 하십니다. 전능하신 하나님께서 새 일을 시작하십니다. 그러니 문제를 있는 그대로 직시하십시오. 그것을 다르게 해석하십시오.

셋째. 새 일을 이루시는 하나님을 신뢰하고 앞으로 나아가기 바랍니다.

우리가 앞으로 나아갈 수 있는 것은, 우리가 믿는 하나님께서 우리를 도우시고 힘주실 수 있는 능력의 하나님이시기 때문입니다. 본문에서 하나님은 말씀하십니다. "보라 내가 새 일을 행하리니 이제 나타낼 것이라. 너희가 그것을 알지 못하겠느냐? 반드시 내가 광야에 길을, 사막에 강을 내리니." 광야는 원래 길이 없는 황량한 곳입니다. 그런데 하나님께서 광야에 길을 내주시겠다고 약속하십니다. 사막 역시 강이 흐르지 않는 곳인데, 하나님께서 이곳에 강을 내주시겠다고 말씀하십니다. 실제로 때때로 사막에 강이 생기는 경우가 있습니다. 갑자기 열대성 집중 호우인 스콜이 오면 순간적으로 사막에 큰 강이 만들어집니다. 이처럼 사막에도 강이 주기적으로 만들어지기 때문에 선인장을 비롯한 사막의 모든 생명들이 계속 살아갈 수 있게 됩니다.

우리 인생도 그렇습니다. 길이 없는 것 같이 황량한 광야 같은 인생! 오랫동안 비가 오지 않아 모든 것이 부석부석하고 거칠어서 희망을 잃어버린 사막 같은 삶! 그러나 하나님께서는 광야와 사막 같은 내 인생을 찾아오셔서 길을 내시고, 은혜의 단비를 내리셔서 새날의 역사를 이루실 것을 약속하십니다.

이제 말씀을 정리하십시다. 첫째, 눈물의 골짜기를 지나고 있다 하더라도, 그 현실을 있는 그대로 직시하고 그 문제들이 어디에서 비롯되었는지 돌아봅시다. 필요하면 울고, 회개하고, 마음을 돌이킵시다. 둘째, 그 상황을 하나님의 관점으로 새롭게 해석하십시다. 셋째, 무엇보다 새 일을 이루시는 하나님의 말씀을 신뢰하고 앞으로 나아갑시다. 이런 축복이 우리 모두에게 임하길 축원합니다.

17 하나님은 다르다
이사야 42:1-4

저희 부부와 가깝게 지내는 친구 목사 가정이 있습니다. 부부가 성품이 좋고, 나이도 저희와 비슷해서 잘 지내고 있습니다. 이분들은 결혼 초기에, 아이는 셋이면 좋겠고 그중 첫째는 딸이면 좋겠다며 아이이름도 미리 지어 놓았습니다. 간절히 기도하며 기다리던 중 결혼 3년 만에 임신이 되었습니다. 어느 날 이분이 제게 말씀하시더군요. "목사님, 마침내 하나님께서 저희 가정에 아이를 주셨습니다. 현재 임신 3개월입니다." 함께 기뻐한 지 몇 달 후에, 그분이 그늘진 얼굴로 이렇게 말했습니다. "목사님, 병원 검사 결과, 아기가 다운 신드롬 증상을 가지고 태어날 가능성이 크다고 하네요." 저는 잠시 할 말을 잊었습니다. 다운 신드롬은 유전적 이상에 의해 생겨나는 징후로, 이런 증상을 가지고 태어나는 아이들은 백인이든 황인이든 흑인이든 얼굴이 다 동글동글 비슷하게 생겼습니다. 지능 지수가 낮고 평생 부모의 도움이 필요합니다. 또 심장이 약해서 병에도 잘 걸립니다. 그래서 다운 신드롬 자녀를 가진 부모들은 '내가 죽으면 저 아이를 어쩌나?' 하고 많은 걱정을 하는 것을 보았습니다.

우리는 하나님이 우리를 사랑하셔서 우리에게 좋은 것을 주길 원하신다고 배웁니다. 그런데 과연 그럴까요? 신실한 삶을 살려고 애쓰는 중에 우리는 갑자기 큰 병에 걸리기도 하고, 교통사고가 나기도 하고, 사업에 실패하기도 하고, 자녀가 엇길로 가기도 합니다. 그때 우리 마음에는 "왜?"라는 질문이 생깁니다. "하나님, 저는 이해할 수 없습니다. 왜 이런 일이 일어납니까? 도대체 무엇이 문제입니까?"

본문 말씀은 바로 이 "왜 그렇습니까?"라는 질문에 대한 한 답변입니다. 주전 587년, 바벨론 군대는 남 유대를 침공해서 멸망시킵니다. 예루살렘 성이 무너지고, 하나님의 성전은 파손되었으며, 이스라엘 백성들은 머나먼 바벨론 땅으로 끌려가서 살아남아야 했습니다. 바벨론 제국은 인류 역사에서 가장 잔혹한 제국으로 알려져 있습니다. 이스라엘 민족은 이런 제국의 압제 아래서 고통 속에 살아가야 했습니다. 그리운 고향을 멀리 떠나 결코 돌아갈 수 없는 눈물과 억압의 세월 70년이 지나갑니다.

하지만 포로기의 이스라엘 백성을 특별히 힘들게 했던 것은 이 "왜"라는 질문이었습니다. "우리는 하나님이 선택하신 백성 아닌가? 그런데 어이하여 지금 이방 민족의 손아래 이런 고통을 당하고 있는가? 이런 상황에서 믿음을 지키며 사는 것이 도대체 무슨 의미가 있겠는가? 혹시 하나님은 우리를 완전히 포기하신 것 아닌가?" 결국 세월이 지나면서 이스라엘 백성 가운데는 하나님의 부르심을 받은 백성이라는 사실을 잊고, 바벨론 사람들과 별 차이 없이 사는 사람들이 생겨났습니다.

이때 활동한 예언자가 이사야입니다. 그는 하나님이 이스라엘 백성을 구원해 주실 날이 임박했음을 보았습니다. 이들은 곧 포로 생활을 끝내고 그리운 고향으로 돌아가게 될 것입니다. 하지만 이사야는 이 같은 하나님의 구원에 참여하기 전에, 먼저 이스라엘 백성들의 마음에 가시처럼 돋아 있는 "왜 이런 고통이 찾아왔는가?"라는 질문에 답변을 주는 것이 그의 사명임을 깨닫습니다.

그의 첫 번째 답변은 이것입니다. 이스라엘 백성이 바벨론 포로의 고통을 당하는 것은 하나님이 택하신 백성으로서의 사명을 저버리고 잘못 살았기 때문이라는 것입니다. 이사야 59장 2절은 말합니다. "너희가 악해서 너희와 하나님 사이가 갈라진 것이다. 너희가 잘못해서 하나님의 얼굴을 가려 너희 청을 들으실 수 없게 된 것이다." 또한 이사야 64장 5절은 말합니다. "주님께서 진노하신 것은 우리가 오랫동안 죄를 지었기 때문입니다."

실상 많은 경우 고통은 우리들의 잘못된 삶에서 옵니다. 자연계에 자연법칙이 있어서 불은 위로 타오르고, 물은 아래로 떨어지듯이 영적, 도덕적 세계에도 하나님이 정해 두신 법칙이 있습니다. 이 법을 어길 때 우리 삶에는 고통이 찾아옵니다. 그러니 지금 우리 삶에 어려움이 있다면 우리가 돌이켜야 할 부분은 없는지, 내 욕심대로, 내 생각대로 행동한 결과는 아닌지 되돌아봐야 합니다. 전도서 7장 14절은 말합니다. "형통한 날에는 기뻐하라. 곤고한 날에는 생각하라." 여러분! 형통한 날, 일이 잘 풀리는 날에는 기뻐하십시오. 하나님이 주시는 축복을 마음껏 누리시기 바랍니다. 하지만 인생에 폭우가 쏟아지는 날에는 조용히 생각하고 돌이켜 보실 수 있기 원합니다. 고난이 찾아올 때 하나님 앞에 서서 자기를 돌아보고, 잘못이 있으면 고치고 변화된 삶을 살아가는 사람은 복됩니다.

하지만 고통 중에는 우리가 지은 죄나 불순종과 관계없이 찾아오는 고통도 있습니다. 2차 세계 대전 중 600만 명의 유대인들이 가스실에서 죽어 갔습니다. 거기에는 두세 살밖에 안 되는 어린아이들도 있었습니다. 이들이 그들의 죄 때문에 이런 고통을 당했다고 말할 수는 없습니다. 일제 치하의 정신대로 끌려간 우리 할머니들의 엄청난 고통 역시 그분들이 죄 때문에 그렇다고 말할 수는 없습니다. 다시 말해 모든 고통이 죄와 불순종으로 인한 것은 아니라는 것입니다.

이처럼 설명하기 어려운 고통을 어떻게 생각해야 할까요? 이런 고통이 있을 때 우리가 기억해야 할 사실이 있습니다. 그것은 하나님은 우리를 사랑하시며 이 땅에 하나님의 공의와 사랑을 세우기를 원하시지만, 그것은 우리가 생각하는 모습으로만 오지는 않는다는 것입니다. 하나님의 뜻은 사람의 뜻과 다르고, 하나님의 길은 사람의 길과 다릅니다. 하나님은 다르게 일하십니다.

본문 말씀은 고통 속에 있는 백성에게 하나님의 구원을 가져오실 메시아에 대한 말씀입니다. 그분은 마른 갈대 꺾지 않으시고, 꺼져 가는 등불도 끄지 않으십니다. 그는 목소리를 높이지 않으면서, 온 땅에 하나님의 공의를 조금씩 펼쳐 가십니다. 그러니 하나님이 일하시는 것을 때로 우리는 알아보기 어렵습니다. 갈대는 대단치 않은 식물입니다. 특히 마른 갈대는 어디에도 유용해 보이지 않으며, 눈에 띄게 화려하지도 않습니다. 그래서 사람들은 별 생각 없이 그것을 꺾어서 버립니다. 하지만 하나님은 그것을 소중히 여기십니다. 그을음만 피우며 꺼져 가는 등불 역시 마찬가지입니다.

우리 인생에도 마른 갈대와 같은 모습들이 있고, 꺼져 가는 등불 같은 순간도 있습니다. 저는 '마른 갈대'라는 표현에서, 자기 꿈을 제대로 펼쳐보지도 못한 채 원망과 좌절에 빠진 이 시대의 많은 청년들을 생각해 봅니다. '꺼져 가는 등불'이라는 표현에서, 이제 나이 들고, 건강이 나빠지며 인생의 희망을 잃어버린 어르신들을 잠시 생각해 봅니다. 어디 이들뿐이겠습니까? 실상 우리 가정에도 마른 갈대, 꺼져 가는 등불이 있습니다. 어쩌면 우리 아이들 중에도 있고, 남편이, 아내가 이런 모습일 수도 있지요. 어쩌면 우리의 가족 관계가 지금 그런 형편에 빠져 있을 수 있습니다.

하지만 하나님은 이렇게 보잘것없는 갈대와 꺼져 가는 등불 같은 것들, 실패와 고통으로 가득한 것 같은 우리 삶의 순간들을 통해서도 새 일을 일으키십니다. 하나님의 공의를 이 땅에 펼쳐 가십니다. 1958년 어느 날 아침, 미국의 한 흑인 목사님이 전보를 받았습니다. 애틀랜타에 살고 있는 그의 여동생이 위독하니 빨리 오라는 전보였습니다. 하나밖에 없는 여동생을 죽기 전에 보려고 목사님은 서둘러 기차를 탔습니다. 몇 시간을 달린 기차는 조지아 주의 어느 작은 기차역에서 석탄과 물을 넣기 위해 잠시 쉬었습니다. 이때 그 목사님이 화장실을 가기 위해 역사로 나와 보니, 역사의 화장실은 백인만이 사용할 수 있었고, 흑인들은 기차역에서 멀리 떨어진 공사장에 붙어 있는 화장실을 써야 했습니다. 이분이 화장실을 다녀오니 벌써 기차는 떠나 버리고 없었습니다. 대신 그를 기다리고 있는 것은 거들먹거리며 역 근처를 어슬렁거리는 백인 청년들이었습니다. 신변의 위협을 느낀 이 흑인 목사님은 다음 기차 탈 것을 포기하고, 애틀랜타 방향으로 걷기 시작했습니다. 그러자 이 백인 청년들이 곧 그를 따라와 붙잡고 시비를 걸었습니다. "이봐, 검둥이 영감, 너는 누구냐? 낯선 사람인데 나쁜 짓을 하려고 여기 있는 것 아니냐?" 흑인 목사님이 말합니다. "나는 이상한 사람이 아닙니다. 나는 목사입니다. 내 성경이 여기 있습니다. 여기 내 찬송가도 있습니다. 여동생을 방문하러 애틀랜타로 가다가 그만 기차를 놓쳤을 뿐입니다." 그는 자기가 가지고 있던 성경을 보여 주었고, 찬송가도 보여 주었습니다. 그러나 백인 청년들은 그의 말을 들으려 하지 않았습니다. 한 청년이 칼을 꺼내더니 위협합니다. "검둥아, 우리 앞에서 춤을 추면 그냥 보내 주겠다." 청년들은 그의 옷을 마구 찢고 때리기 시작했습니다. 얼굴에 피를 흘리는 이 목사님을 향해 한 청년이 권총을 꺼내 들었고, 결국 이 나이 든 목사님은 온몸에 피를 흘리면서 강제로 춤을 출 수밖에 없었습니다.

하나님은 왜 이럴 때 침묵하실까요? 하나님의 사람이 이런 모욕을 당할 때 왜 가만 계시기만 하나요? 성경에 보면, 하나님이 하늘에서 불을 내리기도 하시고 땅을 꺼지게도 하시는데, 왜 요즘은 그렇게 하지 않으시는지요? 그런 일이 현실적이지 않다면, 적어도 경찰이라도 오게 해서 이 신실한 그리스도인을 구해 주셔야 하지 않을까요?

하나님의 생각과 우리의 생각은 다릅니다. 하나님의 길과 우리의 길은 다릅니다. 하나님은 폭력을 쓰지 않습니다. 그는 하늘에서 불을 내리지도 않습니다. 땅이 꺼져서 악당들을 삼키지도 않습니다. 하지만 하나님은 일하십니다. 하나님은 하나님의 방법으로 죄와 불순종으로 얼룩진 이 창조 세계를 새롭게 하십니다. 상한 갈대를 꺾지 않고 꺼져 가는 등불을 끄지 않지만 그 속에서 조용히 하나님의 공의를 펼치고, 하나님의 다스림을 이루어 가십니다.

제가 앞서 언급했던 목사님 가정 이야기를 좀 더 드리려고 합니다. 의사들 중에는 아이 다운 신드롬 증세를 보이는 태아를 낙태시키라는 분도 있었지만, 그 부부는 아기를 하나님의 선물로 받기로 결심했습니다. 태어나 보니 아이는 역시 다운 신드롬이었습니다. 아기일 때부터 얼굴이 어딘가 다르고, 발육이 늦고, 힘이 없었습니다. 쉽게 남 말하는 분들은, 목회자 가정에 정신박약아가 태어났다고 수군거리기도 했습니다. 이 아이로 인해 그 부부는 많이 울었고 힘들었습니다. 하지만 이 부부는 이 아이 덕분에 사랑 때문에 아픈 하나님의 심정을 좀 더 헤아릴 수 있게 되었습니다. 자기들이 아프니까 세상에 고통받는 사람들의 아픔을 있는 그대로 볼 수 있었습니다. 특히 자녀 문제로 고통 당하는 사람들의 손을 똑같은 마음으로 뜨겁게 잡아 줄 수 있었습니다. 그 가운데 이 분들의 교회와 성도에 대한 섬김과 사랑이 깊어졌습니다. 더욱 뜨겁고 절실하게 성도들을 돌볼 수 있게 되었습니다. 제가 유학을 마치고 돌아와 약 6년 반 만에 그 아이를 다시 보았는데, 그 아이는 그 어떤 정상아보다 더 많은 사랑을 받으며 하나님의 아이로 밝게 커가고 있습니다. 하나님은 이 아이를 통해 일하셨고, 또 앞으로도 계속 일하실 것입니다.

1958년의 어느 날 미국 조지아 주의 조그만 역에서 강제로 춤을 추어야만 했던 흑인 목사님은 어떻게 되었을까요? 아무도 없으리라고 생각했던 그 시골 역에 이 목사님과 불량한 백인 청년들 외에 마침 한 사람이 더 있었습니다. 그는 그가 본 것을 사진으로 찍었고, 그 사진을 지역 신문에 보냈으며, 신문은 그 사진을 실었습니다. 젊은 백인들의 조롱 속에 머리에 피를 흘리고 권총의 위협 아래 춤을 추고 있는 흑인 목사님의 사진이 신문에 실렸을 때, 그 지역의 흑인들은 분노했고, 양심적인 백인들은 부끄러움을 느꼈습니다. 사람들은 이 사진을 복사해서 돌리기 시작했고, 마침내 미국 전역에 알려지게 되었습니다. 결국 이 사건이 많은 사람들의 영혼을 흔들어, 1960년대 마틴 루터 킹 목사님을 중심으로 일어난 미국의 흑인 인권 운동의 한 중요한 기폭제가 되었습니다.

하나님은 오늘도 일하시며 사랑과 공의를 온 땅에 펼쳐 가십니다.

하나님은 오늘도 인간의 불순종과 죄로 깨어져 버린 이 세계를 치료하시고 회복하고 계십니다. 그러니 지금 여러분이 희망하고 노력하는 일이 속히 이루어지지 않는다고 해서 낙담하지 마십시오. 포기하지 마십시오. 때가 이르면 이룰 것입니다. 대신 자신을 살피고 잘못된 것이 있으면 기도하면서 삶의 자세와 방향을 바꾸십시오.

하지만 그 일이 하나님 앞에서 마땅히 할 일이라면 믿음을 가지고 하던 일을 계속 하십시오. 우리의 삶에는 마땅히 해야 할 과업들이 있습니다. 결혼한 사람이면 가정을 지키고, 자녀들을 양육하는 과업, 신앙인이라면 자신이 속한 교회를 섬기고, 세상에서 책임적으로 살고, 무엇보다 하나님 나라의 전파와 확장을 위해 노력해야 하는 과업이 있습니다. 이 중 어느 하나도 쉬운 것은 없습니다. 하지만 그런 수고들을 통해 하나님의 뜻은 이 땅 위에 이루어져 갈 것입니다. 성경은 말합니다. "우리가 선을 행하되 낙심하지 말지니, 때가 이르매 거두리라"(갈 6:9). 하나님은 상한 갈대를 꺾지 않으십니다. 꺼져 가는 등불을 끄지도 않으십니다. 하지만 하나님만이 하실 수 있는 놀라운 방식으로 지금도 이 땅에 하나님의 공의를 세워 가십니다. 이런 하나님을 신뢰하면서, 하나님의 동역자 되어 각자에게 주어진 삶의 책임과 부르심을 잘 감당하는 우리 모두가 되기를 원합니다. 아멘.

18 예수님의 세 모습
마가복음 3:1-6

복음서가 말하는 예수님의 모습들을 공부하는 중에 오늘은 한쪽 손이 말라 버린 사람을 고쳐 주신 예수님의 이야기를 살펴보겠습니다. 이 말씀에서 예수님의 세 모습을 찾아보게 됩니다.

첫째, 한가운데 서게 하시는 예수님.

오늘 말씀에서 예수님은 회당에 들어가셔서 한쪽 손이 바싹 말라 버린 사람을 만나십니다. 이 사람은 아마 손에 신경이 연결되지 않고, 피와 영양분이 제대로 공급되지 않아 손이 말라 버린 것 같습니다. 오늘날에도 이런 몸의 장애를 안고 있는 분들은 사는 게 무척 힘듭니다. 몸이 불편하기에 일상생활도, 공부도, 취업도 쉽지 않습니다. 보행도 불편해서 계단이나 육교를 오르내리는 것조차 힘듭니다. 그런데 예수님 당시에는 어려움이 지금보다 훨씬 더 심했습니다. 왜냐하면 유대 사회를 지배하던 정결법에 의하면, 몸의 불구는 육체적 고통을 넘어 부정한 사람으로 하나님의 심판을 받는 표징으로 간주되었기 때문입니다.

　1세기 유대 사회는 크게 말하면 정결법과 안식일법에 의해 움직여 졌습니다. 이 중 정결법은 한 사람의 정결과 불결의 정도를 몇 가지 사회종교적 기준 따라 정해 두었습니다. 첫째, 출생에 의해 정결의 정도가 정해졌습니다. 제사장과 레위인이 가장 정결하고, 다음으로 일반 '이스라엘 사람'들이 정결하다고 생각했습니다. 반면 이방인 중 개종한 사람들, 첩이나 기생의 자식은 기본적으로 정결하지 않다고 보았습니다. 둘째, 성(姓)에 의해 결정되었습니다. 남자라고 해서 다 정결한 것은 아니지만, 여성은 생리를 하고 아기를 낳아 기르는 등의 신체적인 특성으로 인해 기본적으로 불결하게 여겨졌습니다. 셋째, 행동에 의해 정결의 정도가 정해졌습니다. 곧 율법을 잘 지키는 자는 정결하지만, 어기는 자는 불결하게 여겨졌습니다. 넷째, 신체의 손상 유무에 의해 정결의 정도가 정해졌습니다. 신체 일부가 손상된 자는 정결하지 않게 여겨졌지요. 그래서 정결법에 의하면 모든 장애인들은 부정한 사람들로 여겨졌습니다.

　그러니 오늘 말씀에 나오는 한쪽 손이 마른 이 사람은 스스로에 대해 어떻게 생각하고 있었을까요? 그는 자신에 대해 몸의 질병으로 고통 당하고 있을 뿐 아니라 영적으로도 하나님 앞에 불결한 사람이요, 하나님의 긍휼을 입지 못하는 사람으로 여기고 있었을 것입니다. 그러니 회당에 와서도 남의 눈에 띄지 않도록 한 귀퉁이에 존재감 없이 있었을 것입니다. 말씀을 준비하면서 옛날 기억이 났습니다. 제가 대학생일 때, 항상 오른손을 호주머니에 넣고 다니는 친구가 있었죠. 악수를 해도 왼손으로만 했습니다. 나중에 알고 보니 오른손을 다쳐서 의수를 했고, 그것이 부끄러워 오른손을 절대로 보여 주지 않으려 했던 것이었습니다. 20대 초반의 한참 예민한 나이였으니 그 자격지심이 오죽했겠습니까? 본문에 나오는 이 장애인의 마음이 이와 비슷했을 것 같습니다.

그런데 오늘 예수님은 바로 이 사람을 주목해서 보시며 그에게 "한 가운데에 서라"라고 말씀하십니다. 한 가운데는 어떤 곳입니까? 사람들의 시선이 집중되는 곳입니다. 사람들이 서 보고 싶지만 부끄럽고 어려워서 잘 서지 못하는 곳입니다. "나도 한 번쯤은 주목받는 인생이고 싶다"라는 광고문처럼 세상에 주목받고 싶지 않은 사람이 어디 있을까요? 그런데 이 사람은 한 번도 주목받지 못한 채 뒷전에 밀려 평생을 살아왔습니다. 이런 사람을 향해 지금 우리 주님은 "한 가운데 일어서라!"라고 말씀하십니다.

무슨 말인가요? 결국 예수님은 이렇게 말씀하시는 것입니다. "지금까지 너는 주변부 인생이었다. 하지만 오늘부터는 중심에 서는 삶을 살게 될 것이다. 그러니 당당하게 앞에 나서고 사람들의 시선을 두려워하지 말라. 내가 그렇게 만들어 주겠다. 너는 하나님의 사랑받는 자이며, 하나님이 너를 통해 놀라운 일을 이루실 것이다."

오래 전 한 편 손 마른 사람을 찾아가 그를 한 가운데 세우신 예수님은 오늘 우리 역시 중심으로 부르십니다. "구석에 숨어 있지 말고 중심으로 나오라. 지금까지 너는 주변부 인생이었지만, 이제 내가 너를

인간의 고난, 하나님의 침묵 그리고 십자가

중심에 세우겠다. 한가운데로 나오라. 거기 서라. 너의 열등감과 상처의 근원이었던 네 마른 손을 앞으로 내밀라. 내가 치료하리라." 모두 이 말씀에 믿음으로 응답하실 수 있기를 바랍니다. 하나님을 믿고 중심으로, 한 가운데로, 주인다운 삶으로 나아가십시다.

둘째, 생명을 가장 소중히 여기시는 예수님.

오늘 말씀은 안식일에 생긴 일입니다. 바리새인들은 안식일을 아주 소중히 여겨서 안식일을 잘 지키는 것이 하나님께 영광 돌리는 길이요, 구원에 이르는 길이라고 보았습니다. 그래서 이날은 아무 일도 하지 않았습니다. 음식도 전날에 다 만들어 놓고, 그날은 불도 피우지 않았습니다. 병자를 보아도 죽을병이 아니면 이날 고치지 않았습니다. 예수님은 이런 전통을 잘 알고 계셨고, 또한 자신이 안식일에 병을 고치시는지 여부를 유대 종교 지도자들이 주목하고 있는 것도 아셨기에 안식일 아닌 다른 날에 이 사람을 고칠 수도 있었습니다. 그러나 예수님은 망설임이 없습니다. 그분은 "한가운데 일어서라," "너의 손을 내밀라"라고 명하십니다. 그리고는 주변을 돌아보면서 "안식일에 선을 행하는 것과 악을 행하는 것, 생명을 살리는 것과 죽이는 것 중에 어느 것이 옳으냐?"라고 도전하시며, 이 사람을 바로 그 자리에서 고쳐 주십니다.

저는 이 말씀을 보면서 '나라면 어떻게 했을까?' 자문해 봅니다. 제게 병고치는 능력이 있다면 당연히 이 사람을 고쳐 줬을 것입니다. 하지만 구태여 바리새인들과 부딪칠 필요가 없으니, 아마 안식일 다음 날에 따로 만나 고쳐 주었을 것 같습니다. 그러나 예수님은 거침이 없습니다. 바로 그 자리에서 이 사람을 고쳐 버리십니다. 왜 그렇게 하셨을까요? 예수님은 이 고통당하는 사람, 평생을 마른 손으로 살아온 그가 너무 불쌍하고 안타까워서 도저히 하루도 더 기다릴 수 없었던 것입니다. 그래서 지금 즉시 그를 고쳐서 건강하게 해 주십니다. 여기서 우리는 사랑과 긍휼의 사람 예수님을 다시 발견합니다.

그런데 바리새인들과 예수님의 차이는 무엇이었을까요? 바리새인들도 사람의 병을 고치는 것을 귀하게 여겼을 것입니다. 그들도 손 마른 사람을 고칠 수만 있다면 당연히 고쳐 주었을 것입니다. 그러나 그들에게는 지금 고통 받는 이 사람의 아픔보다 안식일 준수라는 규칙이 더 중요했던 것입니다.

때로 규칙과 생명 중에 하나를 선택해야 할 상황이 있습니다. 도로를 달리다보면 차선, 각종 신호, 제한 속도 등을 만나게 됩니다. 바쁠 때 신호등에 걸리면 마음이 급하지만, 그런 것이 있기에 안전이 보장되고 질서가 유지됩니다. 규칙과 질서는 매우 중요합니다. 그런데 그런 규칙과 질서는 무엇을 위해 존재하는 것일까요? 그것은 원래 생명을 살리고 공동체를 보전하며 모두 함께 잘 살기 위해 주어졌고, 또 그렇게 되어야 합니다. 특히 법은 약자를 돌봄으로써 강자와 약자가 함께 좋은 공동체를 이루어 잘 살아보려는 정신 속에 제정되어야 합니다. 그것이 하나님의 마음이기 때문입니다. 찬송가 460장이 이를 잘 표현하고 있습니다. "약한 자 힘 주시고 강한 자 바르게, 추한 자 정하게 함이 주님의 뜻이라." 강한 자는 절제하고, 약한 자는 북돋아서, 모두 함께 잘 살아가는 사회를 만들기 위한 기준이 규칙이고 법입니다.

안식일도 마찬가지입니다. 안식일은 생명을 지키고 살려 내기 위해 주어졌습니다. 성경은 말합니다. "6일 동안 열심히 일하고, 제7일은 너의 하나님 여호와의 안식일인즉 이날에 안식하라." 그런데 그다음 말씀이 중요합니다. "너와 너의 가족과 하인들과 네 집에 잠시 유하는 나그네들과 소와 나귀 같은 짐승들도 모두 쉬어라." 주인은 쉬고 싶을 때 얼마든지 쉴 수 있지만, 종들은 그럴 수가 없습니다. 가축들은 더더욱 쉴 수 없습니다. 그래서 하나님은 법으로 말씀하시는 것입니다. "일주일에 하루는 무조건 쉬어라. 주인뿐 아니라 모든 생명들은 쉬어라. 왜냐하면 그들의 생명은 나 여호와 하나님이 그들에게 준 것이다. 나는 생명의 하나님이라. 그들이 힘 있게 살기를 원하기 때문이다."

이것이 안식일의 정신이기 때문에 지금 예수님은 바리새인들에게 물어보십니다. "안식일에 선을 행하는 것과 악을 행하는 것, 생명을 살리는 것과 죽이는 것 중에 어느 것이 옳으냐?" 당연히 생명이 더 중요합니다. 예수님의 뜻은 우리 모두 풍성하게 생명을 누리고 사는 데 있기 때문입니다. 예수님은 말씀하십니다. "내가 온 것은 양들로 생명을 얻게 하고, 더 풍성하게 하려 함이라." 이 원리는 그리스도의 몸으로 모인 우리 모두에게도 해당됩니다. 규칙과 질서는 중요하고 지켜져야 하지만 교회의 최우선 과제는 '생명'을 살리는 데 있습니다. 그래서 기존의 규칙과 질서가 현저하게 사람들, 특히 우리 사회의 약한 사람들의 권리와 생명을 억압하고 있다면 그것은 마땅히 바뀌어야 합니다. 우리가 예수를 믿는 사람이라면, 규칙을 소중히 여겨야 하겠지만 더욱 "나의 이 행동이 과연 생명을 살리는 것인가 아닌가?"라고 자주 물어보아야 할 것입니다.

세 번째로, 거룩한 분노를 가지신 예수님.

본문은 바리새인들의 완악함으로 인해 예수님이 근심하시고 분노하셨다고 합니다. 지금 손이 바싹 말라 버려서 일생 고통당해 온 이 사람에 대해 불쌍히 여기는 마음보다, 안식일 법 준수를 더 고집하는 그들을 바라보며 예수님의 가슴 속에 불이 일어나고 있습니다. 절에 가면 대웅전에 부처님의 상이 있지요. 그분은 모든 것을 초탈한 표정으로 제단에 앉아 있습니다. 슬픔도, 기쁨도 초탈하여 그저 잔잔한 평화로 가득한 그 모습 앞에 세파에 시달린 사람들이 그 평화를 갈구하며 108배, 혹은 3,000배를 하면서 도움을 구합니다. 반면 예수님의 삶은 진리와 사랑을 향한 거룩한 열정으로 가득 차 있습니다. 당대의 폭군 헤롯을 보고 "저 여우"라고 격렬히 비판하시는 예수! 장사꾼들이 성전을 더럽히는 것을 보고, 그들의 상을 엎고 노끈으로 그들을 때려서 몰아내시는 예수! 하지만 열정의 사람 예수의 모습을 가장 잘 보여 주는 것은 역시 그분의 십자가입니다. 예수님 가슴 속에 하나님과 우리 사람들에 대한 뜨거운 사랑의 열정이 있었기에 십자가 죽음이 있었던 것입니다. 불교의 상징은 진흙에서 피어난 연꽃이라면, 기독교의 상징은 고난과 수치와 열정의 십자가입니다.

실제로 예수님의 삶에는 거룩한 격정이 가득합니다. 거룩한 것, 선한 것이 왜곡되고 깨어질 때 예수님은 거룩한 분노를 드러냅니다. 우리에게도 이런 거룩함을 위한 뜨거운 열정이 있어야 합니다. 한겨울에 면도할 때면 온수를 트는데, 보일러가 데워질 때까지 찬물만 나옵니다. 사실 면도를 하려면 한 줌의 뜨거운 물만 있으면 되는데 그때마다 그 찬물이 아깝다는 생각이 듭니다. 우리 인생도 그렇지 않을까요? 지식이 필요하고, 경험도 필요하고, 분별도 필요합니다. 그러나 궁극적으로 열정 없이는 아무것도 이룰 수가 없습니다. "불광불급", 미치지 않으면 이르지 못한다는 말이 있지 않습니까? 실제로 자기들의 삶에서 무엇인가 이룬 사람들은 자신의 열정을 바친, 어떤 면에서는 미친 사람들입니다. 우리에게도 이런 열정이 있기를 바랍니다.

어떻게 삶의 열정을 회복할 수 있을까요? 영어로 열정을 뜻하는 'enthusiasm'이라는 단어에 어떤 힌트가 있다고 생각합니다. 이 단어를 분석하면 하나님 안에 있음(en+thus+iasm)이라는 뜻입니다. 곧 하나님 안에 머물게 되면 열정이 있게 된다는 뜻입니다. 실상 하나님과 함께 있으면 열정이 생겨납니다. 우리가 믿는 하나님은 가장 뜨거운 열정으로 인간과 세계를 창조하시고, 역시 가장 뜨거운 열정으로 예수 그리스도 안에서 그것을 구속하시고 마침내 성령 안에서 세계를 하나님의 나라로 만들어 가시는 열정의 하나님이시기 때문입니다. 예수님이 그렇게 열정적이었던 것도 하나님과 가장 깊이 소통하며 사셨기 때문입니다. 우리도 마찬가지입니다. 우리가 진정 기도와 말씀으로 하나님과 소통하며 살아간다면 우리 역시 열정의 사람으로 회복될 수 있을 것입니다.

　사람들은 나이 들수록 열정이 사라져 버리고, 현실에 안주해 새로운 것을 꿈꾸지 못하고 그냥 살아갑니다. 나이가 많이 든 사람이 노인이 아니라 꿈을 잃어버린 사람이 노인입니다. 과거가 그립고 현재가 괴롭고 미래가 두려운 사람이 노인입니다. 나이와 관계없이 우리는 열정을 잃어버린 노인이 될 수도 있고, 나이와 관계없이 열정의 사람이 될 수도 있습니다. 하나님께서 도우셔서 우리의 남은 삶 열정적으로 살아갈 수 있기를 바랍니다. 거룩한 분노, 거룩한 열정을 가진 예수님의 제자들로 새 일을 꿈꾸며 이루며 살아가시길 축원합니다. 주여, 우리를 도와주옵소서. 아멘!

19 오용과 남용
출애굽기 20:7

십계명을 공부하는 중에 오늘은 세 번째 계명을 살펴보겠습니다. 오늘 본문은 "너는 네 하나님 여호와의 이름을 망령되게 부르지 말라. 여호와는 그의 이름을 망령되게 부르는 자를 죄 없다 아니하리라"라고 말합니다. 하나님의 이름을 망령되게 부르지 말라는 말이 무슨 뜻일까요? 국어사전에 보면 '망령'이란, '늙어서 정신이 흐려지고 말과 행동이 정상이 아닌 상태'를 가리킵니다. 그렇다면 정신이 흐려진 상태로 하나님을 부르지 말라, 가령 아침에 갓 일어나 정신이 아직 맑지 못할 때에는 하나님을 부르지 말라는 말일까요? 아닙니다. 영어 개정표준역(Revised Standard Version)은 이를 "You shall not take the name of the Lord your God in vain. 너는 너의 하나님 곧 주의 이름을 헛되게 부르지 말라"로 번역했습니다. 1977년 번역된 공동번역 성서는 "여러분은 너희 하나님의 이름 야훼를 함부로 부르지 못합니다." 1993년 번역된 표준새번역 성경전서 역시 "너희는 주 너희 하나님의 이름을 함부로 부르지 못한다"로 되어 있습니다.

그렇다면 헛되게 부르지 말라, 또 함부로 부르지 말라는 말은 무슨 뜻일까요? 히브리어 원어로 보면 뜻이 좀 더 분명합니다. 히브리어로 '부르지 말라'에서 '부르다'라는 단어로 번역된 히브리어는 '나사'인데, 그 뜻은 '들어 올린다', '높이 세운다'라는 뜻입니다. 그래서 이 말씀의 의미는 하나님의 이름을 '들어 올리지 말라', '높이 세우지 말라'라는 말입니다. 그리고 '망령되이'라고 번역된 단어의 히브리어는 '샤베'인데 이것은 세 가지 의미를 가집니다. 첫째로, '헛되다', '비었다'는 뜻입니다. 따라서 '헛되고 공허한 일에 하나님의 이름을 내세우지 말라'라는 뜻입니다. 둘째로, 가치가 없다는 뜻입니다. 즉 가치 없는 일에 하나님의 이름을 내세우지 말라는 뜻입니다. 셋째로, 거짓이나 속임이라는 의미가 있습니다. 그렇다면 거짓된 일에 하나님의 이름을 내세우지 말고, 하나님의 이름으로 거짓을 말하지 말라는 뜻입니다.

요약하면, 본문의 의미는 곧 헛되고, 가치 없고, 거짓된 일에 하나님의 이름을 동원하지 말라, 혹은 하나님의 이름으로 헛되고 가치 없고 거짓된 일을 하지 말라는 뜻이 됩니다. 더 줄여서 말하면, 하나님을 오용하거나 남용하지 말라는 것이지요! 오용은 잘못 사용하는 것이고, 남용은 과도하게 사용하는 것입니다. 그런 말이 있었습니다. "약 모르고 오용 말고, 약 좋다고 남용 말자." 마찬가지로 하나님의 이름을 오용하지 말고, 또한 남용하지 말라는 말씀입니다.

먼저 오용에 대해 살펴보겠습니다. 이는 하나님의 뜻이 무엇인지 모르면서도 그저 필요에 따라 왜곡시켜 사용하는 것입니다. 구약 성경에는 이처럼 하나님의 뜻을 오용하는 경우가 곧잘 나옵니다. 대표적인 예가 예레미야서 28장에 나오는 '하나냐'라는 예언자입니다. 주전 586년에 바벨론이 이스라엘을 쳐들어와서 무수히 많은 이스라엘 백성들을 끌고가 버렸고, 예루살렘 성전의 모든 그릇들도 약탈해 갔습니다. 이제 그 땅에 남은 사람들은 희망을 잃고 죽지 못해서 겨우 살고 있습니다. 그런 가운데 하나냐가 성전에서 백성들과 제사장들을 모으고 이렇게 예언합니다. "만군의 여호와 이스라엘의 하나님이 말씀하시기를, 내가 바벨론 왕의 멍에를 모두 꺾을 것이다. 바벨론으로 끌려간 포로들이 모두 돌아올 것이다. 약탈당한 성전의 모든 그릇도 다시 찾을 것이다." 그리고 그는 이런 말을 덧붙입니다. "이 일을 하나님께서 2년 안에 이루어 주실 것이다." 그것은 정말 온 백성이 듣고 싶은 희망의 메시지였습니다. 바벨론으로 끌려간 가족, 친구들을 다시 볼 수 있게 되고, 성전의 그릇도 모두 찾을 수 있다니 얼마나 놀라운 희망의 말씀입니까? 하지만 불행하게도 그것은 하나님의 뜻이 아니었습니다. 하나냐는 왜 이런 말을 했을까요? 어쩌면 고통당하는 백성들에게 위로를 주기 위해 그랬을 수도 있고, 백성들의 인기를 얻어 종교적 권력을 확보하기 위해서 그랬을 수도 있습니다. 이유야 어쨌든 그것은 하나님의 뜻을 오용한 것이었습니다.

그러자 하나님께서 예언자 예레미야를 보내어 이렇게 말씀하십니다. 예레미야서 28장 15절입니다. "하나냐여, 들으라. 여호와께서 너를 보내지 아니하셨거늘 네가 이 백성에게 거짓을 믿게 하는도다. 그러므로 여호와께서 이와 같이 말씀하시되, 내가 너를 지면에서 제하리니 네가 여호와께 패역한 말을 하였음이라. 네가 금년에 죽으리라 하셨느니라 하더니 선지자 하나냐가 그해 일곱째 달에 죽었다." 하나님의 뜻을 오용한 하나냐에게 끔찍스러운 징벌이 내려졌습니다.

이 말씀을 보면서 옛날 생각이 났습니다. 제가 신학생일 때 설교학을 가르치던 교수님이 좀 별났습니다. 설교학 첫 시간에 학생들에게 성경을 몇 구절 외우게 했고, 한 학기 내내 수시로 그것을 잘 외우고 있는지 확인하셨습니다. 그때 외우게 한 말씀 중의 하나가 이 말씀입니다. "여호와께서 너를 보내지 아니하셨거늘 네가 이 백성으로 거짓을 믿게 하는도다." 돌이켜 보면 목회를 하면서 함부로 너무 쉽게 '이것이 하나님의 뜻입니다. 하나님이 이렇게 말씀하십니다'라고 하지 말라는 경고였던 것 같습니다.

실제로 목회자들은 하나님의 뜻이라는 말을 자주 사용하고 싶은 유혹에 빠집니다. 그렇게 말할 때 더 신령한 것 같고, 하나님과 직통하는 것 같고, 목회자의 권위도 더 서는 것 같아 보입니다. 어느 목사님이 쓰신 글에서 기막힌 이야기를 읽었습니다. 이분이 교계에서 상당한 영향력을 가진 선배 목사 한 분을 만나러 갔는데, 마침 한 젊은 여성이 담임 목사님과의 상담을 기다리고 있었답니다. 이 여성이 목사님 방에 들어갈 때는 얼굴이 아주 어두웠는데, 방을 나올 때는 얼굴에 웃음꽃이 활짝 피었다는 것이지요. 자기 순서를 기다리던 목사님이 들어가서 "상담을 어떻게 하셨기에 저 여성의 태도가 180도 바뀌었습니까?” 하고 물었습니다. 선배 목사는 “저 사람이 결혼이 안 되어 많이 힘들어하기에, 내년 이맘때면 하나님이 꼭 좋은 사람을 주셔서 결혼하게 하실 것이다”라고 말해 주었답니다. 그래서 “목사님, 어떻게 그런 것까지 아십니까?”라고 묻자, 선배 목사는 “그거야 나도 모르지. 그 처녀가 결혼하고 말고는 그 사람 문제고, 나는 그냥 좋은 이야기만 해 주면 되는 것이지”라고 했다는 것입니다. 이런 것이 하나님의 이름을 오용하는 것 아닐까요?!

저에게도 비슷한 경험이 있습니다. 몇 년 전 어느 교회 설교 목사로 있을 때였습니다. 한 분이 깊은 정서적 문제로 인해 음식을 거의 먹지 못해서 몸이 심하게 상했습니다. 물과 과일만 먹고 살다 보니 차마 눈 뜨고 볼 수 없을 정도로 피골이 상접했습니다. 하나님께 기도하면서 용서하고 속의 분노를 털어 버리면 몸이 많이 좋아질 텐데 왜 저러고 있나 하는 안타까운 마음에 제가 함께 기도하는 중 과욕을 부렸습니다. ‘하나님은 이런 상태로 사는 것을 원하지 않으신다. 어서 회복되어 아내로서, 어머니로서, 한 사람의 신앙인으로 잘 살기를 바라신다. 아이들을 생각해서라도 어서 자리 털고 일어나시라’ 이렇게 권면해도 되었을 텐데, 저는 “지금 하나님이 말씀하십니다. 어서 자리 털고 일어나십시오. 믿음으로 일어나십시오”라고 했습니다. 제가 그 순간 정말 하나님의 음성을 들었을까요? 그렇지 않았습니다. 그것이 하나님이 원하시는 것이겠지만 저에게 바로 그렇게 말씀하시지는 않았고, 저도 그렇게 듣지는 못했습니다. 하지만 저는 “하나님이 지금 말씀하십니다’”라고 하며 하나님을 오용한 것입니다. 집에 돌아오는 길에 마음이 불편했습니다. 중간에 차를 세우고 잘못되었다고, 앞으로 이런 식으로 말하지 않겠다고 기도를 올렸습니다. 제 안에 그분에 대한 안타까움이 커서 도움을 드리고 싶은 마음이 있었습니다. 하지만 동시에 목회자로서의 어떤 영적 권위를 행사하려는 마음 역시 없었다고는 할 수 없었던 것입니다.

이런 유혹은 누구에게나 있습니다. 이 유혹이 습관화되고, 자기 확신 속에서 하나님의 이름으로 반복적으로 행해지게 되면 마침내 그는 교주가 됩니다. 이단 사이비가 이렇게 해서 생겨나는 것입니다. 특히 하나님 은혜 체험이 있었던 사람은 정말 조심해야 할 것입니다. 은사를 받은 사람들, 목회자들을 비롯하여 교회에서 중요한 직분을 맡은 사람들은 이 점을 깊이 생각할 필요가 있습니다. 우리는 하나님의 뜻이라고 쉽게 말하지만, 하나님의 뜻을 정말 그렇게 잘 알까요? 하나님은 너무나 크신 분이기 때문에 우리는 잘 모릅니다. 어쩌면 정말 영적으로 눈이 밝은 분들은 하나님의 음성을 계속 듣고, 하나님의 뜻을 그때그때 알 수 있을 수 있지만 안타깝지만, 저의 삶에서는 그런 순간이 없지는 않았으나 그다지 많지 못했습니다. 아마 대부분의 신자들이 그럴 것입니다. 신학자 칼 바르트가 한 말이 생각납니다. "하나님은 하늘에 계시고 우리 사람들은 땅에 있다. 그리고 이 둘 사이에는 무한한 질적 차이가 있다. 우리는 신학자로서 하나님에 대해 말을 해야 하지만, 우리는 인간이기 때문에 하나님에 대해 말할 수 없다. 우리는 이 '해야 한다'와 '할 수 없다' 사이에 서서 하나님께 영광을 돌려야 한다." 하나님과 그 뜻을 분별하려고 노력하되, 너무 쉽게 이것이 하나님의 뜻이라고 이야기하지 말기를 바랍니다.

　둘째로, 남용입니다. 오용이 하나님의 이름을 잘못 사용하는 것이라면, 남용은 하나님의 이름이 들어가지 않아도 될 곳에 너무 과하게 하나님을 넣고 그 이름을 사용하는 것, 곧 과도하게 신앙적 언어를 쓰는 것입니다. 이런 예는 많습니다. 사실 신앙생활을 오래 한 분들 다수가 이렇게 합니다. 우리 예수 믿는 사람들은 자주 입버릇처럼 '주여', '주여'를 남발합니다. 탁구 칠 때도 '주여', '주여', 별 문제 없을 때도 '주여', '주여'라고 하는 정도는 애교입니다. 하지만 정말 심각한 경우도 있습니다.

　언젠가 극동방송 라디오에서, 성도들이 보낸 편지들을 받아서 읽어주는 프로그램을 들었습니다. 한 남성분이 이런 편지를 보냈습니다. "저는 50살 된, OO교회 OO 집사입니다. 지금 교회 선교원 버스를 운전하고 있습니다. 예수를 믿은 지 꽤 되었지만 아직 술을 끊지 못하고 있습니다. 이틀 전에도 술을 먹고 운전을 하다가 전봇대를 들이받는 사고가 났습니다. 다행히 아이들을 내려준 이후여서 다친 사람은 없었지만, 차가 제법 찌그러졌습니다. 왜 하나님은 이 나이가 되도록 제가 아직 술을 못 끊게 하셔서 이런 사고를 나게 하실까요? 도대체 하나님의 뜻은 무엇일까요?" 저는 이 편지 낭독을 들으며 놀랐습니다. 도대체 무슨 말인가요? 자기가 술을 먹고 운전하다 사고를 냈으면 자기가 반성하고, 술을 끊든지 해야지 왜 하나님을 원망하고 하나님 뜻을 운운할까요? 일상적인 일에 이처럼 왜 과도한 종교적 언사를 쓸까요? 이 정도 되면 사실 믿지 않는 사람들이 기독교 환자라고 해도 할 말이 없습니다.

이 정도는 아닐지라도, 너무나 많은 분들이 습관적으로 하나님의 이름을 남용합니다. 언젠가 수업 중 한 학생이 이런 질문을 합니다. "교수님, 오늘 아침에 차를 몰고 오다가 신호 대기 중이었는데, 갑자기 뒤에 오던 차가 제 차를 '쿵' 하고 들이받았어요. 그래서 지금 목이 뻐근하고 차도 좀 찌그러졌습니다. 뒤 차 운전사 말이 잠시 졸았답니다. 교수님, 이 사고가 하나님이 하게 하신 일일까요? 아니면 사탄의 시험일까요? 하나님이 하셨다면 하나님 뜻은 무엇일까요?"라고 물었습니다. 그래서 제가 이렇게 답했습니다. "뒷사람이 운전 중 실수했네요. 그 정도이길 다행입니다."

이렇게 모든 일을 하나님과 결부시키는 것은 이 땅에서 일어난 모든 일이 다 하나님 뜻의 표현이라고 생각하기 때문입니다. 1980년 군부 쿠데타 세력이 정권을 찬탈했을 때 일부 교계 지도자들은, "이 일역시 하나님 뜻이기에 일어난 것 아니겠나? 받아들여야지"라고 말했습니다. 세월호 사건이 일어나니, 서울의 유명 교회 목사님 한 분은 설교 중에 "하나님이 공연히 세월호를 침몰시킨 것이 아니다. 나라 전체를 침몰시킬 수는 없으니까 이 꽃다운 아이들이 탄 배가 침몰하게 하심으로서 이를 보고 회개할 기회를 주시는 것"이라고 말했습니다. 그런가 하면 언젠가 교회 장로로서 총리 후보로 지명받았던 한 분이 교회 강의에서 "일제의 식민지 지배는 하나님의 뜻이다"라는 발언을 해서 문제가 된 적이 있습니다. 이 모든 주장의 배경에는, 일어난 모든 일은 하나님의 뜻이기에 일어났다는 생각이 들어 있습니다. 그러다 보니 잘못된 것, 악한 것, 문제가 되는 현실도 하나님의 뜻이겠지 하면서 그냥 받아들이게 만듭니다. 그런데 정말 일어난 모든 일이 하나님의 뜻일까요?

그렇지 않습니다. 실제 이 땅에는 하나님의 힘을 포함하여 최소한 다섯 가지 힘이 작동합니다. 첫째, 하나님의 힘. 둘째, 하나님을 반대하는 악마적인 힘, 셋째, 인간들의 힘, 넷째, 인간 아닌 다른 생명체들의 힘. 다섯째, 자연 자체의 힘이 그것입니다. 이 모든 힘들이 어우러져서 갖가지 사건이 일어나고, 그 가운데 우리 각 사람의 삶과 사회의 모습이 만들어져 갑니다. 이 중에서도 가장 분명하고 확실하게 드러나는 힘은 우리 사람들의 힘입니다. 하나님은 우리 각 사람에게 자유의지를 주셔서 스스로 알아서 행동하도록 하셨습니다. 자녀들이 어릴 때는 부모가 대부분의 일을 결정하지만, 자녀들이 성장할수록 스스로 선택하고 책임도 지게 하는 것처럼 하나님도 인간에게 선택권을 주시고 책임도 지게 하십니다. 그래서 세상에는 하나님의 힘 외에 인간의 힘 그리고 여타 다른 힘들이 작동하여 여러 일들이 일어나고 그 중에는 물론 하나님이 기뻐하시지 않는 일도 발생하는 것입니다. 그러니 우리는 어떤 일이 일어났을 때 우리가 개인적으로나 공동체적으로 책임져야 하는 부분에 대해서는 책임지는 태도가 필요합니다.

제2차 세계 대전이 끝난 다음 히틀러와 나치 독일이 왜 생겨났는가에 대해 많은 목회자들과 신학자들이 모여서 이야기를 했습니다. 대화 중에 많은 사람이 사탄, 마귀를 말했습니다. 사탄의 힘이 히틀러를 붙잡았고, 독일 국민 전체를 붙잡았다는 식이었습니다. 그래서 논의가 더 이상 진척이 되지 않을 때, 신학자 칼 바르트가 한마디했습니다. "우리, 솔직해집시다. 그냥 우리가 정치적으로 어리석었고, 분별이 없었고, 믿음과 용기가 부족해서 히틀러가 일어나는 것을 못 막았다고 인정합시다. 왜 자꾸, 사탄 어쩌고 하며 책임을 피하려고 합니까?"

그런데 여기까지 말하면 이런 질문이 들지 않나요? '분명히 예수님은 하나님이 우리 머리카락까지 세신다고 하지 않았는가? 참새 한 마리도 하나님 뜻이 아니면 땅에 떨어지지 않는다고 하지 않았는가?(마 10:28-31) 그러니 하나님 뜻이니까 그런 일이 일어난 것 아닌가? 일어난 모든 일은 그것이 좋은 일이든, 나쁜 일이든 다 하나님이 의도하셔서 이루어진 일 아닌가?'

그렇지 않습니다. 하나님의 뜻은 이 땅에 생명과 사랑과 자유를 주는 것입니다. 예레미야서 29장 11절에서 하나님은 말씀하십니다. "너희를 향한 나의 뜻은 내가 아나니 곧 재앙이 아니라 평강이요, 너희 장래에 소망을 주려 하는 생각이라." 그래서 일어난 모든 일이 하나님이 원하시는 것은 아닙니다. 거기에는 하나님이 싫어하시고 거부하시는 일들도 많이 있습니다. 그래서 악한 것은 악한 것이고 잘못된 것은 잘못된 것입니다. 나치 독일이 일어난 것은 악한 것입니다. 정신대 할머니들이 끌려가 고통당한 것도 악한 일입니다. 6.25 전쟁은 악한 것입니다. 세월호 사건이 일어난 것은 정말 악한 일이고 고통스러운 일입니다. 시리아에서 내전이 일어나고 세 살짜리 아이가 바다를 표류하다가 죽어 간 것은 악한 일입니다. 모두 인간이 잘못한 일이었습니다.

그럼 위의 말씀(마10:28-31)의 뜻은 무엇인가요? 그것은 지금 교회를 향한 엄청난 핍박을 전제하고 하는 말입니다. 예수님의 제자들은 예수를 믿는다는 이유로 많은 환란과 고초를 당할 것입니다. 이런 상황 속에서 예수님은 제자들에게 그들이 많은 어려움을 겪겠지만, 그럼에도 불구하고 하나님이 그들과 함께 하고 지켜 주실 것이니 끝까지 믿음을 지키라는 당부의 말씀을 하시는 것입니다. 다시 말해 어떤 어려움이 있더라도 하나님을 신뢰하고 믿음을 지키라는 말씀이지 일어난 모든 일이 하나님이 원하시는 일이라는 뜻은 아닙니다. 분명 이 땅에는 하나님의 뜻을 거역하는 일들이 일어납니다. 그럼에도 불구하고 결국은 하나님은 그런 잘못된 선택과 악한 일까지 사용하셔서 당신의 선하시고 온전한 뜻을 마침내 이루실 것입니다. 이것을 믿는 것이 하나님의 섭리에 대한 믿음, 곧 섭리 신앙입니다. 곧 섭리 신앙은 일어난 모든 일이 하나님의 뜻이라고 무조건 받아들이고 용인하는 것이 아니고, 하나님이 우리의 모든 실수와 잘못과 죄악조차도 사용하셔서 당신의 놀라운 능력으로 가장 선하고 아름다운 결과를 만들어 가심을, 그래서 결국은 하나님의 선한 뜻이 이루어지고 하나님이 마지막 승리자가 되심을 고백하는 것입니다(롬 8:28).

그런데 하나님이 그런 분이시고 또 그렇게 섭리하시는 분이심을 어떻게 압니까? 그것은 예수님을 보면 압니다. 예수님이 보여 주신 하나님은 생명의 하나님이요, 사랑의 하나님이요, 정의의 하나님입니다. 그래서 생명과 사랑과 정의의 길이 하나님의 길입니다. 옳은 것은 옳은 것이고 틀린 것은 틀린 것입니다. 이 땅에 일어나는 일 중에 하나님이 슬퍼하시고 분노하시는 일들이 있습니다. 우리 그리스도인들은 그런 것을 도전하고 바꾸어 가도록 부르심을 입었습니다. 그래서 중요한 것은 하나님의 이름을 망령되게 부르지 않는 것입니다. 달리 말해 하나님의 뜻을 잘못 오용하지도 말고 지나치게 남용하지도 않는 것입니다.

어떻게 하면 오용도 남용도 않으면서 하나님의 뜻을 바로 알고 준행할 수 있을까요?

첫째, 우리는 기도를 통해 하나님의 뜻을 분별하게 됩니다.

둘째, 우리는 말씀 묵상으로 하나님의 뜻을 올바르게 알게 됩니다.

셋째, 우리는 지혜로운 사람의 조언을 통해 하나님의 보편적인 뜻에 대해 깨닫게 됩니다.

넷째, 우리는 하나님이 주신 이성을 통해 상식적이고 합리적인 판단을 내리게 됩니다.

하지만 우리는 언제나 부족하고 한쪽으로 쏠리게 됩니다. 그래서 계속 겸손하게 하나님의 뜻을 질문하고 스스로를 꾸준히 교정해 가는 것이 필요합니다. 이런 일을 계속하는 일이 성도의 주요한 영성 훈련일 것입니다. 신학자 디트리히 본회퍼는 이런 말을 남깁니다. "우리는 매순간 윤리적 선택을 해야 한다. 그리고 그 결과에 대해 하나님께 용서의 기도를 드려야 한다." 우리 모두 하나님의 뜻을 오용하거나 남용함 없이 그 뜻을 잘 분별하는 가운데 예수님의 제자다운 삶을 살아가는 축복이 있기를 기원합니다. 아멘!

20 무엇이 역사를 움직이는가?[6]
마태복음 27:11-14.

오늘 말씀을 어떻게 전해야 할지에 대해 지난 한 주간 생각이 많았습니다. 두 가지 이유가 있었는데, 첫째로 주제가 너무 거창하다는 점입니다. '무엇이 역사를 움직이는가?' 혹은 '역사를 움직이는 힘은 무엇인가?'라는 질문은 역사를 평생 연구한 학자가, 그것도 자기 생의 거의 마지막에 가서야 조심스럽게 답해 볼 만한 질문일 것입니다. 하지만 전문 역사학자도 아닌 제가 그것도 30여 분의 짧은 시간에 이 주제를 잘 담아낼 수 있을까 하는 고민이 있었습니다. 둘째로, 보다 현실적인 이유인데, 주제가 상당히 이론적이고 어려워서 성도님들의 실제 생활에 도움이 될 것인지에 대한 망설임이 있었습니다. 그럼에도 이 말씀을 전하고자 결심한 것은 이 주제가 어느 날 갑자기 저에게 선물처럼 찾아왔기 때문입니다. 평소에 저는 주제를 정하고, 거기에 맞는 본문을 공부하고, 그것과 연관된 자료를 찾고, 그 모두를 합쳐서

---

6   제 2023년 저서 『인생의 질문, 신앙의 답변: 오늘의 기독교 신앙』에서 다룬 주제를 조금 수정했습니다.

설교문을 작성합니다. 그런데 이 말씀은 조금 달랐습니다. 어느 날 학교를 나와 집으로 걸어갈 때 갑자기 이 성경 본문이 떠올랐고 이 본문과 연관된 여러 생각이 집에 도착할 때까지의 약 30여 분 동안 계속 저의 마음을 붙잡았습니다. 집에 도착하자마자 그것들을 정리한 것이 오늘의 말씀입니다. 또한, 지금은 신년 초이니만큼 좀 큰 시각으로 역사 전체의 의미를 조망하는 이런 말씀도 우리에게 의미가 있으리라 기대해 봅니다.

오늘 말씀에 세 부류의 등장인물이 나옵니다. 대제사장들과 장로들, 빌라도, 그리고 예수님입니다. 대제사장과 장로는 예수님을 죽이려고 법정에 고발한 사람들이고, 빌라도는 재판을 맡아 예수님을 심문하는 사람이며, 예수님은 지금 죄인으로 끌려와 있습니다. 그러니 지금 예수님은 약자이고, 빌라도와 대제사장 및 장로들은 강자입니다.

그런데 2000년이 지난 지금, 상황은 완전히 역전되어 있습니다. 오늘 말씀의 진짜 주인공은 누가 뭐라 해도 예수님입니다. 빌라도와 대제사장과 장로들은 예수님이 스스로 선택한 십자가로 가는 과정의 배경 혹은 사소한 에피소드에 불과합니다. 한때 시대와 역사를 이끌어 가는 것처럼 보인 사람들은 시간이 지나 조연으로 전락하고, 스스로를 지킬 힘도 없던 연약한 예수님이 역사의 주인공이 되어 있는 것입니다.

이것은 역설입니다. 이런 역설이 뜻하는 바는 무엇일까요? 지금 세상을 주도하는 것처럼 보이는 것들이 있습니다. 첫째는 자본 곧 돈입니다. 둘째는 정치 권력입니다. 셋째는 과학 기술입니다. 이들 외에도 학문 권력, 언론 권력 등 오늘의 세상을 이끌어 가는 중요한 힘들이 있습니다. 반면 하나님과 교회가 이 세상을 이끌어 가는 것처럼 보이지는 않습니다. 언젠가 보았던 만화 한 컷이 생각납니다. 대도시 한가운데 초라한 모습의 교회가 있습니다. 그 교회 주변에는 번잡한 도로들과 큰 건물이 즐비한데, 그 교회 앞에 초라한 옷을 입은 두 남자가 서서 걱정스러운 듯이 이렇게 말합니다. "갈수록 우리 자리가 줄어들고 있어!" 실제로 이런 걱정은 이미 오래전에 현실이 되었습니다. 신앙과 교회의 자리는 점점 줄어들고, 사람들은 교회를 멀리하며, 신학교에도 학생들이 잘 오지 않습니다. 하나님의 말씀과 교회는 그냥 뒷전에 별 영향력 없이 뒤쳐져 있는 것 같습니다.

하지만 역사 전체를 크게 보면 우리의 판단은 달라질 수 있습니다. 먼저 우리는 역사라는 개념을 이해하기 위해 먼저 '히스토리에 (Historie)'와 '게쉬히테(Geschichite)'를 구분할 필요가 있습니다. 히스토리는 흔히 '사실로서의 역사'이고, 게쉬히테는 '해석으로서의 역사'로 이해됩니다. 19세기의 탁월한 역사가 레오폴드 폰 랑케는 역사가의 임무란 "있었던 그대로의 과거"를 객관적으로 밝혀내는 데 있다고 보았고, 또 그것이 가능하다고 여겼습니다. 이런 관점을 실증주의적 역사이해라고 부릅니다. 하지만 오늘날 대부분의 역사 연구자는 역사에 대한 서술은 언제나 그 속에 해석을 포함할 수밖에 없음을 인정합니

인간의 고난, 하나님의 침묵 그리고 십자가

다. 순수하게 중립적이고 객관적인 역사 서술은 애초에 불가능하다는 것입니다. 왜 그럴까요? 역사 연구는 언제나 남겨진 역사적 사료나 증언들을 통해 그 시대를 연구할 수밖에 없습니다. 그런데 그 사료나 증언들은 실제 있었던 사건들 중 일부를 선별할 수밖에 없고, 또 나름의 관점으로 해석할 수밖에 없습니다. 역사가 역시 그 사료들을 자신의 특정한 관점을 가지고 이해하고 해석할 수밖에 없습니다. 그러므로 모든 역사 서술은 언제나 해석으로서의 역사인 게쉬히테일 수밖에 없는 것입니다. 다만 최대한 공정하고 최대한 진실하게 역사적 사실성(historical factuality)에 접근하도록 노력할 뿐이지요.

하지만 기독교적 관점에 의하면 히스토리와 게쉬히테는 다르게 이해됩니다. 곧 히스토리는 하나님을 배제한 채, 사람들이 서로 부딪치면서 여러 사건들을 만들고 그 사건들이 모여서 만들어진 세계의 변화를 서술하는 것으로서의 역사, 곧 일반적으로 받아들여지는 역사를 가리키고, 게쉬히테는 이런 히스토리에 매순간 참여하여 거기에 영향을 미치고 그것을 인도하는, 신적 개입을 포함하고 있는 총체적인 역사를 가리킵니다. 그리고 이렇게 볼 때 기독교적인 의미에서 진정한 역사는 게쉬히테로서의 역사입니다. 신적인 깊이, 혹은 수직적 차원이 배제된 일반 역사가 아니라 세속적 역사를 포함하면서 신적인 깊이, 수직적 차원을 함께 말하는 역사인 게쉬히테가 진정한 역사인 것입니다.

아무튼 히스토리는 우리가 흔히 알고 있는 그런 의미의 역사입니다. 곧 사람들이 서로 어울려 부딪치고 선택하고 결정하는 가운데 사건들이 발생하고, 어떤 결과가 나오는 것으로서의 역사입니다. 이렇게 보면 히스토리를 주도하는 것은 결국 자본 권력, 정치 권력, 언론 권력, 학문 권력 등으로 보입니다. 그런데 이게 전부일까요? 기독교 신앙은 그렇지 않다고 하면서 게쉬히테를 말합니다. 게쉬히테는 히스토리를 인정하지만 동시에 그 히스토리 안에 매순간 섬세하게 스며들어 영향을 미치고, 그것을 선하게 이끄시는 하나님의 개입을 함께 말하는 역사입니다. 곧 히스토리에다가 이 히스토리에 매순간 스며들어서 그것에 영향을 미치고 그것을 조정하고 인도하는 하나님의 손길을 인정하면서 역사를 전체적으로 보는 시각, 이것이 게쉬히테이고 기독교의 시간 이해이며 역사 이해입니다.

이를 이렇게도 표현해 봅시다. 역사는 인간 마음 혹은 정신의 역사입니다. 19세기 독일의 철학자 빌헬름 프리드리히 헤겔은 이를 "이성적인 것은 현실적인 것이고, 현실적인 것은 이성적인 것이다"라고 표현했습니다. 예를 들어, 어떤 화가가 그린 그림이 한 점 있습니다. 이 그림은 지금 현실 속에 있는 것, 곧 현실적인 것입니다. 그런데 이것은 화가의 정신이 그림이라는 형태로 현실이 된 것입니다. 곧 정신적인 것(이성적인 것)이 현실적인 것이 되었고, 또 그렇게 현실적인 것이 된 것은 이미 어떤 특정한 정신(이성)을 표현하고 있습니다. 어디 그림 뿐이겠습니까? 당대의 음악도, 건축도 법률 제도도, 정부 조직도, 사회 문화도 그 시대 사람들의 정신 혹은 이성이 구체적으로 현실화된 결과입니다. 가령 어떤 특정 인물이 그 해 대통령이 되었다면 이는 그

인간의 고난, 하나님의 침묵 그리고 십자가

당시 사람들의 정신 혹은 이성이 구체적으로 현실화 된 것입니다. 헤겔은 이를 '객관적 정신'이라고 불렀습니다.

이에 대해 마르크스는 상반된 관점을 제시했습니다. 곧 의식(정신)이 현실을 만드는 것이 아니라 현실이 의식을 만든다고 합니다. 다시 말해 한 사람이 처해 있는 사회경제적 현실이 그의 의식, 생각, 가치관을 결정한다는 것입니다. 가령 노동 운동을 하던 노동자가 어떤 계기로 인해 사업주가 되면 이제는 노동자 아닌 사업주의 관점에서 자신과 회사와 사회를 다르게 바라볼 것입니다. 즉, 그의 사회경제적 신분이 바뀌면서 그의 의식도 바뀌는 것입니다. 이 둘 중 어느 것이 더 옳다고 말하기는 어렵습니다. 아마 둘 다 일정 부분에서는 옳다고 말할 수 있습니다.

다시 빌라도의 법정으로 돌아가 보겠습니다. 지금 빌라도의 법정에서 관철되고 있는 정신은 무엇입니까? 언뜻 보면 그것은 빌라도의 정신과 대제사장과 장로들의 정신입니다. 빌라도의 정신은 정치 권력에 기반하고 있고, 대제사장과 장로들의 정신은 종교 권력에 기반하고 있습니다. 겉으로는 이런 정신들이 당시의 역사를 주도하고 있는 것처럼 보입니다. 하지만 긴 시간이 지난 지금 돌이켜 보면 결국 남게 된 것은 이런 두 부류의 권력에 의한 정신이 아니라 하나님의 뜻에 기반한 예수님의 정신입니다.

그럼 예수님의 정신이 무엇입니까? 예수님의 정신은 진리와 사랑의 종합체입니다. 예수님은 진리 자체였고, 그의 가르침과 행위에는 거짓이 전혀 없었습니다. 동시에 예수님은 사랑 자체였습니다. 사람들에 대한 긍휼과 사랑으로 예수님은 낮아지셨고, 섬기셨으며, 끝내 십자가를 지셨습니다. 사랑 없는 진리는 냉정합니다. 그것은 옳지만 따뜻함이 없어 생명을 살려 내지 못합니다. 반면 진리 없는 사랑은 감상적이고 편파적이 됩니다. 어머니들은 그들의 자녀를 사랑하지만 그 사랑은 대개 자기 자식들에게만, 그것도 다분히 편파적으로 표출되기 쉽습니다. 진리가 없기 때문입니다. 진리와 사랑이 함께 있을 때 그것은 온전하여, 자신을 살리고 이웃을 살리고 세상을 살립니다.

이것이 우리에게 어떤 의미가 있을까요? 우리는 때로 이 세상을 살면서 무력감을 느낄 수 있습니다. 과연 기독교 신앙이 진리라면, 하나님에 대한 신앙이 교회의 실천이 세상을 근본적으로 바꾸어야 하는 것 아닌가라고 생각할 수 있습니다. 하지만 현실은 자본이, 정치 권력이, 과학 기술이 주관하는 것 같고, 오직 히스토리만 작동하고, 게쉬히테 곧 하나님이 함께 참여하는 역사는 없는 것 같기 때문입니다.

그러나 길게 보면 달라집니다. 빌라도 법정에 선 예수는 약했고 그저 주변부 배경 같았지만, 시간이 지나보니 예수가 모든 것의 중심입니다. 이는 그가 진리와 사랑 그 자체였고, 이 정신이 끊임없이 새로운 현실을 만들어 왔기 때문입니다. 이성적인 것이 현실적인 것이고, 현실적인 것이 이성적인 것입니다. 마찬가지로 우리 역시 연약하고 부족합니다. 하나님의 목소리, 신앙의 목소리, 교회의 외침은 허공을 치는 것처럼 여겨질 때가 있습니다. 하지만 결국 예수가 보여 주신 진리와 사랑이 세상을 바꿀 것입니다. 예수가 가져오셨고, 교회에 위탁

했고, 성령의 능력으로 표출되는 진리와 사랑의 힘이 결국 승리할 것입니다. 이것을 믿는 것이 신앙입니다.

여러분 아마 한 번 이상 「한 고독한 생애」라는 시를 들어 보셨을 것 같습니다.

여기 한 고독한 생애가 있다

그가 나신 곳은 이름 없는 한 벽촌

그의 어머니는 보잘것없는 시골 여인

그의 나이 삼십에 이르기까지도 오히려 이름 없는 비천한 목수

그 후 삼 년, 그는 방황하는 전도자

그에겐 한 권의 저서도 없으며,

그에겐 아무런 지위도 없으며,

그에겐 따뜻한 가정도 없으며,

그에겐 대학의 학력도 없으며,

그에겐 큰 도시의 견문조차도 없이,

그의 여행은 기껏 200마일도 못 되는 거리,

진실로 그에겐 세상의 소위 위대하다는 것이라곤 아무것도 없이

그가 내어놓을 수 있는 이력서는 오로지 그 자신의 한 몸 뿐

그 자신의 삶은 또한 이토록 비참한 것

삼 년의 전도와 사랑의 실천 끝에도

그에게 돌아온 것은 오히려

무리들의 배척,

제자들의 배신과 부인,

그리고는 원수에게 넘기워 조롱과 심판을 받고

마침내는 십자가에 못 박혀 죽기까지!

그러나 그 후 2000년이 흘러간 오늘

그는 오히려 인류의 역사를 영도해 온 중심인물

보라 이 인류의 역사상에

그토록 당당하게 호령하던 장군들은 얼마나 많았던가

그토록 중대하게 국사를 논의하던 정객들은 얼마나 많았던가

그토록 화려하게 영화를 누리던 제왕들은 얼마나 많았던가

그러나 이 모든 사람들로도

인류 역사에 남기지 못했던 한 큰일을 이룩하셨던 것은

예수그리스도, 그의 '한 고독한 생애'

언뜻 볼 때 역사를 이끌어 가는 것은 제왕, 정객, 장군, 곧 정치권력, 군사권력 같은 것입니다. 오늘날은 경제 권력과 과학 기술력이 무엇보다 영향력을 행사하겠지요. 하지만 길게 보면 결국 진리와 사랑의 힘이 세상을 변화시켜 갑니다. 예수는 바로 이 진리와 사랑의 온전한 구현으로서 역사의 중심이고 주인으로 계신 것입니다. 그리고 이 예수가 살아간 진리와 사랑을 따라 살아간다면 그런 사람이 역사의 중심이고 또 역사를 만들어 가는 사람이었음이 드러날 것입니다. 이를 믿고 이런 관점으로 나와 세계를 보는 것이 신앙입니다.

인간의 고난, 하나님의 침묵 그리고 십자가

그래서 이제 중요한 것은 우리가 과연 예수님이 보여 주신 진리의 삶, 사랑의 삶을 따라가고 있느냐 하는 점입니다. 예수 믿는 사람인 우리는 과연 진실한가요? 과연 사랑의 힘에 붙잡혀 살아가고 있는가요?

기억해야 할 것은 우리가 정녕 예수님을 따라 진리와 사랑 안에서 살아간다면 결국 십자가가 우리를 기다릴 것이라는 점입니다. 진리와 사랑의 사람 예수님이 결국 맞닥뜨린 것이 십자가였듯이, 우리 역시 진실로 참되고 사랑하며 산다면 많은 경우 십자가의 어려움을 당하게 될 것입니다. 하지만 기억하십시오. 십자가가 있기 때문에 구원이 있고, 십자가가 있기에 모든 악과 고통과 눈물을 이기시고 승리하는 부활이 우리를 기다리고 있습니다. 모든 위대한 신앙인들은 예수께서 하나님의 아들이시고, 구원자이시고, 그분이 온전한 진리와 사랑임을 알았기에 그를 따라갔고, 그 가운데 십자가도 함께 통과했습니다. 하지만 그렇기 때문에 부활을 깊이 경험했습니다. 그런 사람들이 결국 역사의 주인공이 되었고, 세상을 선하고 아름답게 변화시켜 가는 사람들이 되었습니다. 우리도 마찬가지입니다. 우리 인생이 예수와 연결되어 있고, 예수와 더불어 남은 삶을 산다면 우리 삶은 의미 있을 것입니다. 하나님의 인정을 받고, 영원히 살 것입니다. 그리고 길게 보면 그런 삶을 통해 역사가 만들어져 감을 보게 될 것입니다. 이것을 믿는 것이 신앙입니다. 진리이신 예수, 온전한 사랑이신 예수, 그 예수를 따라 오늘을 살아가고 때로 십자가를 경험하지만 결국 부활로 승리하는 사람들! 그래서 역사를 새롭게 만들어 가는 사람들! 우리 모두 이런 믿음으로 올 한 해 살아갈 수 있기를 바랍니다.

고린도전서 15장 58절은 말합니다. "그러므로 형제들아! 견고하며 흔들리지 말며, 더욱 주의 일에 힘쓰는 자들이 되라. 이는 너희 수고가 주 안에서 헛되지 않은 줄을 앎이니라." 이 말씀은 바로 이처럼 진리이자 사랑이신 예수를 따라갔기에 십자가를 경험했으나 동시에 부활의 능력 역시 경험한 사람 바울의 권면입니다. 이 말씀이 우리를 붙잡을 수 있기를 깊이 기원합니다. 아멘.

21 용서받은 이의 기쁨[7]

눅 18:9-14

우리 사람에게는 여러 가지 욕구가 있습니다. 거기에는 반드시 충족되어야만 하는 근본적인 욕구도 있고, 이루어지지 않아도 괜찮은 부차적인 욕구도 있습니다. 가령 생존의 욕구 곧 어떻게 하든지 살아남아야 하겠다는 욕구는 근본적인 욕구입니다. 그래서 우리 사람들은 위험한 일을 만나면 반사적으로 도망치고 또 너무 오래 굶으면 남의 것을 훔쳐서라도 배고픔을 면하려 합니다. 또한 재생산의 욕구가 있지요. 그래서 남자든 여자든 나이가 차면 연애도 하고 싶어지고 결혼하고 아이도 낳아 길러 보고 싶어 합니다.

이런 근본적인 욕구 중의 하나가 '인정받고 싶은' 욕구입니다. 우리 모두는 다른 사람의 인정과 존중을 받으며 살고 싶은 것입니다. "너이 정도면 괜찮다. 너 잘살고 있다" 하는 인정을 받고 싶은 것이지요. 실제로 이 인정받고 싶다는 욕구는 너무나 근본적인 것이어서 우리는 모두 자신을 있는 그대로 인정하고 받아들이는 사람 앞에서만 진정 자

7 　신약학자 루돌프 불트만(Rudolf Bultmann)의 어느 설교에서 영감을 받아 작성했습니다.

유와 평안을 느끼게 됩니다. 시인 김춘수 선생님의 널리 알려진 「꽃」이란 시가 있지 않습니까? 이 시를 우리는 인정 욕구를 표현한 시로 읽을 수도 있겠습니다.

> 네가 나의 이름을 불러주기 전에는
> 나는 다만 하나의 몸짓에 지나지 않았다
> 네가 나의 이름을 불러 주었을 때
> 나는 너에게로 가 꽃이 되었다
> 우리는 모두 무엇이 되고 싶다
> 나는 너에게
> 너는 나에게 잊혀지지 않는
> 하나의 의미가 되고 싶다

지금 시인은 우리 인간이란 인정과 용납을 받을 때만 꽃처럼 피어날 수 있고 삶은 의미로울 수 있다고 말하고 있는 것입니다.

왜 우리는 이처럼 다른 사람들의 인정과 용납에 목말라 있을까요? 그 주요한 이유 하나는 우리 인간이 아주 연약하게 태어나기 때문입니다. 갓 태어난 어린 아기는 너무 무력합니다. 부모나 다른 사람의 도움 없이는 하루도 살 수 없습니다. 그뿐입니까? 나이가 들고 어른이 되어 가도 여전히 우리는 어딘가에, 특히 다른 사람에게 의존해야 살아갑니다. 다른 말로 바꾸면 인간은 인간 사회를 떠나서는 제대로 살

수 없습니다. 그러니 다른 사람들의 인정과 존중은 가장 근본적인 욕구입니다. 신학적으로 이야기하면 인간은 하나님의 형상으로 지어졌기에, 서로 사랑하고 사랑받고 인정과 존중받는 관계성 안에 있을 때 진정 인간답게 된다는 것입니다.

하지만 문제는 이것입니다. 우리는 정녕 다른 이들의 인정과 용납을 받아야 하고, 그것이 인생에서 정말 중요하지만, 오직 다른 사람의 인정을 받는 것만이 나의 인생을 이끌어 가는 근본적인 이유라면 과연 우리는 제대로 된 삶을 살아가고 있는 것일까요?

우리는 오늘 예수님의 비유에 나오는 바리새인에게서 그런 모습을 봅니다. 한 바리새인과 한 세리가 다 같이 성전에 나와서 하나님께 기도를 드리는 데 이 중 바리새인의 기도를 좀 쉽게 옮기면 다음과 같습니다. "하나님 나는 다른 사람들과 같이 욕심 많고, 불의하고 간음하는 사람이 아니니 감사합니다. 특히 저기 나의 발치에 서서 감히 고개도 못 들고 있는 저 세리처럼 악하게 살지 않았으니 정말 감사합니다. 하나님도 아시다시피 나는 일주일에 두 번씩 금식을 해왔습니다. 또한, 내가 얻은 것의 십 분의 일은 반드시 율법이 정한 바대로 하나님께 드려 왔습니다."

지금 바리새인은 자기가 이룬 업적으로 인해 대단히 뿌듯해하고 있습니다. 실상 예수님 당시의 바리새인들은 이렇게 할 만합니다. 이들은 구약 성경에서 반드시 지켜야 할 율법 248가지와 결코 어겨서 안 되는 율법 365가지, 전체 613가지의 율법 규정을 만들어 내었고 그것들을 모두 암기하고 지키기 위해 애를 썼습니다. 가령 안식일 날은 약 1,000m 이상 걸으면 안 되고, 손을 씻을 때는 항상 45도의 각도로 손을 편 채 물을 두 번 부어야 하고, 짐승이나 사람의 배설물이나 털은 결코 몸에 닿으면 안 되고, 닿으면 그것에 합당한 제사를 드려 깨끗하게 해야 하는 등 세부적인 것들이 많았습니다. 정통 바리새인들은 이 모두를 지켰습니다. 바울이 자신에 대해 말할 때 "율법의 의로는 흠이 없는 자다"라고 했을 때 이 말은 바울 역시 613가지 율법을 철저히 잘 지키는 사람이었다는 말입니다. 그리고 오늘 본문 말씀의 이 바리새인 역시 이 모든 율법 규정을 다 지키는 사람으로서 그의 마음에는 자부심이 가득했던 것입니다. 결국, 그가 하는 말은 이것입니다. "나는 누구보다도 열심히 하나님 앞에서 살았고 마침내 경지에 이르렀다. 이 정도까지 할 수 있는 사람이 얼마나 있겠는가? 그러니 사람은 말할 것도 없고 하나님도 나를 잘하고 있다고 칭찬해 주셔야 한다."

그런데 이렇게 함으로써 이 바리새인이 노출하고 있는 것은 무엇일까요? 그는 결코 나쁜 사람이 아닙니다. 오히려 그는 보통 사람이 도달할 수 없는 깊은 도덕적, 종교적 수준에 도달한 사람입니다. 거기에다가 그는 하나님을 사랑하고 섬기는 사람이기도 합니다. 하지만 그럼에도 불구하고 지금 그의 마음을 지배하고 있는 것은 자기 공로를 자랑하고, 그 공로에 의지해서 사람들의 존중과 인정을 받고 싶어 하는 마음이었습니다. 그는 하나님을 알았고 사랑했습니다. 그러나 동시에 그의 삶을 이끌어 가는 근본적인 힘은 하나님 아닌 자신의 업적과 성취였던 것입니다.

그럼 우리는 어떠합니까? 우리 중 그 누가 감히 "나는 이 바리새인과 같지 않다"라고 주장할 수 있습니까? 과연 우리는 마음 깊은 곳에서 부터 "하나님 나는 이 바리새인과 같지 않음을 감사드립니다"라고 말할 수 있을까요? 정도 문제이지만 우리 속에는 모두 이 바리새인이 있습니다. 우리는 하나님 아닌 다른 것에 내 인생의 의미와 가치를 자주 둡니다. 때로는 하나님 대신 우리가 쌓은 지식이 우리 삶의 가치의 근거가 됩니다. 때로는 사회적 신분과 성공이 삶의 만족이 됩니다. 특히 그리스도인들에게 있어서 우리의 교회 봉사와 헌신과 오랜 신앙 경력이 하나님의 자리를 차지해 버릴 수 있습니다. 실상 자기희생적으로 교회를 섬기면 섬길수록 내가 한 섬김에 근거하여 내 인생의 의미와 가치를 확보해 보고자 하는 욕구는 커집니다. 그리고 그것이 하나님의 자리를 대신해 버립니다. 우리는 "오직 하나님의 은혜로 여기까지 왔습니다"라고 말은 할 수 있고 또 진정 그렇게 생각하기도 하지만 바로 그 순간에도 우리 마음 깊은 곳에는 자기가 한 일을 자랑하고 인정받고 싶은 욕망이 키 큰 나무처럼 쑥쑥 자라고 있는 것입니다.

이것은 모든 사람에게 해당됩니다. 나무의 키가 커질수록 나무뿌리가 깊이 내려가듯이, 산이 높을수록 산 그림자가 더 멀고 길게 드리워지듯이, 하나님께 헌신하면 할수록 그 헌신으로 인해 자기를 높이고 싶은 이런 생각이 더욱 우리를 지배하기 쉽습니다. 아마 사도 바울 역시 이를 깊이 체험했기에 "나는 날마다 죽노라"라고 했고, 하나님이 자신에게 주신 은혜가 너무 컸고 자기가 한 일이 너무 많았기에 교만해지지 않도록 자기 육신에 사탄의 가시를 주셨다고 고백했을 것입니다.

그런데 다른 사람의 인정과 존중을 받는 것이 무슨 문제가 있습니까? 그것이 우리의 근본적인 욕구라면, 그리고 그것이 지금 충족되고 있다면 문제 될 것이 없지 않습니까? 그런 인정과 존중을 받지 못하는 것이 문제지 받는 것이 무슨 문제 입니까? 그렇지 않습니다. 우리가 다른 사람의 인정 위에 내 인생의 의미와 가치를 세우려고 한다면 두 가지 심각한 문제가 생깁니다. 첫째, 인정받을 만한 어떤 아름다움, 능력, 재능, 성취 이런 것이 사라지면 결국 내 인생은 의미가 없게 될 것입니다. 문제는 우리가 가진 것은 무엇이든 세월과 함께 사라진다는 것입니다. 나이 들면서 건강이 사라집니다. 미모도 없어집니다. 재능도 약해집니다. 내가 성취한 것이 무엇이든 시간의 흐름을 견디어 내는 것은 없습니다. 그런 말이 있지 않습니까? 세월과 함께 모든 것, 곧 능력, 미모, 재산, 건강, 지식 등 모든 것의 평준화가 이루어진다고요. 그럼 이런 것이 사라질 때 나는 누구입니까? 그때도 나는 가치가 있는 존재입니까?

두 번째 문제로, 사람들의 인정과 평가는 수시로 바뀐다는 것입니다. 지금 여러분은 인정도 받고 존중도 받을 수 있습니다. 아주 큰 칭찬과 큰 인기도 있을 수 있습니다. 하지만 이것들 모두 시간이 지남에 따라 물거품처럼 사라집니다. 한 때 그렇게 유명했던 배우나 탤런트, 가수였지만 이제는 아무도 찾아 주지 않는 그런 사람이 될 수 있는 것입니다. 저 자신도 마찬가지입니다. 저는 학교에서는 교수로서 강의를 하고, 교회에 오면 목사로서 말씀을 전합니다. 제가 강의를 하면 때로 정말 좋은 강의라고 감사를 표하는 학생들이 있습니다. 교회에서 말씀을 전하고 나면 역시 은혜 받았다고 말해 주시는 분들이 있습니다. 젊어서는 그렇게 말해 주는 것이 좋았습니다. 때로 그런 말을 못 들으면 섭섭하기도 했습니다. 그런데 이제는 압니다. 사람들의 칭찬과 인정은 고마운 일이지만 결국 사라질 것이라는 것을, 제가 하는 모든 일도 결국은 언젠가 끝날 것이라는 것을…. 그래서 거기에 마음을 두지 않으려고 합니다.

그러면 이제 우리는 어떻게 해야 합니까? 분명 우리 삶에는 인정과 존중은 필요한 데 어디에서 이런 인정과 존중을 찾을 수 있을까요? 그것을 우리는 다른 또 한 사람, 세리를 통해 찾아봅니다.

세리는 세금 징수원입니다. 그는 유대 백성들에게 세금을 거두어서 로마에 바치는 사람입니다. 그런데 그 당시 세리에게는 고정된 월급이 없었기에 가능한 많은 금액을 받아 내어 로마에 바친 다음 나머지를 자기 몫으로 할 수 있었습니다. 그러다 보니 같은 동족에게서 많은 세금을 거두게 되었고 이로 인해 당시의 유대인들은 세리들을 로마에 협력하여 동족을 학대하는 악당으로 여기고 있었습니다. 오늘 말씀에 나오는 이 세리 역시 아마 그렇게 하였을 것이고 그로 인해 그에게 쏟아지는 수많은 비난을 들었을 것입니다. 그는 괴로웠을 것이고 그러나 먹고 살기 위해서는 그 직업을 포기할 수도 없는 입장이었을 것입니다. 그러나 갈수록 마음에 죄책감과 자책감이 쌓

입니다. '내가 살고 싶은 삶은 이런 것은 아니었는데…. 하나님 어찌
하면 좋습니까?' 이런 고통스러운 상황에서 그는 성전에 나와 하나
님께 기도합니다. 그러나 자신의 죄악 됨과 거짓됨을 깊이 알기에 성
전 중앙으로 가까이 갈 생각도 못하고 멀리서서 감히 하늘을 우러러
보지도 못한 채 가슴을 치며 "오, 하나님! 이 죄인에게 자비를 베풀
어 주시옵소서"라고 탄식합니다. 그는 "나의 하나님"이라고 말할 수
도 없었고 "사랑하시는 아버지시여"라고 다정하게 부를 수도 없었습
니다. 그것은 자기 같이 근본적으로 타락한 자가 감히 올릴 수도 없
는 말이라고 생각했습니다. 또한 그는 "하나님 나는 저 바리새인보
다 못합니다"라고 다른 사람과 비교하지도 않았습니다. 하나님 앞
에서 진정 가슴이 아픈 사람은 자신의 문제가 너무 커서 다른 사람
과 비교할 수가 없습니다. 그런가 하면 "하나님! 나는 나 자신을 잃어
버렸고 어리석게 행동했으며 죄악 된 삶을 살았습니다"라고 길게 말
하지도 않았습니다. 정말 힘든 사람은 그렇게 길게 말할 수도 없습니
다. 오직 그는 "오, 하나님! 저는 죄인입니다. 제발 불쌍히 여겨 주십
시오" 하고 가슴을 치며 통탄을 했을 뿐 입니다. 그는 인생을 잘못 살
아 왔기에 하나님 앞에 어떤 것도 내어놓을 수가 없었고 어떤 것도 요
구할 수 없었습니다. 때문에 오직 하나님의 은혜만을 의지했습니다.
그러나 어떤 일이 일어났던가요? 예수님은 바리새인이 아니라 세리가
하나님 앞에 인정을 받고 돌아갔다고 말씀하시는 것입니다. 그가 오
직 하나님의 은혜만을 의지했기 때문에 그는 의롭다 인정함을 받고 기
쁨으로 돌아가게 되었습니다.

여기에서 우리는 인생의 놀라운 비밀을 발견합니다. 우리 모두는 인정을 받아야 살 수 있고, 무엇보다도 하나님의 인정을 받아야 살 수 있습니다. 하지만 하나님 앞에서는 우리가 가진 그 무엇으로도 인정을 받을 수 없다는 것입니다. 정직, 성실, 근면한 삶의 태도, 그래서 가정을 충실히 이끌고, 사회에서 맡은 일 열심히 하고, 교회를 섬기고 충성하는 일은 모두 소중하고 가치 있는 일입니다. 힘써 해야 하고. 이렇게 하는 분들을 우리는 존중하고 귀하게 여겨야 합니다. 하지만 이런 것들 자체가 하나님의 인정을 받게 해 주지는 않는다는 것입니다. 오히려 하나님의 인정은 하나님의 무조건적인 은혜로부터 옵니다. "오직 나는 죄인입니다. 나를 불쌍히 여기소서" 하는 이 한마디 깊은 참회의 부르짖음이 우리의 삶을 궁극적으로 인정받게 한다는 것입니다.

그리고 사실 이것이 사람들로 하여금 하나님을 만나지 못하게 하는 근본적인 이유가 됩니다. 이를 인정하는 것은 곧 내가 현재 가지고 있고 또 그 동안 이루었던 그 어떤 수고도, 봉사도, 섬김도, 인생의 성취도, 비록 중요하고 소중하기는 하지만 실상 하나님 앞에서는 아무것도 아님을 고백하는 것을 뜻합니다. 나의 경건도, 교회 직분도, 내가 쌓아온 그 무엇도 그것 때문에 하나님의 인정을 받지는 못한다는 것입니다. 신학자 칼 바르트는 20세기 최대의 신학자요 교회 역사 속에서 아우구스티누스, 토마스 아퀴나스, 루터나 칼뱅에 버금가는 신학자라는 말까지 들었던 분입니다. 그의 대표작인 『교회 교의학』이라는 책만 해도 9,400페이지가 넘습니다. 쓰는 데 36년이 걸렸지만 결국 미완성

으로 끝난 책! 읽는 데만 1년이 걸리고 제대로 이해하면서 읽으려면 3
년이 걸리는 책입니다. 그런데 어느 날 밤 그가 꿈을 꾸었습니다. 꿈
속에서 그는 그의 모든 저작을 수레에 싣고 천국 문 앞에 섰습니다. 예
수님이 나오셔서, "바르트야 네가 가지고 온 것이 무엇이냐" 라고 물
으시길래, "당신에 대한 저의 믿음과 헌신과 사랑의 결과인, 제가 쓴
책입니다"라고 했더니 예수님이 하시는 말씀이 "그렇구나. 그런데 책
은 그냥 거기 두고 너 혼자만 들어 오너라" 하더랍니다. 이 꿈을 꾸고
나서 잠에서 깨어난 바르트는 한참 동안 크게 웃었다고 하는 것입니
다. 뒷날 바르트도 나이가 더 들고 주님 앞에 갈 날이 얼마 남지 않았
을 때, 그는 곧잘 "내가 과연 주님 앞에 무엇을 가져갈 수 있을까? 그
동안 교회를 섬겨 왔던 나의 수고들일까? 나의 책들일까? 아니면 탁
월한 신학자라는 명성일까? 아니라. 내가 할 수 있는 유일한 말은 그
앞에 나아가 '죄인이 왔사오니 불쌍히 여기소서. 그리고 그것으로 충
분하다'라고 말했다고 합니다. 같은 맥락에서 바르트는 한 신문기자의
질문인 "일생 무수한 책을 읽고 또 썼으며 많은 것을 경험 했는데 가장
중요한 배움은 무엇인가?"라는 질문에 대해 이렇게 대답합니다. "내
가 큰 죄인이라는 것과 그럼에도 불구하고 예수님은 나를 사랑하신다
는 사실입니다."

　하지만 바로 그렇기 때문에 이것이 우리에게 무한한 위로가 되기도
합니다. 나의 어떠함에 의해서가 아니라 무조건적인 하나님의 용납으
로 모든 것이 충분하다면 우리는 인정받기 위해 우리 자신을 꾸밀 필

요가 없습니다. 오직 저 세리처럼, 신학자 칼 바르트처럼 "오, 나는 죄인입니다. 나를 불쌍히 여기소서." 이렇게 말할 수만 있다면 누구든지 하나님 앞에 의롭다 인정을 받는 것입니다. 그리고 이 선물이 이미 주어졌다는 소식, 이것이 복음입니다. 우리가 주님 앞에 나올 때 우리가 인정받을 만한 존재임을 보이려고 노력할 필요는 없습니다. 깨끗한 흰옷을 입은 경건한 사람인 양 꾸밀 필요가 없습니다. 오히려 복음은 우리가 있는 모습 그대로 나아가기만 하면 환영을 받고 하나님께서 친히 흰 옷을 입혀 주신다고 선언합니다.

그러나 이런 일이 가능하도록 하기 위해 정작 예수님은 가장 어렵고 힘든 길을 걸어가셔야 했습니다. 그분의 삶의 시작은 마구간이었고 곧 헤롯 임금의 박해를 피해 도망자가 되어야 했습니다. 그 뒤에도 그는 일생 집 없이 떠돌이 생활을 했습니다. 그는 외롭고 힘든 자신의 일생을 이렇게 요약합니다. "여우도 굴이 있고 공중의 새도 깃들 곳이 있다. 그러나 인자는 머리 둘 곳도 없다." 마침내 그의 삶은 누구도 견딜 수 없는 끔찍한 십자가 죽음으로 끝났습니다.

하지만 그가 이처럼 가장 깊은 자리로 찾아오고 가장 큰 고난을 당했기에 그는 우리 삶의 모든 고난을 이해하십니다. 그분이 가장 외롭고 누추한 외양간 속으로 찾아오셨기에 그분은 오늘도 길을 잃고 헤매며, 깊은 위로와 안식을 찾지만 그것을 찾지 못하는 사람들 속에 오실 수 있습니다. 그분은 오늘도 병상에 함께 계시고 고독한 불면의 밤에 찾아오시며, 우리의 실패의 순간에도 같이 계시며 앞으로 살아갈 날들에도 함께 걸어가십니다. 마침내 언젠가 우리 삶에 죽음이 찾아오고 우리 인생을 의미 있게 해 준다고 생각했던 모든 것이 다 떠나갈 때에도 "주여, 당신은 나를 떠나지 않습니다"라고 외칠 수 있는 것은 그가 골고다 언덕의 십자가 죽음이라는 어두운 골짜기까지 내려 오셨기 때문입니다. 우리 인생의 어느 모퉁이 길이라도 하나님이 함께하시지 않는 곳은 없습니다.

이것이 그리스도인 된 기쁨입니다. 그리고 용서받은 이의 기쁨입니다. 우리가 예수 그리스도와 그의 십자가를 볼 때 우리는 우리의 공로 아닌 그분의 은혜로서 충분함을 알게 됩니다. 그때 우리에게는 항상 새로운 내일이 있고 그 집에서 우리를 기다리고 계신 아버지가 있음을 깨닫습니다. 우리는 모두 집이 있는 사람들입니다. 집이 있는 사람들은 복이 있습니다. 그들은 어떤 고난의 여행길을 다녔다 하더라도 언젠가는 모두 집으로 돌아갈 수 있고 또 돌아갈 것입니다.

이제 말씀을 맺으려고 합니다. 독일의 설교자 맛디아 클라우디스는 이런 말을 남깁니다. "그리스도를 믿지 않을 사람은 자기가 그리스도 없이 어떻게 살아갈 수 있을지 알아야 합니다. 그런데 여러분이나 나는 그럴 수 없습니다. 우리는 우리가 살아 있을 때 우리를 붙잡고 돌보아 주며, 우리가 죽을 때 우리의 머리를 그의 손으로 받들어 줄 사람이 필요합니다. 그리스도는 이 모든 것을 성경에 기록된 대로 만족하게 하실 수 있습니다. 우리는 우리를 위하여 이런 일을 부탁할 사람이 그리스도밖에 없음을 알고 있습니다."

제2부

•

절기 설교

22 [신년 예배] 열림의 은혜를 주옵소서
열왕기하 6:14-17

새해가 밝았습니다. 올 한 해 하나님의 큰 축복이 있으시기 바랍니다. 서로 인사 나눕시다. "새해 복 많이 받으십시오."

새해가 되면 우리는 이런저런 결심을 하고 계획을 세웁니다. 한 해 잘 살아 보겠다고 마음에 다짐해 보기도 합니다. 어떻게 선한 결실이 있는 한 해 만들 수 있을까요? 무엇보다도 하나님을 믿는 사람으로서 어떤 태도를 갖고, 또 무엇을 목적하면서 살아갈까요? 저는 새해 첫 주일인 오늘, 올 한 해는 우리 모두 '열린 사람'으로 살면 좋겠다는 생각을 했습니다.

살다 보면 꽉 막힌 사람을 만날 때가 있습니다. 자신의 제한된 경험에 근거한 편견과 아집에 붙잡혀 있는 사람들입니다. 그런 분들을 만나면 답답합니다. 특히 이런 분이 지도자의 자리에 있으면 더 힘들고 답답합니다. 우리 사회는 소위 꼰대라는 말로 이런 이들을 지칭하곤 합니다. 여기에는 나이가 별 상관없습니다. 나이든 꼰대도 있지만, 젊은 꼰대도 있을 수 있습니다.

개인뿐 아니라 교회 역시 어느 순간 굳어지고 꽉 막혀 버릴 수 있습니다. 로마 가톨릭교회의 경우, 1962년부터 1965년 사이에 제2차 바티칸 공의회를 엽니다. 이 공의회 이전의 로마 가톨릭교회는 철 지난 전통만 고수하던, 시대에 매우 뒤떨어진 닫힌 교회였는데, 이 공의회를 계기로 변화하기 시작합니다. 이 공의회를 주도했던 교황 요한 23세는 공의회 개회식 날 이런 유명한 말을 남겼습니다. "저 창문을 열어 신선한 바람이 들어오게 하라." 그리스도인들과 교회는 수시로 창문을 열어 신선한 바람, 성령의 바람이 불어오게 해야 합니다. 그래야 건강할 수 있고 성장할 수 있습니다. 우리는 어디를 향해 열려야 할까요?

첫째, 하늘을 향해 열려야 합니다.

본문 말씀은 이스라엘 예언자 엘리사의 이야기입니다. 이스라엘의 이웃 나라였던 아람은 수시로 이스라엘을 침략했으나 엘리사로 인해 성공을 거두지 못했습니다. 이에 아람은 먼저 엘리사 문제부터 해결해야 싶어 엘리사의 집에 큰 군대를 보냈습니다. 아침에 엘리사의 시종인 게하시가 일어나 보니, 엄청난 아람 군대가 그들의 집을 빙 둘러 진을 치고 공격을 시작하려는 참입니다.

엘리사의 시종인 게하시가 겁을 잔뜩 먹고 엘리사에게 말합니다. "선생님! 이제 우리는 죽었습니다. 대적 아람 군대가 우리를 포위하고 있습니다." 그러자 엘리사가 말합니다. "그렇지 않다. 그들의 편보다 우리 편이 훨씬 더 많다." 그리고 엘리사는 하나님께 기도합니다. "하나님, 이 청년의 눈을 열어서 볼 수 있게 하소서." 하나님께서 그 기도를 들으시고 시종의 눈을 열어 주셨습니다. 시종이 보니 온 언덕에 아람 군대와는 비교할 수도 없이 많은 하나님의 군대가 자기들을 보호하고 있었습니다.

저는 이 말씀을 보면서 내가 자주 이 게하시 같은 사람은 아닌가 하는 생각을 해 봅니다. 오늘의 우리 교회들 역시 상당 부분 게하시가 아닌가 질문하게 됩니다. 우리는 눈앞에 닥친 아람의 군대와 같은 문제만 바라보고 하늘은 보지 못합니다. 오늘 우리가 사는 세상은 우리에게 "하나님도 없고, 내세도 없고, 초월도 없다. 천국도 지옥도 최후 심판도 없다"라고 말합니다. 그리스도인 된 우리 역시 이 땅을 살다 보니 이런 목소리에 영향을 받고, 그런 만큼 하늘이 닫히게 됩니다. 하지만 하늘을 향해 열리지 않으면, 의지할 것은 우리의 능력밖에 없습니다. 나의 얼마 안 되는 지식, 경험, 돈, 건강, 사회적 지위 같은 것밖에 없습니다. 그러니 불안합니다. '지금 있는 이것으로 과연 저 아람 군대와 같은 엄청난 대적을 막아 낼 수 있을까?' 그래서 있는 사람은 있는 사람대로, 없으면 없는 대로 더욱 많은 걱정 속에 살아갑니다. 그런데 이렇게 사는 것은 실상 하나님을 아버지로, 자신을 하나님의 자녀로 여기지 않는 것입니다. 고아처럼 살아가는 것입니다. 고아가 누구입니까? 부모가 없는 이, 혼자 힘으로 살아 내야 하는 이입니다. 그러니 삶이 결코 쉽지 않습니다.

하지만 하늘이 열린 사람은 다릅니다. 그는 다르게 살아갑니다. 여기 두 사람이 있습니다. 둘 다 수중에 돈이 100만 원밖에 없는데 갑자기 10억의 돈을 갚아야 합니다. 그런데 한 사람은 그래도 여유가 있고, 다른 사람은 수심이 가득합니다. 무슨 차이일까요? 첫 번째 사람은 100억 재산을 가진 부모가 있고, 다른 사람은 그렇지 못합니다. 누가 더 여유롭게 살겠습니까? 당연히 첫 번째 사람입니다. 하늘을 향해 열린 사람이 이와 같습니다. 그래서 복음 성가는 노래하는 것입니다. "괴로울 때 주님의 얼굴 보라. 평화의 주님 바라보아라. 세상에서 시달린 친구들아, 위로의 주님 바라보아라." 이 복음 성가 가사처럼, 우리 모두에게 하늘이 열리는 은혜가 있기를 바랍니다.

둘째로, 자기 자신에게로 열려야 합니다.

본문 말씀에 나오는 시종 게하시는 온 사방이 하나님이 보내신 불말과 불 병거로 가득 찬 것을 보았습니다. 그 광경에 그는 깜짝 놀랐을 것이고, 또한 위로를 받았을 것입니다. 그 일이 있는 후 게하시는 이런 생각을 했을 겁니다. '나도 사람이고 선생님도 똑같은 사람인데, 왜 선생님은 하나님을 보고 나는 못 보았을까?' 그동안 게하시는 엘리사를 따라다니며 하나님이 엘리사를 통해 행하시는 놀라운 일들을 목격했고, 그 가운데 하나님에 대한 믿음이 생겼을 것입니다. 스스로도 믿음이 있다고 여겼을 것입니다. 하지만 정작 어려운 문제가 닥치자 그 믿음은 사라지고 두려워 떨고 있는 자신을 보게 됩니다. 그는 정말 믿음이 필요한 순간 자신이 믿음 없는 사람임을 깨닫습니다.

우리에게도 이런 자각이 필요합니다. 지금 우리가 교회 생활을 하지만 누가 믿음이 있는지 잘 모릅니다. 아니 자기 자신도 모릅니다.

언제 우리가 믿음이 있는지 알게 되나요? 그것은 어려운 일을 당할 때 나타납니다. 중요한 것은, 그럴듯해 보이는 믿음의 포장지가 아닌, 실제로 역사하는 믿음의 능력입니다. 데살로니가전서 1장 3절은 "너희 믿음의 역사와 사랑의 수고와 우리 주 예수 그리스도에 대한 소망의 인내"를 언급합니다. 즉, 믿음은 반드시 어떤 결과를 낳는다는 말입니다. "믿음의 역사(the work of faith)", 곧 믿음은 어떤 식으로든 결과물을 낳습니다. 그러니 우리 모두 정말 믿음이 있는지 살펴보고 확증할 필요가 있습니다. 고린도후서 13장 5절은 말합니다. "너희가 믿음에 있는가 너희 자신을 시험하고 너희 자신을 확증하라. 예수 그리스도께서 너희 안에 계신 줄을 너희가 스스로 알지 못하느냐? 그렇지 않으면 너희가 버리운 자니라."

우리는 생일이나 기념일이 오면 서로 선물을 주고받습니다. 정성껏 준비한 선물을 담고 예쁜 헝겊 리본으로 선물상자를 장식합니다. 보통 때는 그것으로 충분합니다. 하지만 절벽에 매달리는 위기의 순간이 온다면 그런 예쁜 헝겊 리본은 아무런 쓸모가 없습니다. 저는 세 아들이 있는데 이런 이야기를 곧잘 합니다. "지금은 너희들이 젊고 큰 문제가 없으니 믿음의 중요함을 모를 수 있다. 아버지로서 나는 너희들의 인생이 형통하고 안전하기를 바라지만, 누구에게나 어려움은 찾아온다. 그럴 때 예쁜 헝겊 리본은 아무런 소용이 없다. 대신 너희들을 붙잡아 주고, 또 너희들이 붙잡을 수 있는 굵은 동아줄이 있어야 한다. 너희들이 잡을 수 있고, 또 너희들을 강하게 붙잡아 주시는 그 크신 손이 있어야 한다." 여러분에게는 여러분의 삶을 의탁할 만한 이런

인간의 고난, 하나님의 침묵 그리고 십자가

크고 강하고 따뜻한 손이 있으신지요?! 각자 한번 물어보십시오. 진지하게 자신을 살펴보십시오. 그리고 믿음 안에 견고하게 서는 축복이 있으시기 바랍니다.

셋째, 이웃에게로 열려야 합니다.

본문 말씀에 시종 게하시가 이웃을 향해 열리게 되었다는 말은 없습니다. 그러나 하늘로 열리고 자기 자신에게로 열린 사람은, 동시에 이웃과 세상을 향해 열릴 수밖에 없습니다. 하나님을 경외하고 하나님 안에서 자신을 알게 되면 이웃을 좀 더 사랑하게 됩니다.

언젠가 제가 집 근처의 시립 도서관에 갔더니 사람들이 큰 책상에 둘러앉아 책을 읽고 있었습니다. 재미있는 것은, 사람들이 비슷한 나이순으로 앉아 있더군요. 첫 번째 책상에는 주로 20대와 30대, 그다음 책상에는 40대와 50대, 그리고 벽 구석 쪽 책상에는 더 나이 드신 분들이 앉아 있었는데 거기에는 20대 청년 한 명도 끼어 있었습니다. 조금 있다가 젊은 친구들이 있는 곳에 자리가 생기니까, 그 청년이 즉시 그쪽으로 자리를 옮기더군요. 누가 시킨 것이 아니고 그냥 그것이 편하니까 그렇게 했겠지요.

무슨 말일까요? 사람들은 자신과 비슷한 사람과 함께 있을 때 편하다는 말입니다. 하지만 성숙한다는 것, 어른이 된다는 것은 이웃을 향해 마음을 열고, 나와 다른 이들과도 친구가 되어 가는 것입니다. 마음을 점점 넓혀 가며 낯선 이들에게도 환대의 삶을 살아가는 것입니다. 우리 가정도 교회도 매일 조금씩 이웃을 향해 열려야 합니다. 우리 교회가 "누구나 와도 좋소. 아무나 와도 좋소. 나와 다른 사람이면 더 좋소"라고 낯선 이웃까지도 품을 수 있는 곳이길 바랍니다. 누구나 편하게 올 수 있고, 와서 같이 지내고 함께 배우며 성장하는 곳이 되길 바랍니다. 개인적으로나 교회적으로 이렇게 열린 공동체가 되어 더 많은 생명을 품기를 소망합니다. 성도 여러분! 올 한 해 이웃을 향해 크게 열리는 축복이 있으시기를 기원합니다.

넷째, 미래로 열려야 합니다.

하늘이 열리고, 자신을 향해 열리고, 이웃을 향해 열린 이 시종은 또한 미래를 향해 열렸을 것입니다. 미래로 열린다는 말은 새로운 비전과 열정으로 내일을 기대하면서 오늘을 산다는 말입니다. 우리는 곧잘 돈이 없고, 건강이 없고, 가족이나 사람들끼리 마음이 맞지 않아서 사는 것이 힘들고 어렵다고 생각합니다. 물론 그렇습니다. 하지만 잘 생각해 보십시다. 실상 우리 고통의 더 근본적인 이유는 삶에 희망이 없고, 미래가 보이지 않아서 그런 것 아닐까요?

한국 전쟁 직전에 서울 수표교 다리 밑에 이상한 여자 거지가 한 명 있었답니다. 이 사람은 밥을 빌어먹는 거지임에도 불구하고 이상할 정도로 당당했습니다. 그녀는 "내가 밥을 얻어먹어 주니 고마운 줄 알라"는 식으로 큰소리를 치며 지냈다고 합니다. 참 이상한 거지다 싶었는데 북한군이 쳐들어 내려온 다음 날, 놀랍게도 이 사람은 인민군 소좌의 군복을 입고 나타났습니다. 원래 거지가 아니라 남한을 살피기 위해 내려와 있던 인민군 군인이었던 것입니다. 그에게는 잘못된 이념이지만 공산 혁명이라는 나름의 비전이 있었습니다. 그는 미래가 있었고, 미래로 열려 있었기에 거지 행세를 하면서도 그렇게 당당할 수 있었던 것입니다.

우리는 어떻게 미래로 열릴 수 있을까요? 개인이든, 교회든, 사회든, 민족이든, 소망의 하나님을 만날 때 우리는 내일을 희망할 수 있습니다. 하나님께 간절히 기도함으로 열정이 회복될 때 미래와 연결될 수 있습니다. 바울은 말합니다. 로마서 15장 13절, "소망의 하나님이 모든 기쁨과 평강을 믿음 안에서 너희에게 충만하게 하사, 성령의 능력으로 소망이 넘치게 하시기를 원하노라." 하나님은 소망의 하나님이십니다. 예수 그리스도를 부활하게 하신 생명의 주님이십니다. 죽음을 이기고 영원히 승리하게 하시는 분입니다. 그래서 하나님께 기도할수록 우리에게는 소망이 생깁니다. 하나님을 만나면 만날수록 미래를 향해 열려 갈 수 있습니다.

이제 말씀을 맺습니다. 오늘 우리는 열린 사람이 되자는 주제로 말씀을 나누었습니다. 그런데 우리가 열린 사람이 되어야 하는 근본 이유는 우리 주님께서 철저히 열려 있는 분이시기 때문입니다. 예수님은 하늘을 향해 열려 있었습니다. 그랬기에 사람들은 예수님 안에서 하나님을 온전히 보았고, 결국 '나의 주 나의 하나님'이라고 고백하게 되었습니다. 또한 예수님은 자기 자신에게 열려 있었습니다. 자신이 누구인지 아셨고, 자신의 소명도 분명히 알고 계셨습니다. 그래서 하나님 나라를 선포했고 십자가 죽음의 길을 흔들림 없이 걸어가셨습니다. 예수님은 이웃을 향해서도 열려 있었습니다. 그래서 예수님을 만나는 사람들은 모두 변화되었고 하나님이 주시는 사랑과 자유와 평화를 향해 갈 수 있었습니다. 마지막으로 예수님은 미래를 향해 열려 있었습니다. 그는 하나님 나라의 소망을 가졌습니다. 십자가 죽음을 넘어서는 부활 소망을 가지셨습니다. 히브리서는 말합니다. "그는 그 앞에 있는 즐거움을 위하여 십자가를 참으사 부끄러움을 개의치 아니하시더니 하나님 보좌 우편에 앉으셨다"(히12:2).

영성 신학자 헨리 나우웬은 말합니다. "진정한 영적 생활이란, 존재의 근원이신 하나님께로, 소중한 자신의 참자아에로, 사랑의 대상인 이웃에게로 뻗어 가는 관계 안에서의 영적 발돋움이다." 참으로 열려 있을 때 우리는 모두 성장을 향해 뻗어 갈 수 있습니다. 열려 있음이 이만큼 중요합니다. 비전이 모든 것을 바꿉니다. 성경은 말합니다. "묵시가 없으면 백성이 방자히 행하거니와"(잠 29:18). 여기서 '묵시'는 위로부터 오는 비전입니다. 우리는 하늘로부터 오는 소망을 품고 오늘을 살아가는 사람들입니다. 우리 모두 이 비전에 사로잡혀 주님처럼 열린 삶을 살아 내는 기적의 새해가 되기를 간절히 축원합니다. 아멘!

23 [대림절] 오실 이가 당신입니까?
마 11:2-6

오늘은 대림절 첫째 주일입니다. 대림절은 대강절, 강림절이라고도 불리며 평화의 왕으로 오시는 예수님을 기다리는 절기입니다. 성탄 전날까지 4주 동안 계속되는 이 대림절을 교회는 자신의 영혼을 정화하고, 생활을 정돈하며, 새로운 헌신과 결단을 다지는 기간으로 삼아왔습니다. 교회 예전으로는 빛으로 오시는 예수님을 기리면서 촛불을 켜고, 참회와 정결을 의미하는 보라색 휘장을 강대상에 장식합니다. 그래서 대림절은 참회의 기간이요 하나님의 구원을 소망하며 기다리는 기간입니다. 오늘은 대림절과 연관된 말씀을 생각해 보고자 합니다.

그런데 과연 우리가 기대하고 소망할 수 있는 것이 무엇이 있을까요? 예수님이 오셨을 때 천사들은 "하늘에는 영광, 땅에서는 기뻐하심을 입은 사람 중에 평화"라고 노래했지만 과연 이 땅에 평화가 가능한 것인가, 우리 개인과 사회 속에 더 나은 내일이 있을 것인가를 물어보지 않을 수 없습니다.

한국 사회 전체를 살펴봅니다. 물질적인 측면에서는 옛날과 비교할 수 없을 정도로 잘살게 되었습니다. 실상, 해방과 6.25 전쟁 직후의 한국은 세계에서 가장 가난한 나라였지만, 오늘날 세계 10위권의 경제적 수준을 누리고 있습니다. 어떤 사람은 우리나라의 눈부신 경제 성장을 보고 "한강의 기적"이라고 말합니다. 그러나 우리 사회를 들여다보면 해결하기 어려운 문제가 많이 있는 것을 알고 있습니다.

첫째, 빈부 격차가 갈수록 커져 갑니다. 어느 사회이든 어느 정도의 빈부 격차는 있게 마련입니다. 문제는 이 격차가 이제는 커지고 극복하기가 어려워지고 있다는 점입니다. 개인적 노력을 통해 이런 격차를 극복할 수 있는 사회가 건강한 사회인데, 그 가능성이 점점 줄어 들어가고 있습니다. 오히려 부모의 경제력이 자녀의 미래를 결정해 버려서 사회적 신분과 부가 점점 대물림되고 굳어지고 있습니다. 실제로 서울대를 비롯하여 소위 스카이 대학 신입생들의 70퍼센트 이상이 서울 강남을 비롯한 부유한 집안 출신이라고 합니다. 이들은 졸업하면 또한 부모의 도움으로 손쉽게 사회의 중심부로 진출할 것입니다. 그렇지 못한 사람은 여전히 주변부에 계속 머무를 것입니다. 개천에서 용이 나기 어려운 시대. 금수저, 흙수저 같은 수저 계급론이 통용되는 사회는 서글픈 사회입니다.

둘째, 그 가운데 사람들의 마음이 점점 거칠어져 갑니다. 경쟁에서 버려지고 낙오되었다고 느낄 때 사람들은 분노로 자신의 마음을 표현하기 쉽습니다. 실제로 오늘날 우리들은 안 싸워도 되는데, 너무 쉽게 화내고 싸웁니다. 운전하다가 사소한 일로 열 받아서 앞차를 그냥 들이받기도 하고, 층간 소음으로 이웃 간에 다투고 심하면 칼부림까지 일어납니다. 길거리를 지나다가 그냥 한번 자신을 쳐다보았다는 이유로 폭행이 일어나고 병원에 입원하는 일까지 생깁니다. 그래서 누군가는 한국 사회가 '헝그리 사회'에서 '앵그리 사회'로 바뀌었다고도 말합니다. 『피로 사회』, 『불안증폭사회』, 『허기사회』, 『트라우마 한국 사회』, 『기적을 이룬 나라, 기쁨을 잃은 나라』 등 지난 몇 년간 우리 한국 사회를 분석한 책들의 제목이 이를 잘 보여 주고 있습니다.

이런 사회에서 희망을 어디에서 찾을 수 있을까요? 당연히 교회가 희망을 주어야 합니다. 그러나 다시 보면 우리 교회 역시 세상과 별로 다를 바 없습니다. 소명을 잃어버리고 자신의 문제에 붙잡혀 있습니다. 교회 안에도 물질 중심주의가 깊이 들어와서 힘을 잃고 있습니다.

얼마 전에 저는 부산 지역 목회자정의평화실천협의회라는 모임에서 목회자들을 대상으로 "자본주의의 바깥은 가능한가?"라는 제목으로 강의를 했습니다. 이 강의에서 저는 "자본주의에 여러 강점이 있지만, 이제는 문제점들이 더 크게 부각되기에 이르렀다. 특히 오늘날과 같은 신자유주의 경제 체제 아래서는 빈부 격차, 인간 소외, 환경 파괴라는 세 가지 문제를 해결할 길이 없다. 이대로 가면 인류의 미래가 안 보인다. 이 문제를 해결하려면 인간과 세계를 보는 근본적인 패러다임이 바뀌지 않으면 안 된다. 그러기 위해 해야 할 몇 가지가 있는 중에 특히 교회로서는 예수님의 복음으로 돌아가야 한다"라는 요지의 말씀을 전했습니다. 그런 강의 후 질문 및 토론 시간을 가졌는데 목사님 한 분이 저를 보고 이런 말을 해요. "오늘 강연자는 그래도 한국 교회에 희망을 많이 두고 있는 것 같습니다. 그러나 나는 한국 교회에 희망을 오래 전에 버렸습니다. 왜냐하면, 교회가 너무 자본주의적 사고에 붙잡혀 있고, 물질적인 부요함을 바로 하나님의 축복과 동일시하고 있기 때문입니다. 이 문제를 해결할 길은 교회가 잿더미에 다시 가라앉아야 합니다. 바닥까지 내려가야 거기에서부터 본래적인 해결책이 나올 수 있을 것입니다."

저는 그 목사님이 왜 그런 말을 했는지 이해합니다. 사실 그 말을 부인하기 어려웠습니다. 그러나 그럼에도 불구하고 "하나님을 신뢰하면서 할 수 있는 한 걸음씩 앞으로 나아가자. 아무리 그래도 여전히 희망은 복음에 있고 교회에 있기 때문이다"라는 말씀을 드렸습니다.

과연 우리 사회에 희망은 있는 것일까요? 우리 개인의 삶에도 어디에서 희망을 찾을 것인가요? 하나님의 구원은 과연 이 땅에 이루어질 수 있는 것입니까? 이런 맥락에서 오늘 본문을 살펴보면 아주 의미심장합니다. 오늘 말씀의 세례 요한 역시 실망과 의심 가운데 우리와 비슷한 질문을 예수님을 향해 던지고 있기 때문입니다. "당신이 오실 그분입니까? 아니면 우리가 다른 이를 기다려야 합니까?"

세례 요한의 질문은 이것입니다. "나는 일생 하나님의 구원을 기다려왔고, 그것을 준비하기 위해 내 삶을 바쳐 왔습니다. 나는 예수님 당신 안에서 이 구원이 이루어질 것이라고 믿었습니다. 그러나 나의 이 믿음은 이제 흔들리고 있습니다. 과연 당신이 오리라고 약속된 그분입니까? 아니면 다른 사람을 우리가 기다려야 합니까?"

지금 요한은 의심하고 있습니다. 하나님의 구원이 예수님을 통해 오리라고 철떡같이 믿었던 사람이 지금 흔들리고 있는 것입니다. 그런데 이상한 것은 이런 의심에 붙잡힌 사람이 요한이었다는 것입니다. 요한은 어머니 배 속에서부터 하나님의 성령으로 충만했던 사람입니다. 이 세상에 태어난 사람 중에 요한보다 더 훌륭한 사람은 없다는 평가까지 받았던 사람입니다. 그런 요한이 이제 사람을 보내어 "오실 그분이 당신입니까? 아니면 우리가 다른 사람을 기다려야 합니까?" 하는 의심과 실망에 찬 질문을 던지고 있는 것입니다.

왜 그랬을까요? 물론 이때 요한의 형편은 좋지 않았습니다. 그는 지금 감옥에 갇혀 있습니다. 그를 믿고 따르던 사람들은 모두 흩어졌으며 그 자신 역시 언제 죽을지 모르는 처지입니다. 실제로 그는 얼마 지나지 않아 헤롯 대왕의 손에 목 베임을 당하여 죽을 것입니다. 하지만 세례 요한 정도의 인물이 죽음에 대한 두려움 때문에 이런 의심과 실망의 질문을 던졌을 것 같지는 않습니다. 그는 이스라엘의 모든 위대한 예언자들이 그랬듯이 대중들의 오해와 멸시와 외로움을 자신의 것으로 받아들이기로 결단한 사람, 그 고난을 감사와 영광으로 받을 준비가 된 사람이었습니다.

그런 그가 왜 지금 의심과 실망과 두려움의 질문을 던지고 있습니까? 그것은 하나님의 구원이 그가 기대했던 모습으로 이루어지고 있지 않기 때문입니다. 이 구원을 가져오리라고 생각했던 예수님이 그가 예상했던 것과는 너무 다른 일을 하고 있기 때문입니다. 요한은 하나님의 거룩한 정의가 곧 이루어지리라고 믿었습니다. 그래서 그는 하나님의 심판을 선언합니다. "하나님의 심판의 도끼가 나무뿌리 위에 놓여 있으니 썩은 나무뿌리처럼 살아온 삶을 회개하라"라고 말합니다. 하지만 예수님은 그 시간 가나의 혼인 잔치에 가서 포도주를 만들어 주고 사람들에게 기쁨을 주십니다. 요한이 "독사의 자식들아"라고 호통을 치는 동안, 예수님은 가난하고 버려진 사람들의 병을 고쳐 주면서 서로 사랑하라고 말씀하십니다. 요한은 예수가 군대를 일으켜 로마 군대를 물리치고 새로운 하나님의 나라를 세울 것을 기대하지만, 예수님은 하나님의 나라는 그런 무력을 통해서가 아니라 사랑과 나눔과 자기 희생을 통해 임한다고 가르치십니다.

곧 요한은 하나님의 새로운 역사가 지금 눈에 분명히 보이는 형태로 임하리라고 기대했건만 그런 나라는 오지 않습니다. 오히려 악은 더 커져 갑니다. 요한 자신도 지금 감옥에 갇혀서 언제 죽을지 모릅니다. 그런데 기대했던 이 예수라는 인물은 자기가 희망했던 것과 완전히 반대 방향으로 가고 있습니다. 그래서 그는 질문합니다. "오리라고 한 이가 당신입니까? 아니면 우리가 다른 사람을 기다려야 합니까?"

이 질문 속에는 깊은 아픔이 있습니다. 하나님의 다스림은 왜 아직 안 오는 것입니까? 그것은 언제 오는 것입니까? 왜 하나님이 다스리

인간의 고난, 하나님의 침묵 그리고 십자가

는 세상에 이런 아픔과 억울함이 계속되는 것입니까? 실상 이 문제는 정통 유대인들의 문제이기도 합니다. 정통 유대인들이 아직까지 예수를 구세주로 받아들이지 않는 이유는, 이 땅에 그들이 꿈꾸었던 메시아 나라가 구약 성경이 예언하는 문자 그대로 아직 임하지 않았기 때문입니다. 예수가 메시아라면 이사야가 꿈꾸었던 그날, 곧 모든 골짜기가 메워지고 모든 땅이 평평하여지고 사자와 어린 양이 함께 풀을 뜯어먹는 날이 문자 그대로 이 땅에 이루어져야 합니다. 그런데 그런 온전한 평화와 자유의 나라는 아직 오지 않았습니다. 그래서 그들은 아직도 기다리고 있습니다. 이것은 그들이 완고해서 그런 것이 아닙니다. 단순한 불신앙이 아닙니다. 그들은 다른 약속과 다른 기대 속에 기다리고 있는 것입니다.

우리도 마찬가지입니다. 우리 역시 하나님을 믿으며 마음에 소원하는 바가 있습니다. 이런 일이 나에게 이루어져야 한다고 희망합니다. 그런데 그렇게 이루어지지 않을 때 마음속에는 의심이 찾아옵니다. 우리 역시 질문합니다. "오실 이가 정녕 당신입니까? 아니면 우리가 다른 이를 기다려야 합니까?"

어느 그리스도인 부부가 있습니다. 간절히 아기를 기다립니다. 아기를 잘 키우기 위해 모든 준비를 다 했습니다. 하지만 10년째 불임입니다. 기도하고 애를 써서 마침내 임신이 되었습니다. 하나님께 찬양! 그날부터 할 수 있는 모든 일을 다 합니다. 부인은 가장 깨끗하고 순수한 음식만 먹고 최선을 다해 태교에 힘씁니다. 남편은 임신 중에 지켜야 할 일, 분만과 육아에 관한 책을 사서 열심히 공부합니다. 마침내 아기를 낳는 날, 병원에 들어갑니다. 산통이 옵니다. 여덟 시간이 지났지만 아기는 나오지 않습니다. 다시 아홉 시간, 열 시간, 열두 시간이 지난 다음 의사들이 말합니다. "인공 유도 분만을 해야 하겠습니다." 기진맥진한 부인은 겨우 고개를 끄덕거려 동의를 표합니다. 마침내 해산 촉진제를 맞고 유도 분만하여 아기가 태어납니다. 첫 번째 아기, 사내아이! 그런데 그 아이의 둥근 눈자위에는 그 아이가 다운 증후군이며 평생을 지적 장애인으로 지내고 심장이 약해서 오래 살기 힘들 것이라는 흔적이 숨길 수 없이 나타납니다. 그럼에도 불구하고 그 부모들의 얼굴에는 아이에 대한 사랑이 있습니다. 그러나 그 아기를 받아 앉고 그 아이 얼굴에 입 맞추면서 이 부부는 사랑과 슬픔 그리고 당혹감 속에서 말합니다. "예수여, 당신이 오실 바로 그분입니까? 아니면 우리가 다른 이를 기다려야 합니까?"

어떤 남자분 이야기입니다. 여섯 살 때 외할머니 집에 맡겨졌습니다. 엄마는 곧 오겠다고 하면서 과자를 한 봉지 쥐여 주고 떠났습니다. 엄마의 약속을 믿고 매일 대청마루에서 기다립니다. 그러나 아무리 기다려도 엄마는 돌아오지 않습니다. 엄마를 그리며 울다가 그리움이 지쳐 마음이 차갑게 식어 갑니다. 그러다가 몇 개월이 지나 눈물도 말라 버렸을 때 엄마가 옵니다. 이젠 엄마가 반갑지 않습니다. 낯설고 원망스럽기만 합니다. 며칠 내로 또 떠날 것임을 알기에 마음을 주고 싶지 않습니다. 그렇게 성장하며 냉소적인 성격이 됩니다. 감정 표현을 못합니다. 무뚝뚝하고 내성적이 됩니다. 나이가 들면서 엄마에게도 어쩔 수 없었던 사정이 있음을 알게 되었지만, 이제는 엄마와의 거리는 여전히 너무 멀어 있습니다. 대학생이 되면서 집을 떠났습니다. 이제는 결혼을 했고 아이들도 태어났고 어머니랑은 이따금 띄엄띄엄 전화만 할 뿐 거리가 아주 멀어졌습니다. '세월이 더 지나기 전에 언젠가는 어머니를 만나서 이 막힌 담을 어서 풀어야 하는데' 하는 생각만 하고 지냅니다. 마침내 결심하고 내일은 꼭 어머니에게 찾아가겠다는 연락을 드리려고 하는 순간, 갑자기 어머니가 길거리에서 쓰러졌고 혼수상태로 병원에 실려 왔다는 연락이 옵니다. 가보니 이미 어머니는 의식이 없습니다. 아무 말도 들을 수 없고 할 수도 없습니다. 하고 싶은 말도 많고 듣고 싶은 말이 많은데, 이제는 그 무엇도 불가능합니다. 마음속에 깊은 회한이 찾아옵니다. 좀 더 일찍 연락할걸 하는 후회가 밀려옵니다. '하나님은 왜 이 며칠의 시간을 기다려 주지 않으시는가?' 그때 그는 질문하지 않을 수 없습니다. "예수님, 당신이 오실 그분입니까? 아니면 우리가 다른 이를 기다려야 합니까?"

이런 가슴 아픈 이야기는 우리 주변에 얼마든지 있습니다. 우리 한 명 한 명의 삶에도 이런 질문은 언젠가 있었고, 또 앞으로도 있을 것입니다. 그러니 "예수님, 당신이 오실 그분입니까? 아니면 우리가 다른 이를 기다려야 합니까?"라는 세례 요한의 질문은 실상 우리 자신의 질문이기도 합니다.

이 질문에 대한 예수님의 답변은 무엇일까요? 예수님은 말씀하십니다. "가서 요한에게 너희들이 듣고 본 것을 말하라. 눈먼 이가 눈을 뜬다. 걷지 못하던 이가 이제는 걷게 된다. 나병 환자는 깨끗하게 된다. 귀머거리는 들으며 죽은 자는 살아난다. 무엇보다 가난한 자에게 좋은 소식이 전파되고 있다고 전하라."

무슨 말씀일까요? 예수님이 말씀하시는 것은 이것입니다. 세례 요한이여! 물론 상황은 당신이 원하고 기대하는 모습으로 바뀌고 있지 않습니다. 하나님의 심판이 눈에 분명하게 임하여 악은 즉각 사라지고, 억울한 모든 눈물이 바로 씻겨지지는 않습니다. 당신이 지닌 마음 깊은 곳의 소원이 원하는 그대로 바로 이루어지지 않고 있습니다. 하지만 그럼에도 불구하고 볼 눈만 있다면 지금 놀라운 일들이 소리 없이 일어나고 있음을 볼 것입니다. 사람들의 마음 깊은 곳에 소리없이 변화가 일어나고 있습니다. 사랑이 무엇인지 몰라 오직 자기만 위해 살던 사람들이 이제는 이웃을 향하여 눈을 뜹니다. 공포에 온몸이 마비되어 있던 사람들이 희망으로 새로 태어납니다. 좋은 소식을 듣지 못해 절망하고 있던 사람들이 이제는 기쁨의 찬송을 부릅니다. 무엇보다도 놀라운 사실은 이것이 한 외로운 메시아 혼자만을 통해서가 아니라, 그를 만난 사람들 한 명 한 명을 통해서도 똑같이 이루어지고 있다는 것입니다. 여기서 일어나고 있는 것은 우리들 중의 그 누구도 생각할 수 없는 큰일입니다. 그것은 하나님 나라, 하나님의 다스림이 이루어지고 있는 것입니다.

실상 구약 성경에 여러 기적이 나오지만 눈먼 이가 다시 보게 되거나, 걷지 못하던 이가 걷게 되는 일은 없었습니다. 나병 환자가 깨끗하게 되거나 귀 먼 사람이 다시 듣게 되거나 죽은 자가 다시 살아나는 일도 일어나지 않았습니다. 그래서 유대 랍비 전통은 이런 일들은 오직 메시아만이 하실 수 있는 일이라고 여기고 메시아의 오심을 기다렸습니다. 그런데 이제 예수님은 이런 일들을 하나씩 거론하면서 이것들이 지금 실제로 일어나고 있다고 말씀하시는 것입니다. "너희가 가서 듣고 보는 것을 요한에게 고하라. 눈먼 이가 보며, 일어날 수 없었던 이가 일어나 걸으며, 나병 환자가 깨끗함을 받는다. 귀먹은 사람이 듣고, 죽은 자가 살아나며, 가난한 자에게 복음이 전파된다."

그렇다면 결국 문제는 우리에게 있을 것입니다. 우리의 믿음 없음이 문제일 것입니다. 하나님은 메시아 예수를 보내셨고, 새날을 이루셨고, 또 지금도 이루어 가고 계신데 이를 보지 못하는 우리의 어리석음과 눈멀어 있음이 문제이고 거기에 헌신하지 못함이 문제이겠습니다.

제가 얼마 전에 참석한 목회자 모임에 대해 앞에서 말씀드렸습니다. 그날 자본주의 사회의 문제점을 어떻게 넘어설 수 있을까를 이야기하던 중 많은 사람이 그런 이야기를 했습니다. "자본주의, 특히 신자유주의 경제 체제는 문제가 많습니다. 복음의 정신하고 너무나 맞지 않은 것도 알고 있습니다. 그러나 그 체제는 너무나 강고합니다. 과연 우리가 이 체제를 넘어설 수 있겠습니까? 모두가 과도하게 가난하지 않고, 사람이 사람으로 존중받고 사는 다른 세상이 과연 가능하겠습니까?" 그러다가 결국 이런 결론에 이르렀습니다. "실상 문제는 우리 자신입니다. 목회자인 우리들이 먼저 물질적 욕심과 세상적 야심을 버리지 못하고 있고, 하나님에 대한 믿음이 부족하고, 교회를 제대로 섬기지 못하고 있으므로, 오늘날 우리 교회에 희망이 별로 없는 것입니다. 그래서 교회 갱신과 사회 변혁을 말하기 이전에 우리 자신이 먼저 정화되어야 합니다. 우리 자신이 하나님의 사람이 되어야 합니다. 그 은혜 안에 새롭게 되어야 합니다. 삶 전체를 통해 더욱 하나님의 나라를 사모해야 합니다. 문제는 우리에게 있습니다. 우리의 영성이 더 깊어져야 합니다."

그날 저는 밤늦은 시간 집으로 돌아오면서 마가복음 9장의 귀신들린 아이를 고쳐 주신 예수님의 이야기를 계속 묵상했습니다. 한 아이가 귀신에 들려서 아버지가 제자들에게 데려오지만 고치지 못합니다. 그때 산에서 기도를 마치신 예수님이 내려오셨고 고쳐주십니다. 귀신은 쫓겨 가고 아이는 건강해집니다. 그다음 제자들이 조용히 묻습니다. '우리들은 고치지 못했는데 예수님은 고치셨습니다. 그 차이가 무엇입니까?' 예수님은 조용하지만 확신에 찬 목소리로 말씀하십니다. "기도 외에 다른 것으로는 이런 종류가 나갈 수 없느니라." 마가복음 9장 29절의 말씀입니다.

기도 외에는 이런 종류가 해결되지 않는다! 저는 이 말씀을 참 아프게 받았습니다. 주변을 둘러보면 쉽게 해결되지 않는 문제들이 있습니다. 저에게도 있고 우리 교인들에게도 있습니다. 어떤 분은 건강의 문제가 있습니다. 어떤 분은 가난의 문제가 있습니다. 어떤 분에게는 인생의 목표를 상실한 허무하고 무의미한 삶의 문제가 있습니다. 이 모든 것은 귀신처럼 우리를 붙잡습니다. 이런 우리에게 예수님은 말

인간의 고난, 하나님의 침묵 그리고 십자가

씀하십니다. "기도 외에는 이런 것이 나갈 수 없다." 우리가 얼마나 믿음이 없는가? 얼마나 기도가 부족한가? 얼마나 하나님의 말씀에 대한 신뢰가 없는가 생각하지 않을 수 없었습니다.

오늘 우리의 삶에 별 기쁨이 없고, 무미건조하고, 어제나 오늘이나 그저 비슷비슷한 삶이라면, 거기에다가 우리 앞에 놓여 있는 개인적인 문제, 구조적인 문제를 해결할 능력이 없다면 우리는 기억합시다. 예수님은 오늘 오셔서 우리에게 도전하십니다. "정말 간절히 기도하고 있는가? 기도의 세계 안에 깊이 들어가 보았는가?"

우리는 정녕 스스로에게 질문해 보아야 할 것입니다. 이 땅의 수많은 악과 고난 앞에서 우리의 기도와 말씀 묵상과 순종을 통해 하나님께서 그 문제를 하나씩 해결해 가실 것을 진정으로 믿고 있습니까? 대림절은 바로 이를 믿고 희망하는 절기입니다. 그래서 대림절은 다시 희망을 찾아가는 계절입니다. 오늘도 예수님은 우리에게 말씀하십니다. "너희가 가서 듣고 보는 것을 요한에게 고하되, 소경이 보며 앉은뱅이가 걸으며 나병 환자가 깨끗함을 받으며 귀머거리가 들으며 죽은 자가 살아나며 가난한 자에게 복음이 전파된다고 하라. 누구든지 나를 인하여 실족하지 아니하는 자는 복이 있도다 하시니라"(마 11:2-6).

이제 올해 초 신년 예배를 드리면서 같이 나누어 보았던 시 「담쟁이」를 함께 읽음으로 말씀을 마치겠습니다.

저것은 벽

어쩔 수 없는 벽이라고 우리가 느낄 때

그때 담쟁이는 말없이 그 벽을 오른다

물 한 방울 없고 씨앗 한 톨 살아남을 수 없는

저것은 절망의 벽이라고 말할 때

담쟁이는 서두르지 않고 앞으로 나아간다

한 뼘이라도 꼭 여럿이 함께 손을 잡고 올라간다

푸르게 절망을 다 덮을 때까지

바로 그 절망을 잡고 놓지 않는다

저것은 넘을 수 없는 벽이라고 고개를 떨구고 있을 때

담쟁이 잎 하나는 담쟁이 잎 수천 개를 이끌고

결국 그 벽을 넘는다

인간의 고난, 하나님의 침묵 그리고 십자가

24 [성탄절] 말구유의 아기 예수
누가복음 2:1-14

성탄절이 눈앞에 다가왔습니다. 성탄절이 찾아오면 여러분은 어떤 느낌이 드십니까? 아마 많은 분들이 성탄절을 가슴 설레는 동경이나 그리움 같은 마음으로 맞을 것 같습니다. 저도 나이가 50이 훨씬 넘었지만 지금도 성탄절이 되면 청소년기의 그 가슴 두근거림, 말로 표현하기 어려운 어떤 기대와 설레임, 그리움 같은 것이 있습니다. 여러분은 어떠신가요?

우리 삶 속의 곤궁 - 위로와 희망 없는 삶

하지만 성탄절에 우리가 기대할 수 있는 것은 무엇일까요? 오늘부터 성탄절 당일까지 매일 파티를 하며 즐겁게 지낸다고 해도 그 시간은 금방 지나가 버립니다. 거리에 들리는 흥겨운 캐롤은 얼마 지나지 않아 그칠 것입니다. 장식용 꽃불들도 거두워져 창고로 들어갈 것입니다. 사람들이 주고받는 예쁜 카드나 선물도 곧 빛이 바래어질 것이고, 백화점이나 술집에서 흥청거리던 사람들도 때가 되면 다 집으로 돌아갈 것입니다. 그리고 우리들은 다시 일상생활로 돌아가지 않으면 안 됩니다. 그때 우리를 기다리고 있는 것은 반복되는 일상의 삶이며 치열하고 거친 생존 경쟁입니다. 학생들은 책상 앞에 앉아 다시 시험 공부를 해야 합니다. 주부들은 미루어 둔 집안일을 해야 합니다. 직장인들은 밀린 업무를 다시 감당해야 합니다.

우리 사회 전체를 봅시다. 여전히 많은 문제들이 해결되지 않은 채로 남아 있습니다. 한국 전쟁이 끝난 지 61년이 지났지만 여전히 남과 북은 깊은 대치 상태에 있습니다. 전 세계에서 유일한 분단 국가인 우리! 우리의 남과 북을 가르는 선은 평화의 선이 아니라, 언제 전쟁이 다시 시작될지 모르는 휴전선입니다. 우리 내부를 보아도 문제는 여전히 남아 있습니다. 동과 서, 전라도와 경상도 사이의 지역간 대립은 다행히 많이 사라졌지만, 보수와 진보라는 이념 대립은 여전합니다. 세대 갈등도, 젠더 갈등도 걱정스럽습니다. 무엇보다 위험한 것이 계층 간 대립입니다. IMF 이후 중산층이 무너지면서 한국 사회는 소수의 부유한 계층과 다수의 가난한 계층으로 이분화되고 있으며, 시간이 갈수록 그 골은 더 깊어지고 있습니다. 어른들만 그런 것이 아닙니다. 아이들의 삶도 마찬가지입니다.

그래서 우리에게 필요한 것은 근본적인 희망과 변화의 가능성입니다. 그런 근본적인 희망과 변화 가능성이 없다면, 그저 힘겨운 삶을 잠시 탈출하기 위해 하루 흥겹게 웃고 즐기는 날이 성탄절이라면, 그런 성탄절은 아무 의미가 없습니다. 그리고 성탄절이 근본적인 희망과 변화가 되지 못하고, 교회가 어떤 실제적 변화를 가져오지 못한다면 성탄절의 주인공은 예수님이 아닌 산타가 될 것입니다. 아니 실제로 우리가 그런 변화를 가져오지 못한다는 분명한 증거로, 성탄절의 주인공은 어느새 말구유의 예수님이 아닌 백화점의 선물을 나르는 산타가 되어 있습니다. 언젠가 그런 카드도 보았습니다. "성탄절은 아기 산타의 생일입니다."

성경 속의 곤궁

그런데 우리의 안타까움과 곤궁함을 염두에 두고 성경을 보면 오늘 말씀도 꼭 그렇습니다. 여기 첫 성탄에 모여 있는 사람들을 보십시오. 그 중에 단 한 명도 세상적으로 부러움을 살 만한 사람은 아무도 없습니다.

예수님의 아버지인 요셉과 어머니인 마리아는 가난한 시골뜨기입니다. 성경은 요셉을 목수라고 했습니다. 여기서 '목수'라고 번역된 헬라어는, 큰 대목이 아니라 나무토막으로 생활에 필요한 의자나 농기구를 만들어 겨우 입에 풀칠하는 사람을 가리키는 말입니다. 우리 시대로 옮겨 말하면 그는 일용직 노동자입니다. 정부가 정한 올해(2104년) 최저 임금이 시간당 5,210원. 내년에는 올해보다 370원 더 오른 5,580원이니, 하루 여덟 시간씩 한 달 내내 열심히 일해도 120만 원 남짓한 돈으로 입에 풀칠하는 삶입니다. 요셉은 평생을 그렇게 살았던 사람입니다. 그는 일찍 세상을 떠난 것으로 알려져 있는데, 어쩌면 너무 고된 삶을 살다가 일찍 세상을 떠났을 수도 있습니다.

마리아 역시 마찬가지입니다. 그녀는 오늘날 성모로 떠받들어지고 아주 아름다운 처녀로 그려지지만, 실상은 15세 전후의 무지한 시골 처녀로, 그리 예쁘지도 않았을 것입니다. 고된 노동과 부족한 먹거리로 인해 바싹 마른 몸으로 힘들고 고달픈 삶을 살아갔을 것입니다. 그녀도 요셉도 아마 글을 못 읽는 문맹이었을 가능성이 큽니다. 이런 사람들이 로마의 명령 때문에 할 수 없이 베들레헴까지 내려와 그곳에서 아기를 낳은 것입니다. 하룻밤 묵을 곳이 없어서 소들이 있는 외양간에서 말입니다.

목자들이 이들을 찾아옵니다. 목자들 역시 형편은 비슷합니다. 유대 사회의 제일 밑바닥에 있는 사람들이 목자들입니다. 유대 사회는 율법 사회로, 율법을 잘 지켜야 구원 얻는다고 가르쳤습니다. 그 율법 중 가장 중요한 두 개의 율법이 정결법과 안식일 법입니다. 그런데 목자들은 이 둘을 다 지킬 수 없습니다. 양들을 키우다 보면 양과 피부 접촉이 있게 마련이고, 그때마다 정결법을 어긴 게 됩니다. 그럴 때마다 소나 양, 비둘기를 잡아가지고 가서 제사를 드려서 죄를 속해야 하는데, 어디 그럴 수 있습니까? 안식일 법 역시 지킬 수 없습니다. 이 세상에 어떤 양이 "주인님, 오늘은 안식일이지요? 그러니 주인께서 안식일 지키도록 오늘은 풀을 먹지 않고 우리 안에 가만히 앉아 있겠습니다"라고 말하겠습니까? 이들은 싫으나 좋으나 안식일에도 일해야 합니다. 율법을 지키려면 굶어 죽어야 하고, 먹고 살려면 율법을 어겨서 하나님의 정죄를 받는 인생! 할 수만 있으면 이 일을 안 하고 싶은데, 가진 것도 없고 능력도 없으니 노동 시장에서 마지막까지 밀려난 자리가 바로 양치는 일입니다. 그러니 여기에는 희망이 보이지 않습니다. 엄혹한 가난과 삶의 질곡이 가득 있을 뿐입니다. 오늘날처럼 성탄절을 낭만화하거나 미화할 수 있는 상황이 결코 아니었습니다.

성경 속의 희망

그러나 놀라운 것은 하나님께서 바로 이런 사람들을 찾아오신다는 점입니다. 오늘 말씀에서 보면 천사들이 찾아온 것은 바로 이런 사람들입니다. 천사들이 찾아와 말합니다. "지극히 높은 곳에서는 하나님께 영광, 땅에서는 기뻐하심을 입은 사람들 중에 평화!"

참 역설입니다. 온 우주의 모든 위대하고 아름다운 것을 만드신 하나님이라면 이 땅에서도 가장 아름답고 멋있는 곳에 오실 법한데, 오히려 가장 낮고 버려진 곳으로 오십니다. 하나님의 영광과 거의 관계가 없어 보이는 곳, 하나님의 평화를 도저히 말할 수 없는 바로 그 곳에 천사들이 찾아와서, 여기에 하나님의 영광이 나타났고, 하나님의 평화가 너희들 가운데 있다고 말합니다. 이것이 성경의 증언입니다. 이런 내용은 성경에 가득 차 있습니다. 성경은 하나님의 우선적 관심이 사회적 약자에게 있음을 분명히 말하고 있습니다.

먼저 하나님은 이 세상에서 가장 가난하고 불쌍한 백성 중의 하나인 유대인을 부르십니다. 그들이 이집트에서 고난당할 때 하나님은 말씀하십니다. "내가 이집트에 있는 내 백성의 고통을 분명히 보고, 그들이 부르짖음을 알고, 내가 내려가서 이집트인들의 손에서 구원하겠다."

이스라엘 백성이 가나안 땅에 정착한 다음에도 마찬가지입니다. 하나님은 그들을 축복하시면서 평등 공동체를 만들기를 원하십니다. 특히 사회적 약자에 대한 깊은 관심을 보이십니다. 이스라엘 사회에서 대표적인 사회적 약자는 고아, 과부, 이방의 나그네였습니다. 성경은 하나님이 바로 이들의 아버지요 후원자라고 말합니다. 이들을 괴롭히는 것은 곧 하나님께 대적하는 것이라고까지 말합니다. 실상 구약 성경의 율법서의 상당 부분은 가난한 사람들의 인간적 권리를 지켜 주기 위한 하나님의 명령입니다. 구약학자 서인석 교수는 『성서의 가난한 사람들』이라는 책에서 "율법은 가난한 사람들의 권리를 지켜 주기 위한 하나님의 뜻"이라고 말합니다. 말씀 몇 곳을 살펴봅시다. 신명기 10장 18절. "너희의 하나님 여호와는 고아와 과부의 억울함을 풀어 주시며, 나그네를 사랑하사 그에게 먹을 것과 의복을 주시느니라." 시편 68편 5절. "그의 거룩한 처소에 계시는 하나님은 고아의 아버지시며 과부의 재판장이시라."

그래서 우리가 사회 복지와 정의에 관심을 가져야 하고, 부자든 가난한 사람이든 더불어 잘 살아가는 사회의 꿈을 꾸어야 하는 것은 그것이 좋은 일이기도 하지만, 무엇보다 하나님이 기뻐하시는 일이기 때문입니다. 하나님의 마음이 억눌리고 가난한 사람들에게 우선적으로 가 있기 때문입니다. 이 점을 가장 분명하게 보여 주시는 분이 바로 예수님입니다. 마가복음에 보면 "예수 그리스도 하나님의 아들 복음의 시작이라"라는 말씀으로 시작됩니다. 곧 예수 그리스도는 하나님의 아들이요, 이분의 존재 자체가 바로 복음이라는 말씀입니다. 그런데 이 복음, 곧 '유앙겔리온'은 글자 그대로 하면 '복된 소식'이라는 뜻인데, 이는 원래 로마 시대에는 새로운 로마 황제가 즉위했을 때를 가리키는 말이었습니다. 실상 예수님 탄생 이전에 지중해 세계에서는 다른 한 인간, 곧 로마 황제가 "하나님의 아들"로 혹은 "성육신한 하나님"으로 선포되고 있었습니다. 오늘날 우리가 예수님과 연관되어 사용하는 용어들인 하나님의 아들, 주님, 해방자, 구원자, 구세주 같은 용어들은 모두 로마를 통일한 주전 31년부터 주후 14년까지 로마를 다스린 케사르 아우구스투스에게 주로 사용된 용어였고, 또 그 이후의 로마 황제를 가리키는 칭호였습니다.

그런데 마가복음은 로마 황제의 즉위가 복음이 아니라, 나사렛의 가난한 목수 예수가 바로 복음이라고 말합니다. 그리고 이렇게 말함으로써 초대 교회의 그리스도인들은 가치를 역전시켜 버립니다. 어떤 가치의 역전인가요? 우리 사람들은 모두 힘이 있기를 원합니다. 부자가 되기를 원합니다. 좋은 학교에 가기 원하고, 사회적 영향력 있는 자리에 앉기를 원합니다. 그렇게 되면 축복된 삶이라고 말합니다. 반면에 그런 것이 없으면 변변치 못한 인생이라고 말합니다. 그래서 많은 그리스도인들이 세상적 힘과 영향력을 얻기 위해 "하나님, 도와주십시오"라고 기도하며, 이런 것을 이루게 되면, 그것이 바로 하나님의 축복이라고 말합니다. 이 점에서는 예수 믿는 사람이나 믿지 않는 사람이나 똑같습니다. 믿지 않는 사람들은 자기의 노력과 신념으로 이런 것을 이루려 하고, 예수 믿는 사람들은 자기의 노력에 하나님의 도움을 더하여 이루려고 합니다.

하지만 성탄절은 이 모든 것을 다시 뒤집어 생각하게 만드는 날입니다. 성탄절은 하나님이 가난한 자들 가운데 우선적으로 오시고, 가난한 사람들을 우선적으로 사랑하시고, 불쌍히 여기신다고 말합니다. 한 걸음 더 나아가 예수님이 바로 이 가난한 사람의 한 명이었음을 분명히 말하면서, 이런 가난을 받아들이지 않으면 진정 예수 제자처럼 살기 어렵다고 말합니다.

그렇다면 오늘날 우리가 그리스도인이라고 하면서도 실상 마음에 깊이 원하는 것이 로마 황제가 가진 그런 종류의 영광 곧 세상적 부귀, 이 땅에서의 권력과 성공, 지배와 번영 같은 것이고, 그것을 얻기 위해 기도하고 노력하는 것이 신앙이라고 생각한다면, 사실 우리는 성탄의 의미를 제대로 모르는 것입니다. 이때 성탄은 우리에게도 다른 사람들에게도 참희망이 될 수 없습니다. 그저 이 힘든 세상에서 잠시 쉬는 휴일에 불과할 것입니다. 하지만 가난했고, 외로왔고, 세상적 권세는 없었으나, 사랑했고 나누었고 희생했고 오래 참았고 진실했던 그분, 곧 나사렛 예수의 삶이 진정 우리가 살아가야 할 삶의 길이라고 말하고, 그런 삶을 살아 보려고 하나님의 도움을 구할 때 우리는 비로소 성탄을 살게 될 것입니다. 좀 더 구체적으로 이것이 우리에게 의미하는 바는 무엇일까요?

첫째, 우리 마음이 좀 더 가난해질 때 하나님을 볼 수 있다는 점입니다.

우리 모두는 사물을 있는 대로 보는 게 아니라, 우리에게 보이는 것 혹은 보고 싶은 것을 주로 봅니다. 제가 신학대학원 2학년 때 교육전도사가 되어 처음 맡은 부서가 중등부였습니다. 그때부터 갑자기 중학생들이 길거리에 보이기 시작했습니다. 결혼 초에 식탁을 하나 사려고 했더니 안 보이던 가구점들이 보이기 시작했습니다. 저만 그런 게 아닙니다. 제가 유학할 때 미장원을 운영하던 집사님은 저를 볼 때 주로 제 머리를 보며, "목사님, 지붕 개량하실 때가 되었군요"라고 하였습니다. 그러면 저는 지붕을 개량하러 그 집사님의 미장원을 갔습니다. 우리는 있는 대로 보기보다 보고 싶은 것을 보고, 보이는 것을 봅니다.

그럼 우리는 언제 어디에서 하나님을 제대로 볼 수 있습니까? 하나님이 우선적으로 가난한 사람들에 대한 깊은 연민을 가지고 계신다면, 우리 역시 마음이 가난해지고 겸손해질 때 하나님을 볼 수 있습니다. 지금 여러 이유로 인해 우리 삶이 힘들고, 마음이 가난하고 고통스럽다면 사실은 하나님 가까이 있는 것입니다. 성경은 말합니다. "마음이 가난한 자 복이 있나니 천국이 저들의 것이요." "고난당한 것이 내게 유익이라. 이로써 내가 주의 율례를 배우게 되었나이다." 고난의 시간이 역설적으로 하나님을 더 가까이 만나는 축복의 시간이 될 수 있습니다.

둘째, 우리가 가난한 사람들 곁으로 다가갈 때 우리는 성탄을 제대로 알게 됩니다.

예수님은 하나님의 아들이지만 지금 가장 가난한 장소에 찾아오십니다. 그가 최초로 누운 곳은 마구간의 말구유였습니다. 마구간은 말을 위한 곳이지, 사람을 위한 곳은 아닙니다. 말구유 역시 말이 음식을 먹는 곳이지, 아기를 눕히기 위한 곳은 아닙니다. 그런데 아기 예수는 이런 마구간과 말구유에서 태어납니다. 태어나는 순간부터 그에게는 빈민의 딱지가 붙어있습니다. 그런데 하나님께서는 이런 곳에 하나님의 아들을 이런 곳에 보내시면서 하늘에는 영광, 땅에서는 평화라고 선언하십니다. 무슨 의미일까요? 하나님의 마음이 가난한 사람들 가운데 있다는 것입니다. 하나님은 가난한 사람들의 모습으로 우리를 찾아오시고, 우리에게 말씀하신다는 것입니다. 그래서 우리가 하나님을 만나려면 역시 가난한 사람들의 곁에 있어야 합니다. 우리 마음 뿐 아니라 몸도 낮아져 겸손하고 가난을 알 때, 우리는 하나님을 제대로 만나게 됩니다.

지난 세대의 탁월한 영성 지도자였던 헨리 나우웬은 이를 '상향성'과 '하향성'이라는 말로 표현했습니다. 그는 특권, 권력, 야망 등으로 치닫는, 무한질주로 특징되는 미국 문화를 치료하는 길로 '하강 이동(downward mobility)'을 제안합니다. "참되고 완전한 자유는 하강 이동, 곧 낮은 곳으로 내려가는 데서만 찾을 수 있다는 것이 성서가 우리에게 보여 주는 위대한 역설입니다. 하나님의 말씀은 우리에게 내려와서, 우리 가운데서 종으로 살았습니다. 하나님의 길이란, 실로 올라가는 길이 아니라 내려가는 길입니다."

나웬은 이런 낮아짐 속에서 예수 그리스도의 모습을 보았고, 구원의 길을 보았습니다. 그는 이렇게 말합니다. "돌덩이로 떡 만들기를 거절하시는 분, 높은 데서 뛰어내리기를 거부하시는 분, 세상 권세를 마다하는 이분을 바라보십시오. 가난한 자, 온유한자, 애통하는 자, 의에 주리고 목마른 자는 복이 있다고 하십니다. 긍휼히 여기는 자, 화평케 하는 자, 의를 위하여 핍박을 받는 자는 복이 있다고 말씀하시는 분을 바라보십시오. 가난한 자와 더불어 가난하고, 약한 자와 더불어 약하고, 쫓겨나는 자와 더불어 쫓겨나는 이를 바라보십시오. 그 이가 바로 세상 모든 평화의 근원입니다."

하강 이동의 길! 하나님이 이를 분명히 보여 주신 것이 성탄절 사건입니다. 거기에 구원이 있습니다. 교회 역시 이 예수와 함께 걸어갈 때 구원받을 것이고, 세상에 평화의 소식을 전할 수 있을 것입니다. 그때 성탄절은 정녕 회복될 것이고, 아기 산타가 아니라 아기 예수가 성탄절의 주인이 되실 것입니다. 우리 성도님들 모두에게 이런 성탄을 맞는 축복이 있으시기를 축원합니다. 아멘!

25 [성탄절] 왕으로 오신 예수[8]
마태복음 2:1-12

오늘은 성탄절입니다. 우리를 구원하러 이 땅에 찾아오신 아기 예수님의 은혜가 모든 분들께 함께하길 기원합니다. 오늘 본문을 중심으로 예수님의 탄생의 의미를 세 가지로 살펴보겠습니다.

첫째, 본문 말씀은 예수님이 "헤롯 왕 때에" 태어나셨다고 말합니다. 이 말처럼 당시의 상황을 잘 보여 주는 말씀은 없습니다. 헤롯은 어떤 왕이었습니까? 그는 엄청난 폭군이었습니다. 자기 왕권을 유지하기 위해 아내와 장모를 죽이고, 많은 신하들을 처형했습니다. 심지어 그는 자기의 세 아들조차도 왕위에 위협이 된다고 하여 한 명씩 차례대로 죽였습니다. 당시의 로마 황제는 이런 헤롯의 악행을 듣고 "헤롯의 아들로 태어나는 것보다는 차라리 그 집의 돼지로 태어나는 것이 낫겠다"라고 조롱할 정도였습니다. 이런 사람이 다스리는 세상이 편안했겠습니까? 당연히 고통과 눈물과 탄식이 사방에 가득했을 것입니다.

8 　분당우리교회 이찬수 목사님의 어느 성탄절 설교의 뼈대를 참조했습니다.

그런데 오늘 말씀은 이처럼 칠흑같이 어두운 세상, 헤롯이 다스리는 것 같은 세상에 다른 왕이 태어났다고 말합니다. 이 왕은 헤롯과 다릅니다. 헤롯은 무력으로 세상을 다스리지만, 이분은 사랑으로 세상을 섬깁니다. 헤롯은 폭력으로 사람들을 억누르지만, 이분은 긍휼하심으로 사람들을 도우십니다. 헤롯이 편을 가르고, 차별로 세상을 지배한다면, 새로운 왕은 모든 차이와 차별을 없애고 사람들을 있는 그대로 사랑하십니다. 우리를 찾아오신 예수님은 국적, 종교, 피부색, 성별을 가지고 사람을 차별하지 않습니다. 가난하든지, 부유하든지, 병들었든지, 건강하든지, 실패의 인생을 살든지 성공적인 인생길을 걸어가든지 관계없이, 예수님은 우리 모두를 불쌍히 여기고 품어 주십니다. 그래서 이분이 오시는 곳에는 언제나 평화가 있습니다.

오늘 우리가 살아가는 세상에도 헤롯처럼 철저하게 자기만을 위해서 사는 사람들이 있습니다. 반면 예수님처럼 사랑으로 살아 보려고 애쓰는 사람들이 있습니다. 현실은 대개 헤롯이 득세하는 것 같아 보입니다. 예수님처럼 사랑으로 섬기고 나누는 사람은 손해 보는 것 같기도 합니다. 그러나 여러분, 결국 승리하는 것은 헤롯이 아니라 예수님입니다.

몇 년 전 이스라엘의 한 아동 병원에서 세 명의 이스라엘 소녀가 각각 심장과 폐, 간을 이식받았습니다. 그중에 열두 살 소녀인 사마흐 가드반은 5년이나 심장 이식 수술을 기다려 왔습니다. 유대인 사회에서는 종교적인 이유로 장기 기증을 꺼렸기 때문에, 이 가족들은 장기 기증자가 나타나기만을 대책 없이 기다릴 수밖에 없었습니다.

어린 딸의 꺼져가던 생명을 바라만 보던 부모들은 장기 기증자가 나타났다는 소식에 구세주를 만난 듯 기뻐했고, 수술은 성공적으로 끝났습니다.

수술 후에 장기 기증자를 알아본 결과 부모들은 놀랐습니다. 뜻밖에도 장기를 기증한 것은 열두 살 난 팔레스타인 소년 아흐마드였습니다. 그는 라마단 단식 후에 시작되는 이슬람 축제에서 장난감 총을 가지고 놀고 있었습니다. 그런데 이스라엘 군인들이 아흐마드의 총을 보고 사격을 해 그 자리에서 거꾸러졌습니다. 이 소년은 이스라엘의 병원으로 옮겨져 치료를 받았지만, 의사는 살아날 가망이 없다고 진단했습니다. 비탄에 빠진 그의 부모는 아들의 장기를 필요로 하는 사람에게 주라고 말했습니다. 덧붙여 그의 부모는 그 대상이 이스라엘 사람이건 팔레스타인 사람이건 국적에 상관없다고 말했습니다.

놀라운 일 아닌가요? 이방인이고 원수라고 생각했던 사람들의 도움으로 세 여자 아이들의 생명을 구했습니다. 이런 일이 일어나야 하는 것이 바로 성탄절입니다. 예수님은 이런 일이 일어날 수 있도록 상처 많은 이 땅에 찾아오셨습니다. 헤롯이 지배하고 있는 것처럼 보이는 세상이지만 결국은 예수께서 다스리시고, 미움이 지배하고 있는 것 같지만 결국은 사랑이 모든 것을 바꾸는 것임을 우리 모두 고백하는 성탄절이기를 기원합니다.

둘째로, 동방 박사들에 관해 생각해 보십시다. 이들은 별의 인도를 따라 유대 땅 베들레헴으로 찾아가 아기 예수님을 만나고 경배합니

인간의 고난, 하나님의 침묵 그리고 십자가

다. 그런데 그들은 어떻게 밤하늘의 수없이 많은 별들 중 그 하나의 별이, 하나님의 구원자가 오심을 알려 주는 별임을 알고 그 별을 따라오게 되었을까요? 그것은 그들이 하늘을 계속 쳐다보고 살아온 사람들이기 때문일 것입니다. 그저 이 땅의 생활에 매여서 땅만 보고 살았다면 설혹 이 별이 나타나도 알아차리지 못했을 것입니다. 하늘을 쳐다보면서 사는 사람들이었기에 하나님의 구원을 보았고, 그것을 증언할 수 있었던 것입니다.

우리도 마찬가지입니다. 하나님의 구원을 체험하고 그 은혜 안에 살려면 자주 하늘을 쳐다보며 살아야 합니다. 골로새서 3장 1절에서 바울은 "위의 것을 생각하고 땅의 것을 생각하지 말라"라고 권면합니다. 그 이유는 우리가 예수 그리스도와 함께 죽었고, 또한 함께 살아났기 때문입니다. 예수 그리스도께서 십자가에서 돌아가실 때 우리는 죄에 대해 죽었고, 예수께서 부활하실 때 하나님의 아들, 딸로 새로 태어났습니다. 이제 우리는 다르게 살도록 부름을 받았습니다. 이 땅에 살지만, 위를 쳐다보면서 거룩하게 살도록 부름받은 사람이 된 것입니다. 그리스어로 사람을 '안트로포스'라고 하는데 그 뜻은 '위를 쳐다보며 걷는 사람'이라는 뜻입니다. 우리 역시 위를 쳐다보며 걸어가는 사람이 되길 바랍니다.

이스라엘의 예언자들은 이처럼 위의 것을 본 사람들입니다. 그들이 위를 쳐다보고 살다보니 하나님의 뜻이 너무나 분명하게 보여서, 그것을 말하지 않을 수 없었습니다. 하나님이 원하시는 세상과 지금 사람들이 살아가는 세상이 너무나 달랐기에, 그들은 불타는 가슴으로

"이스라엘아 들어라. 너희 하나님이 말씀하신다"라고 절규합니다. 예수님도 마찬가지입니다. 예수님 역시 하나님의 다스림, 하나님의 나라를 너무도 명확히 보시기에 그것을 외치지 않을 수 없었습니다.

그리스도인이라 고백하는 우리는 예수님을 따라 살기로 결단한 사람들입니다. 우리가 예수님과 예언자들의 삶을 똑같이 따라갈 수는 없지만, 그래도 닮아 가려고 노력해야 합니다. 어떻게 그럴 수 있을까요? 우선 우리에게는 경건한 훈련이 필요합니다. 로마 가톨릭교회의 수도사들은 성무일도라고 하여 하루에 다섯 차례에 걸쳐 한 번에 20-30분씩 찬양, 시편 낭송, 기도, 복음서 낭송, 기도 등으로 이루어진 기도시간을 가집니다. 우리 개신교회도 새벽 기도를 하고, 큐티를 하고 성경 공부를 합니다. 그 형태는 다양할지라도 우리는 하루의 일정 시간을 정해 놓고 잠시 동안이라도 조용한 장소에서 하나님을 찬양하고 기도하는 시간이 꼭 필요합니다.

그리고 보면 성탄절이 한 해의 거의 끝 무렵에 있는 것이 참 의미심장합니다. 지난 한 해 어떻게 살아왔든지 관계없이 성탄절을 즈음하여 이제부터라도 예수님과 더불어 영적인 훈련의 삶을 살아가는 연습을 시작할 필요가 있습니다. 그러니 자주 고개를 들고 하늘을 쳐다봅시다. 우리 위에 계시고, 우리보다 더 크신 분! 주님을 쳐다보는 삶을 살아갑시다. 동방 박사들이 밤하늘을 쳐다보면서 살다보니 유대인의 왕으로 오신 예수님을 만나는 영광을 누린 것처럼 우리 역시 성탄절을 맞이하여 하나님을 더 깊이 알고 배우는 축복이 있으시기를 바랍니다.

마지막으로 생각해 볼 것은 동방 박사들을 인도해 온 별입니다. 이들이 동방에서 왔다고 했으니 그 길은 험난했을 것입니다. 오는데 몇 달이 걸렸을 수도 있고, 지치고 힘들었을 것입니다. 중간에 포기하고 싶었을 수도 있습니다. 그러나 그때마다 그들 머리 위에 이 별이 있었기 때문에 아기 예수님 있는 베들레헴까지 올 수 있었습니다. 그러나 막상 아기 예수님을 만났을 때, 동방 박사들이 경배한 것은 별이 아니라 아기 예수였습니다. 무슨 이야기일까요? 별은 경배의 대상이 아니라는 것입니다. 별은 아기 예수 있는 곳까지 사람들을 인도해 주는 안내자 역할로 충분합니다.

오늘날 이 별은 누구일까요? 교회의 여러 자리에서 다양한 모습으로 섬기는 우리 모두는 별과 같은 사람들입니다. 가정을 지키고 생업에 종사하며 하나님 나라 확장을 위해 일하는 사람들도 모두 별입니다. 그러나 우리는 예수님이 아닙니다. 그러기에 우리는 결코 경배의 대상이 아닙니다. 우리의 모든 수고가 모여서 결국 드러나야 하는 것은 오직 하나님의 영광, 아기 예수님의 구원이어야 합니다.

우리가 주인공이 아님을 늘 기억합시다. 성탄을 알리던 그 별은 동방 박사들을 아기 예수께 인도하고 다시는 나오지 않습니다. 동방박사들 역시 아기를 만나고 그에게 경배한 후에 역사의 무대에서 사라집니다. 본문은 "그들이 꿈에 지시한 대로 조국에 돌아갔다"라는 말씀으로 끝납니다. 우리도 그렇게 해야 합니다. 부르심 받은 동안에 맡은 사명을 잘 감당하고 떠나면 됩니다. 고린도후서 4장 5절은 이렇게 말합니다. "우리가 우리를 전파하는 것이 아니라, 오직 그리스도 예수의 주되심과 또한 예수를 위하여 우리가 너희의 종 된 것을 전파함이라."

교회사에는 별과 같이 하나님을 드러낸 귀한 분들이 무수히 많이 있습니다. 그중 한 분의 이야기로 오늘 말씀을 마치려고 합니다. 우리 나라를 찾아온 선교사들 중에 루비 켄드릭(Ruby Rachel Kendric)이라는 여자 선교사가 있습니다. 이분은 24세의 젊은 나이에 뜨거운 선교 열 정을 품고 이 땅을 찾아왔지만, 급성 맹장염에 걸려 25세에 세상을 떠 납니다. 안타깝게도 선교사로서의 삶은 단지 1년 정도였지만, 그녀는 진정 한국을 사랑했고 한국을 위해 자기의 모든 것을 드리려고 했습니 다. 그녀는 일본 제국주의의 핍박이 심해지던 때에 부모에게 편지를 썼습니다.

아버지. 어머니!
이곳 조선 땅에 오기 전, 집 뜰에 심었던 꽃들이 활짝 피어났다는 소식 을 듣고 하루 종일 집 생각을 했습니다. 이곳 조선은 참으로 아름다운 곳입니다. 모두들 하나님을 닮은 사람들 같습니다. 선한 마음과 복음 에 대한 열정으로 보아, 아마 몇십 년이 지나면 이곳은 예수님의 사랑 이 넘치는 곳이 될 것 같습니다. 복음을 듣기 위해 20km를 맨발로 걸어 오는 어린아이들을 보았을 때, 그들 안에 있는 하나님의 사랑으로 저는 오히려 위로를 받습니다.
그러나 한쪽에서는 탄압이 점점 심해지고 있습니다. 그저께는 예수님을 영접한 지 일주일도 안 된 서너 명이 끌려가 순교당했고, 토마스 선교사와 제임스 선교사도 순교당했습니다. 선교 본부에서는 철수하라는 지시가 있었지만, 대부분의 선교사들은 그들이 전도한 조선인들과 아직도 숨어서 예배를 드리고 있습니다. 그들 모두가 순교할 작정인가 봅니다. 오늘 밤은 유난히도 고향으로 돌아가고 싶습니다. 외국인을 죽이고 기독교를 증오한다는 소문 때문에, 부두에서 저를 끝까지 말리셨던 어머니의 얼굴이 자꾸 제 눈앞에 어른거립니다.

아버지, 어머니!

어쩌면 이 편지가 마지막일 수도 있습니다. 제가 이곳에 오기 전에 뒤뜰에 심었던 한 알의 씨앗이 이제 내년이면 더 많은 꽃으로 활짝 피겠지요. 그리고 또 다른 씨앗을 만들어 내겠지요. 저는 이곳에서 작은 씨앗이 되기로 결심했습니다. 제가 씨앗이 되어 이 땅에 묻히고, 하나님의 때가 이르면 조선 땅에는 많은 꽃들이 피고, 그들도 여러 나라에서 씨앗이 될 것입니다. 저는 이 땅에 저의 심장을 묻겠습니다. 저는 이것이 조선을 향한 저의 열정이 아니라, 조선을 향한 하나님의 열정이라는 것을 알게 되었습니다. 아버지 어머니, 사랑합니다.

얼마 후에 그녀는 병이 들었고, 자기를 파송했던 텍사스 청년회에 이런 편지를 씁니다. "만일 내가 죽으면 텍사스 청년 회원들에게 열 명씩, 스무 명씩, 오십 명씩 아침저녁으로 조선으로 나오라고 전해 주세요." 그리고 편지 끝부분을 이렇게 마칩니다. "저에게 만일 줄 수 있는 천 개의 삶이 있다면, 저는 그 모두를 조선 사람들에게 주고 싶어요." 이 편지를 보내고 얼마 지나지 않아서 그녀는 세상을 떠났습니다. 그녀가 죽었다는 소식이 그녀를 파송한 텍사스 청년단에 전해집니다. 그 장소는 눈물바다가 되었고, 그녀에게 도전받은 청년들 20명이 선교사로 전 세계를 향했고, 그중 몇 명은 한국으로 왔습니다. 지금 서울 동작구 양화진 외국인 선교사 묘지에 있는 그녀의 묘비에는 "저에게 만일 줄 수 있는 천 개의 삶이 있다면, 저는 그 모두를 한국 사람들에게 주고 싶어요"라는 그녀의 마지막 말이 새겨져 있습니다.

한국을 사랑했고 한국 사람들을 사랑했던 젊은 여성 루비 캔드릭! 한 사람의 가치는 그가 얼마나 오래 살았는가, 얼마나 세상적으로 성공했는가에 있지 않습니다. 그를 향한 하나님의 거룩한 소명에 얼마나 충실했는가가 그 사람 인생의 진정한 의미와 가치입니다. 캔드릭 선교사는 아주 짧은 삶을 살았지만 그 삶은 지금도 별과 같이 빛나고 있습니다. 다니엘서 12장 3절은 말합니다. "지혜 있는 자는 궁창의 빛과 같이 빛날 것이요, 많은 사람을 옳은 대로 돌아오게 한 자는 별과 같이 빛나리라." 오늘 예배에 참석한 우리 모두 예수님을 환히 드러내고 비추어 주는 별이 되는 삶을 살아갈 수 있기를 축원합니다. 아멘.

26 [사순절] 내가 목마르다
요한복음 19:28-30

　우리는 뉴스를 통해서, 일본 이와테 현을 덮친 큰 지진과 그로 인한 쓰나미로 빌딩이 무너지고 사람도 집도 급류에 마구 떠내려가는 광경을 두렵고 아픈 마음으로 지켜보았습니다. 그 가운데 일본 후쿠시마 지역의 원자로가 녹아내려서 방사능 유출로 인해 온 세계가 긴장하고 있습니다. 이번 대지진과 원자력 발전소 붕괴를 보면서, 대자연의 힘 앞에서 인간이 얼마나 무력한지 다시금 되새기게 됩니다. 이런 상황에서 우리는 예수님의 십자가 고난과 죽음을 묵상하는 사순절 두 번째 주일을 맞았습니다. 그래서 오늘을 살아가는 우리 인생의 고통들이 십자가에서 "내가 목마르다" 하신 예수님의 고통과 어떻게 연관될 수 있는지를 생각해 보고자 합니다.

　먼저 우리 인간의 고통의 문제입니다. 우리 삶에는 참 많은 고통이 있습니다. 이렇게 힘들 바에는 차라리 죽는 게 낫다는 생각이 들 만큼 큰 고통도 있습니다. 그런 고통이 찾아오면 우리는 '왜 이런 고통이 있는 것인가?' '무엇이 잘못된 것인가?' '어떻게 하면 이 고통을 극복할 수 있을까?'를 묻게 됩니다. 불교는 고통의 문제를 윤회설과 업보로 설명합니다. 이전에 내가 인색하게 살았기에 지금 가난하고, 이전에 내가 방탕했기에 지금 살기가 힘들다고 합니다. 반대로 지금 내가 복을 누린다면 그것은 과거에 선업을 쌓았기 때문입니다. 그래서 불교인들은 선행과 공덕 쌓기를 강조합니다. 더 좋은 것은 도를 닦아 깨달음을 얻고 이 인연의 사슬을 완전히 벗어나, 소위 열반(니르바나)에 드는 것입니다. 불교에서는 절대자이신 하나님이 있다고 생각하지 않기 때문에 모든 것이 인간의 책임입니다. 우리의 어리석고 잘못된 판단과 행위로 고통이 찾아왔기에, 제대로 된 깨달음과 행위로 고통을 넘어설 수 있다고 말합니다. 그래서 불교적 관점에서는 고통의 문제가 나름 깔끔하게 설명됩니다.

그러나 기독교적 관점에서 고통의 문제는 그리 단순하지 않습니다. 기독교 신앙은 한 분 하나님이 계시며, 그 하나님이 세계를 선하게 만드시고 이끌어 가시며, 마침내 눈물도 없고 슬픔도 없는 온전한 세계로 회복시키신다고 믿습니다. 그래서 고통의 문제는 기독교 신앙에서 어렵고 복잡해집니다. 하나님이 선하시고 전능하시다면 왜 세상은 이처럼 고통스러운 것인가? 왜 하나님은 자주 침묵하고 계시는 것일까? 하는 질문들이 나오게 마련입니다. 교회는 이런 고통의 문제에 대해 크게 세 가지로 답해 왔습니다.

고통이 있는 첫째 이유는 이 세계가 아직은 완전하지 않기 때문입니다. 성경은 하나님이 이 세상을 아름답게, 좋게 만드셨다고 말합니다. 그러나 그것은 이 세계가 완벽함을 뜻하지 않습니다. 이 세계는 피조세계이기 때문에 결코 완전할 수 없고, 거기에는 제약과 한계가 있게 마련입니다. 이는 자연계에서도 마찬가지입니다. 이따금 우리는 지진이나 해일이 일어나 많은 피해를 가져오는 것을 봅니다. 과학자들에 의하면 지구를 이루는 지각은 몇 개의 판들로 이루어져 있고, 지구의 자전과 공전 때문에 이 판들이 서로 부딪치게 되며 그때 지진이 일어난다고 합니다. 특히 태평양을 마치 반지처럼 빙 둘러싸는 환태평양 지진대는 불의 고리라고 하여, 언제든지 이런 큰 지진이 일어날 수 있다고 합니다. 다시 말해 지진과 해일이 일어나고 그로 인해 고통이 있는 것은 물이 아래로 떨어지듯이, 불이 위로 타오르듯이 자연스러운 자연계의 한 모습입니다.

우리 인생도 마찬가지입니다. 우리는 아직 구속받지 못한 세계를 살아가기 때문에 우리 인생에는 언제나 어느 정도 이상 고통은 있을 수밖에 없습니다. 그래서 중요한 것은 고통이 찾아올 때 어떤 태도로 맞느냐 하는 것입니다. 실제로 우리 삶에 생기는 문제들 중 많은 부분은 우리가 통제할 수 없는 것들입니다. 그러나 그런 문제들에 어떻게 응답하느냐는 우리가 선택할 수 있습니다. 인생은 선택의 결과입니다. 언젠가 '포춘'지에 선정된 미국 500대 기업의 CEO들을 조사한 결과, 94%가 자신들의 성공 요인 가운데 태도를 첫 번째로 꼽았습니다. 카네기 재단에서 10만 명의 인사 기록을 분석해 보니 성공하는 요인의 15%는 기술적인 훈련, 나머지 85%는 성품이 차지하였습니다. 결국, 인생의 차이를 만들어 내는 것은 태도라는 말입니다. 누군가 이렇게

319

말했습니다.

우리가 얼마나 오랜 세월을 살 것인지를 선택할 수 없지만,
그 세월 동안 얼마나 보람 있게 살 것인지는 선택할 수 있습니다.

우리는 우리 얼굴의 아름다움을 마음대로 통제할 수 없지만,
우리 얼굴에 나타나는 표정은 조절할 수 있습니다.

우리는 인생에서 만나는 어려운 순간을 마음대로 통제할 수 없지만,
인생이 덜 힘들도록 선택할 수는 있습니다.

우리는 세상의 부정적인 분위기를 통제할 수는 없지만,
우리 마음의 분위기는 통제할 수 있습니다.

그래서 고난이 찾아올 때 우리는 그것을 제대로 보고, 올바르게 응답하면서 그 시간을 잘 넘어가야 합니다. 우리 인생은 결국 선택의 결과이기 때문입니다.

고통이 생기는 둘째 이유는 우리 삶에 죄가 있기 때문입니다. 물리적 세계에 물리적 법칙이 있듯이, 도덕적 세계에도 인간이 마땅히 살아야 할, 하나님이 정한 법칙이 있습니다. 그 길을 떠나서 죄된 삶을 살면 반드시 고통이 찾아오게 됩니다. 결국 죄의 삯은 사망입니다. 그

래서 행복하게 살려면 되도록 진실하고 착하게 살아야 합니다. 선한 삶에 행복이 깃듭니다. 잠언 28장 1절은 말합니다. "악인은 쫓아오는 사람이 없어도 도망하나, 의인은 사자같이 담대하다."

고통이 생기는 셋째 이유는 우리의 잘못된 선택 때문입니다. 하나님은 우리에게 스스로 선택하고 결정할 수 있는 자유의지를 주셨는데, 그것을 잘못 사용할 때 고통이 찾아옵니다. 이번 일본의 원전 사고도 그렇습니다. 이번 사고는 얼마든지 막을 수 있는 인재였다고 말합니다. 내구연한이 지났음에도 불구하고 막대한 비용의 문제로 인해 폐기하지 않고 계속 사용해 왔다는 것입니다. 또한 원전 설계 때 지진에 대한 고려가 별로 없어서 애초에 지진에 대해 취약했고, 원자력 발전소를 시공할 때 설계대로 하지 않은 부분이 많아서 이미 문제가 생길 수밖에 없었다고 합니다. 게다가 초기 대응에도 실패하였습니다. 고통은 우리의 잘못된 선택으로 인해 일어나는 경우가 많습니다.

물론 지금까지 말한 몇 가지 이유로 현실의 모든 고통을 다 설명하기 어렵고, 극복은 더더욱 어렵습니다. 고통에는 여전히 다 이해할 수 없는 부분이 있습니다. 그러나 한 가지 분명한 사실은 고통의 많은 부분은 우리 사람들의 책임이라는 점입니다. 우리가 잘못하거나 아니면 다른 사람들이 잘못하여 고통이 찾아오기 때문입니다.

그래서 고통이 찾아올 때 우리가 해야 할 일은, 하나님께 책임을 돌리고 원망하기보다 그 고통의 이유가 무엇이었는지를 직시하고 성찰하는 것입니다. 전도서 7장 14절은 말합니다. "형통한 날에는 기뻐하라. 곤고한 날에는 생각하라." 내가 잘못 살아서 생기는 고통이라면 돌이켜 회개하고 바꾸어야 하고, 어떤 고통은 인내로 견디어야 하고, 불의와 거짓으로 인한 고통에 대해서는 강하게 맞서 싸워야 하며, 그 모든 경우에 하나님의 선하심을 신뢰하면서 하나님과 동행해야 합니다.

여기서 중요한 점은 우리 고통의 원인이 무엇이든 간에 하나님께서는 언제나 우리와 함께 계시며 같이 아파하시고 동행하신다는 점입니다. 때로 하나님이 무심하게 너무 멀리 계시고, 더 이상 나의 기도를 듣지 않으시는 것 같고, 아예 부재하시는 것 같을 때에도, 하나님은 우리와 함께 계십니다. 우리의 아픔을 아시며 그 아픔 때문에 아파하십니다. 이 사실을 붙잡고 걸어갈 수 있다면, 우리는 그 고통의 시간이 바로 우리가 더 성숙하고 더 예수 믿는 사람처럼 될 수 있게 한 축복의 시간이었음을 알게 될 것입니다.

태어날 때부터 두 팔이 없이 태어난 분이 있습니다. 이분이 뒤에 목사가 되어 어린 시절 이야기를 했습니다. 기억하는 어린 시절의 첫 순간부터, 밥을 먹는 것도, 옷을 입는 것도, 화장실 가서 뒤처리하는 일까지 엄마가 옆에서 해 주었답니다. 아이가 열 살이 되었을 때 엄마는 아이 옷을 방바닥에 펼쳐 놓고 말했습니다. "이제부터는 네가 혼자서 옷을 입어라." 아이는 싫다고 떼를 쓰며 바닥을 뒹굴며 저항했습니다. 엄마는 밖으로 나갔고, 아이는 땀을 뻘뻘 흘리면서 두 시간에 걸쳐서 겨우 옷을 입을 수 있었습니다. 그 후로도 아이는 옷을 입을 때, 혼자서 밥을 먹을 때 고함을 치며 저항했습니다. 그는 한참 나이가 들어서야 알았습니다. 그렇게 난리를 칠 때마다 어머니가 옆방에서 울고 계셨다는 것을!

우리가 고통 한가운데에 있을 때, 하나님은 우리를 성숙시키기 위해 때로 침묵하십니다. 그렇다고 옆에 계시지 않은 것은 아닙니다. 17세기의 성녀 아빌레의 테레사는 젊은 시절에 놀라운 하나님의 체험을 합니다. 그 체험으로 인해 하나님께 헌신하고 수녀원에 들어갑니다. 그러나 그 이후 깊은 영적 침체기에 들어섭니다. 기도해도 응답이 없고, 말씀을 보아도 특별한 감흥이 없이 무미건조하기만 합니다. 그 시간이 무려 12년이 계속됩니다. 그 시간 동안 테레사는 자기가 할 일을 계속합니다. 수녀원을 창설하여 나이 어린 수녀들을 교육하고, 가난한 사람들을 돕고, 매일 시간을 정해 기도합니다. 하지만 하나님은 여전히 응답하지 않으십니다. 마음에 깊은 고통과 탄식이 있지만, 그래도 이 일들을 계속합니다. 12년이 지난 후 하나님이 다시 찾아오셨고, 그때부터 그녀는 정말 놀라운 깊은 은혜의 세계 안에서 살아갑니다. 하나님의 부재의 기간 때문에 그녀는 진정, 하나님 앞에 든든히 서 있는 사람이 된 것입니다. 감정을 따르지 않고 상황의 변화에 흔들리지 않는 사람이 됩니다. 신앙체험도 더는 구하지 않게 되었습니다. 그녀는 말합니다. "하나님 체험을 구하지 말고 오직 하나님을 구하라." 체험이 아니라 하나님 자체를 구하고 그 하나님을 기뻐하라는 말입니다.

그녀는 오직 하나님의 신실하심만을 깊이 의지하면서 부르심에 따라 자신의 인생길을 걸어갔습니다. 그 가운데 예수 그리스도라는 반석 위에 든든히 선 거목, 시냇가에 심은 나무 같은 사람이 되었습니다. 우리 역시 마찬가지입니다. 때로는 고통의 순간에도 하나님 함께하심을 믿고 견디며, 그때 해야 할 일을 묵묵히 하고 있는 것이 우리 믿음의 표징일 것입니다.

이제 예수님의 고통에 대해서 생각해 봅시다. 오늘 본문에서 예수님은 십자가에서 "내가 목마르다"라고 말씀하십니다. 인간의 모습으로 이 땅에 오신 하나님의 아들은 지금 목이 마릅니다. 이 목마름은 어떤 목마름이었을까요?

첫째, 그것은 육신의 목마름입니다. 예수님은 전날 밤 겟세마네 언덕에서 땀방울이 핏방울이 되도록 부르짖으며 밤새 기도하셨습니다. 새벽에 로마 군인들에게 체포되신 후 빌라도와 헤롯의 궁궐 뜰에서 연거푸 심문을 받으십니다. 사형 선고를 받으신 후 로마 군인들에게 채찍질 당했고, 마침내 십자가 형틀에 벌거벗긴 채로 매달립니다. 사람은 하루에 2리터 정도의 물을 마셔야 한다는데, 예수님은 이 기간 동안 물을 전혀 마시지 못했습니다. 입술은 타들어 가고 혀는 천장에 붙었는데, 그 위로 더운 중동의 사막 바람이 불어와 너무도 목이 마릅니다. 시편 22편의 기자는 이런 예수님의 모습을 이미 1000년 전에 내다보면서 이렇게 말합니다. "나는 물같이 쏟아졌으며, 내 모든 뼈는 어그러졌으며, 내 마음은 밀랍 같아서 내 속에서 녹았으며, 내 힘이 말라 질그릇 조각 같고 내 혀가 입천장에 붙었나이다."

둘째, 예수님의 목마름은 관계에서의 목마름입니다. 예수님은 지금 사랑했던 모든 사람들과 단절되어 홀로 십자가에 매달려 있습니다. 사랑하는 어머니 마리아, 생사고락을 같이 한 제자들, 그를 믿고 따라 다닌 수많은 사람들이 있지만, 그 누구도 예수님과 함께 있을 수 없습니다. 그는 철저히 혼자 이곳에 이렇게 매달려 있습니다. 주변에는 그를 비방하고 모욕하는 사람들만 가득합니다. 시편 22편은 예수님의 이런 모습을 다음과 같이 예언합니다. "나는 벌레요 사람이 아니라. 사람의 비방거리요 백성의 조롱거리이니이다. 나를 보는 자는 다 나를 비웃으며, 입을 비쭉거리고 머리를 흔들며 말하되, 그가 여호와께 의탁하니 구원하실걸, 그를 기뻐하시니 건지실걸 하나이다."

셋째, 무엇보다도 예수님의 목마름은 하나님과의 단절로 인한 깊은 영적인 목마름입니다. 그는 지금 우리 죄에 대한 하나님의 강한 거부와 심판을 온몸으로 다 받고 계시고, 하나님과 완전한 단절을 경험하고 계십니다. 예수님의 고난의 시간을 예언했던 시편 22편은 말합니다. "나의 하나님 나의 하나님, 어찌하여 나를 버리십니까? 어찌 나를 멀리하여 돕지 않으시며, 내 신음 소리를 듣지 아니하시나이까? 내 하나님이여, 내가 낮에도 부르짖고 밤에도 잠잠치 아니하오나, 응답하지 아니하시나이다." 다른 복음서에서는 예수님이 "나의 하나님, 나의 하나님, 어찌하여 나를 버리십니까?"라는 말을 남기고 처절하게 돌아가셨다고 증언합니다.

예수님의 이런 목마름이 의미하는 것은 무엇일까요? 먼저, 예수님은 이렇게 극도로 목마르셨기에 우리 인생의 목마름 역시 아신다는 것입니다. 그분이 직접 경험해 보셨기에 우리 육신의 목마름도 알고, 사랑하는 사람들에게서 떨어져 외롭게 고통 속에 있는, 관계 속의 목마름도 아십니다. 하나님께 기도해도 공허하고, 오직 침묵밖에 없는 그런 영적 목마름 역시 아십니다. 이 모든 것을 친히 온몸으로 경험하셨기에, 우리를 온전히 이해하십니다. 히브리서는 이를 요약해서 이렇게 말합니다. "우리에게 있는 대제사장은 우리의 연약함을 동정하지 못하실 이가 아니요. 모든 일에 우리와 똑같이 시험을 받으신 이로되 죄는 없으시니라"(히 4:14).

또한, 이처럼 우리의 모든 목마름을 아시기에 예수님은 우리 인생의 목마름을 해결하실 수 있습니다. 예수님은 말씀하십니다. "이 물을 먹는 자마다 다시 목마르려니와, 내가 주는 물을 먹는 자는 영원히 목마르지 아니하리니, 나의 주는 물은 그 속에서 영생하도록 솟아나는 샘물이 되리라"(요 4:12). 세상에 있는 물은 잠시 목을 축여 주지만, 다시 목이 마릅니다. 그러나 예수님이 주시는 물은 우리의 영적 갈급함을 영원히 해소해 줍니다. 사순절은 이런 예수님, 고통에 함께 참여하시는 하나님의 아들과 함께 걸어가는 시간입니다. 하나님이 우리와 함께 고난당하심을 진정 믿는다면, 우리는 어떤 어려움도 견디어 낼 수 있을 것입니다.

그러니 먼저 우리 자신을 위해 기도합시다. 순경일 때나 역경일 때

나 어떤 어려움이 있어도 하나님과 동행하는 사람이 되게 해 달라고 기도합시다. 동시에 버려진 아픔과 소외감 속에 있는 주변 사람들을 위해 기도합시다. 지금은 특히 고난당하고 있는 이웃 나라 일본을 위해 기도하고, 고투하고 있는 그들을 기억하면서 우리가 할 수 있는 지원을 합시다. 이런 축복이 우리 모두에게 있으시기를 축원드립니다. 아멘!

27 [사순절] 십자가에 함께 달리다
마가복음 15:25-37

　우리는 지금 사순절의 한 가운데를 지나고 있습니다. 이번 주일은 종려 주일이고, 곧 고난 주간이 이어질 것입니다. 오늘 본문 말씀을 통해 우리 함께 예수님의 십자가 죽음을 생각해 보겠습니다.

　그리스도의 교회는 이미 초대 교회 때부터 십자가를 그들의 상징으로 자랑했습니다. 고린도전서 1장에서 사도 바울은 말합니다. "그리스인들은 지혜를 구합니다. 유대인들은 표적을 찾습니다. 그러나 우리는 십자가에 못 박히신 예수를 전합니다."

　그런데 참 이상한 일입니다. 원래 십자가는 사람을 죽이는 도구였습니다. 그것도 인간이 고안해 낸 가장 고통스러운 사형 방법이었습니다. 이 십자가 형벌이 얼마나 잔혹하고 야만스러웠던지 당시 로마의 철학자 키케로는 "무릇 지성인이라면 십자가라는 단어는 그 입에도 담아서 안 된다"라고 말했습니다. 그런데 기독교인들은 이 십자가를 자랑했고 사랑했으며, 마침내 그 가장 중심 되는 상징으로 모셨습니다. 왜 그랬을까요?

오늘 본문 말씀에서 예수님은 "나의 하나님 나의 하나님, 어찌하여 나를 버리시나이까?"(막 15:34)라고 부르짖으며 십자가에서 죽어 갑니다. 학자들의 연구에 의하면, 이 표현은 말이라기보다 차라리 비명에 가깝습니다. 예수님은 지금 하나님이 자신을 버리고 있다고 절규하는 것입니다. 그가 일생 "아바 아버지"라 고백하며 사랑했던 하나님이 지금 침묵하고 계실 뿐 아니라 예수를 버리셨고 예수는 단말마의 비명을 뒤로 하고 숨이 끊어집니다.

왜 예수님은 이다지도 힘드실까요? 십자가 위에서 예수님의 절망과 고통이 너무 적나라하기에, 성경 학자들과 설교자들은 이를 좀 완화해 보려 몇 가지 시도를 해왔습니다.

첫 번째 시도는 예수님이 하신 말씀, "나의 하나님 나의 하나님, 어찌하여 나를 버리십니까?"가 들어 있는 시편 22편을 해석하는 방법과 연관되어 있습니다. 시편 22편은 고난 속에서 하나님을 향한 깊은 탄식과 의심으로 시편을 시작하지만, 마지막은 하나님의 선하심에 대한 신앙고백으로 끝납니다. "너희 하나님을 두려워하는 자들이여, 주님을 경배하여라. 이스라엘의 자녀들이여, 하나님께 영광을 돌려드려라. 이는 하나님이 상처 입은 이들의 상처를 다 싸매 주시며, 그 얼굴을 숨기지 않으시며, 그에게 부르짖는 이들에게 응답해 주시기 때문이다." 그런데 당시에 시편의 한 구절을 인용하는 것은 그 구절이 들어 있는 그 시편 전체를 인용하는 것을 뜻했습니다. 그렇다면 결국 예수님은 십자가의 참혹한 고통 속에서도 끝까지 하나님께 대한 궁극적 신뢰와 확신을 붙잡고 있었다는 것이 됩니다.

제2차 세계 대전 때 나치 포로수용소에 유대인들이 감금되어 있습니다. 어느 깊은 밤에 세 명의 유대 랍비들이 조용히 모였습니다. 그들은 한평생 하나님 말씀을 따라 살아왔고, 지금도 하나님에 대한 믿음을 지키기 위해 애를 쓰고 있습니다. 그들이 서로 질문합니다. "어찌하여 하나님은 이토록 많은 우리 유대인들이 가스실에서, 냉동실에서, 실험실에서 의학 실험의 대상으로 죽어가도록 그냥 내버려 두시는가?" 오랜 토의 끝에 랍비들이 결론을 내립니다. "하나님은 지금 침묵을 지켜서는 안 된다. 하나님이 사랑이고 전능하시다면 뭔가 하셔야 한다. 이렇게 침묵만 지키시는 하나님은 결국 이 모든 억울한 죽음에 책임이 있다. 하나님은 유죄다!" 깊은 침묵이 흐른 후, 한 랍비가 시계를 꺼내어 보더니 말합니다. "아, 이제 기도드릴 시간입니다." 그리고 랍비들은 방금 유죄 판결을 내린 그 하나님 앞에 무릎을 꿇고 간절히 기도를 드리기 시작했습니다. 이 사건을 소개하면서 역시 유대인 포로였던 엘리 위젤은 이런 말을 합니다. "저들에게 있어서 신앙이란 무엇일까? 결코 받아들일 수 없는 깊은 어둠이 찾아오고, 결코 이해할 수 없는 사건이 발생해도, 오히려 그런 것이 있기에 더욱 하나님의 손을 굳건히 붙잡는 것 아니었을까?"

무슨 말일까요? 때때로 신앙이란 받아들일 수 없는 상황을 그냥 받아들이는 것입니다. 이해할 수 없는 상황에서 한 번 더 믿음으로 도약하는 것입니다. 아브라함이 100세에 난 아들 이삭을 바치라는 하나님의 명령을 도저히 이해할 수 없었지만, 순종으로 나아간 것처럼 말입니다. 철학자 키에르케고르은 이를 "참된 신앙에는 두려움과 떨림이 있다"라고 표현합니다. 그래서 결국 예수님은 이런 믿음의 모습을 그대로 보여 주고 계시다는 것입니다.

위의 해석에는 나름의 설득력이 있습니다. 하지만 그렇다고 하여 "나의 하나님 나의 하나님, 어찌하여 나를 버리십니까?"라는 예수님의 처절한 버려짐의 문제가 다 해결된 것 같지는 않습니다. 본문 말씀을 통해 볼 때 예수님은 분명히 버려지셨고, 깊은 절망의 고통 속에서 돌아가시기 때문입니다.

두 번째 해석은, 예수님이 "너무 젊은 나이에 죽기 때문이다"라는 것입니다. 예수님은 서른 살 조금 지난 청년입니다. 죽음이 누구에게나 두려운 것은 사실이지만, 인생을 오래 살아 몸이 쇠약해지고 죽음이 현실의 문제로 다가온 분들의 경우에는 죽음을 받아들일 준비가 되어 있기도 합니다. 제 아버님은 77세로 세상을 떠나셨습니다. 어느 날 아침 일찍 일어나 거실 소파에서 우유 한 컵을 마시고 잠자듯이 조용히 소천하셨습니다. 60 중반이 된 저도 '꽤 오래 살았다. 지금 죽어도 크게 아쉽지 않다' 하는 생각을 가끔 해 봅니다. 언젠가 50 초반의 목사님이 "교수님! 지금 누가 교수님에게 50억을 줄 테니 두 주 후에 죽겠냐고 물으면 어떻게 하겠습니까?"라고 물었습니다. 그 목사님은 50억이 아니라 100억을 준다 해도 지금은 못 죽겠다고 하시더군요. 그런데 저는 얼마든지 그럴 수 있을 것 같습니다. 50억이 있으면 고생한 아내와 아이들을 위해 좀 쓰고, 나머지는 정말 필요한 선교와 사회봉사에 쓴 후, 두 주 후에 떠난다면 얼마든지 괜찮다고 생각했습니다. 아마 제 나이가 꽤 들었기 때문에, 그리고 한 번 죽음 앞에 서 보았기 때문에, 무엇보다 예수 믿고 죽음에 대한 두려움이 사라져 버렸기 때문일 것입니다. 하지만 아직 힘이 있고 하고 싶은 일도 많은 젊은 나이에 죽는다는 것은 무척 힘든 일입니다. 여기에서 예수님 죽음이 그다지도 고통스러웠던 한 이유를 추측해 볼 수 있습니다. 그러나 젊은 나이에도 죽음을 편안히 맞는 사람들도 있는데, 하물며 예수님 같은 분이 그러실까 싶습니다. 그러니 이 답변은 불충분해 보입니다.

세 번째 답변은, 예수님과 깊은 사랑의 관계를 맺고 있던 아버지 하나님과의 관계에서 찾아볼 수 있습니다. 예수님 일생은 하나님과 깊은 사랑의 사귐으로 일관되어 왔습니다. 예수님은 하나님을 "아바(아빠)"라고 부르셨고, 매순간 하나님 아버지 안에서 자유와 깊은 평화, 내적 확신 가운데 사셨습니다. 하나님과 이런 하나 됨을 예수님은 "나와 아버지는 하나이다. 내가 아버지 안에 있고, 아버지는 내 안에 있다"라고 표현하십니다. 실상 예수님이 그 당시 버림받았던 죄인들, 세리들, 부정하다고 거부당한 여인들을 있는 그대로 받아 사랑하고 섬길 수 있었던 힘은 바로 이 하나님과의 깊은 사랑의 교제에서 나왔습니다. 하지만 예수님에게 죽음이 눈앞에 왔고, 하나님과의 이 깊은 사랑의 사귐은 이제 더 이상 연장될 수 없기에, 예수님은 죽음 앞에서 깊이 고통스러워하셨다는 것입니다.

그러나 부족한 우리들의 신앙 체험을 통해서도 알 수 있듯이, 하나님의 은총을 받고 하나님과의 사랑의 사귐이 깊어지면 깊어질수록, 하나님의 돌봄과 사랑은 이 땅에서뿐만 아니라 우리의 죽음 이후까지 이어진다는 것을 우리는 압니다. 하나님의 은총이 우리에게 깊이 임할 때 우리는 욥처럼, "내가 이 땅에서뿐 아니라 죽어서도 하나님을 만나리라"라고 부활의 하나님을 고백하는 것입니다. 우리가 이렇다면 하물며 누구보다 하나님의 은혜 가운데 온전히 살았던 예수님은 더 말할 필요가 없습니다. 그렇기에 이것 역시 불충분한 설명입니다.

그래서 이제 우리는 성경이 한 목소리로 증언하고 있고 교회가 계속해서 고백해 왔던, 하지만 아직 깊은 신비로 남아 있는 답변에 이릅니다. 마지막 답변은 예수님이 세상 죄를 짊어진 죄인으로 죽어야 했고, 이제 온 세상의 죄와 그 죄로 인한 하나님의 심판이 그 두 어깨 위에 쏟아지기에 그토록 고통스러워했다는 것입니다. 교회는 왜 예수님께서 십자가에서 이렇게 버려져야 하고 죽어 가야 했는지를 '속죄'라는 말로 표현해 왔습니다. "죄를 용서받기 위해서는 피를 흘려야 한다. 피 흘림이 없이는 죄 용서함이 없다. 그래서 예수님은 우리 죄를 용서하기 위해 피를 흘리며 버림받으며 죽어 가야 했다." 이것이 교회의 공식 답변이었습니다. 이것은 정녕 신비한 말씀입니다. 우리 중 그누구도 이 의미를 다 헤아릴 수 없는 깊은 신비입니다. 그 모든 것을 다 알 수는 없지만 오늘은 한 가지에 집중해 보십시다.

이 세상의 모든 선한 일에는 수고와 대가가 따르게 마련입니다. 소중하면 할수록 더 큰 대가를 요청합니다. 특별히 인격적 존재는 다른 인격적 존재의 희생을 통해 자랍니다. 그래서 부모가 진실한 사랑을 보일 때 자녀는 잘 자라게 됩니다. 모든 진실한 사랑은 희생을 수반합니다. 희생 없는 사랑이 없고, 수고의 땀방울이 맺히지 않는 사랑이 없습니다. 그래서 성경은 "사랑의 수고"라는 말을 합니다. 그런데 그 사랑이 깊어지면 그만큼 희생도 커지고 그 사랑이 더 이상 커질 수 없을 만큼 커지면, 그 사랑은 마침내 목숨까지 걸지 않을 수 없게 됩니다. 사랑하게 되고, 그 사랑이 더 이상 깊어질 수 없을 정도로 깊어지면, 우리는 그를 위해 피를 흘릴 수밖에 없습니다.

예수님의 십자가 죽음의 의미의 한 부분은 결국 이것이지 않을까요? 사랑을 위하여 예수님은 버려집니다. 그가 버려지는 것밖에는 다른 길이 없었습니다. 이 방법 외에는 하나님도 하나님 자신의 사랑을 표현할 길이 없습니다. 그런데 하나님은 십자가에서 예수님을 버림으로써 하나님 자신도 버리십니다. 십자가에서 예수님이 온전히 버려지듯이 하나님 역시 사랑을 위해서, 사랑하는 그 자녀들을 위해서 자신의 모든 것을 버리십니다. 하나님은 사랑 때문에 십자가에서 예수와 같이 죽을 수밖에 없었습니다. 종교개혁자 루터는 십자가에서 이 사실을 누구보다 깊이 보았습니다. 그래서 말합니다. "오 거룩하신 슬픔이여! 십자가에서 하나님이 죽었다." 십자가에서 죽은 것은 예수님만이 아닙니다. 거기에서 하나님도 같이 죽었습니다. 하나님의 지극한 사랑이 그 스스로를 죽게 만들었습니다. 하나님도 다른 방법이 없었습니다. 왜냐하면 사랑하면 강압할 수 없고 결국은 희생할 수밖에 없기 때문입니다. 그리고 사랑이 크면 클수록 희생도 커집니다. 하나님은 사랑 그 자체이시기 때문에 하나님은 그 자신을 죽음 앞에 내어 주는 수밖에 없었습니다.

이 사실이 우리에게 주는 의미는 무엇일까요? 무엇보다 먼저 우리는 하나님의 엄청난 사랑을 받은 존재라는 사실, 우리는 결코 혼자 있지 않다는 사실입니다. 그 어떤 깊은 고통과 고독 속에서도 십자가의 예수님은 우리와 함께 걸어가신다는 점입니다.

세상을 살아가면서 우리는 정말로 결정적인 순간에 우리는 모두 혼자라는 것을 경험합니다. 우리는 혼자 세상에 태어납니다. 인생의 어려운 순간들, 영혼의 깊은 밤은 결국 혼자 지나가야 합니다. 큰 질병이 찾아와 우리를 힘들게 할 때, 그 모든 고통과 아픔은 결국 혼자 받아야 합니다. 또한 우리는 혼자 죽어 갑니다. 아무리 사랑하는 사람이 곁에 있어도 결국 그 길을 같이 가지는 못합니다. 이 혼자라는 사실이 우리를 떨게 만듭니다. 우리 인생을 숙연하게 만듭니다.

시인 헤르만 헷세는 이 혼자됨의 의미를 「안개 속」이라는 그의 시에서 이렇게 노래합니다.

안개 속을 걸어가는 것은 신기합니다
숲과 돌 그리고 나무 아무것도 보이지 않습니다
내 인생이 행복할 때는 친구들로 가득 찼습니다
그러나 이제 안개가 내리니 아무것도 보이지 않습니다

안개 속을 걸어가는 것은 신기합니다

숲이며 돌 나무 아무것도 보이지 않습니다

모두가 혼자입니다

우리 삶에도 도저히 앞을 내다볼 수 없는 짙은 안개가 내립니다. 그 뿌연 안개 속을 혼자서 걸어가야 할 때가 있습니다. 그때 우리는 결국 모두 혼자일 수밖에 없다는 사실을 절감합니다. 그때 우리는 내 곁에 함께 있어 줄 누군가를 찾습니다. 그러나 그 사람도 곧 떠나갑니다. 남편도, 아내도, 자식도 다 떠나갑니다. 결국 우리는 인생의 가장 짙은 안개가 드리운 순간을 혼자 통과해야 합니다.

하지만 누구도 함께 할 수 없는 그 깊은 고통과 고뇌 속에서도 십자가의 예수님은 우리를 아시고 우리와 함께하십니다. 가장 깊은 육체의 고통을 당해 보셨기에 모든 육신의 아픔을 아시는 분! 가장 높은 정신적, 영적 고뇌의 언덕을 올라가셔야 했기에 그 고뇌를 아시는 분! 그분이 우리와 함께 계시고 우리의 모든 고통과 고뇌에 참여하십니다. 누구보다 인생의 가장 깊은 밑바닥까지 내려가 보았기에, 그 두 손으로 모든 울고 있는 가슴들을 쓰다듬어 주실 수 있는 분이 지금 여기 십자가 위에 매달려 계십니다.

제1차 세계 대전 때 해군으로 전쟁터에 참전했던 고오치 포크는 전투가 있기 전날 밤, 아버지에게 이런 편지를 보냅니다. "사랑하는 아버지! 내가 탄 배가 부서지고 내 이름이 사망자 명단에 있다 하더라도

울지 마십시오. 나의 몸이 가라앉는 바다는 바로 나의 주님의 손바닥이니, 아무것도 나를 그의 손에서 빼앗아 갈 수 없습니다." 얼마 후 그의 아버지는 아들에게 이런 답신을 보냈습니다. "사랑하는 아들아! 지금까지는 내가 너와 함께 있었다. 너의 손을 잡고 같이 걸었고, 같이 지내왔다. 지금은 내가 너의 손을 잡아 줄 수 없구나. 하지만 예수님이 너의 손을 잡고 같이 길을 건너갈 것이다. 그 손의 못 자국이, 그 버림받은 흔적이 언제나 너와 함께 갈 것이다."

인생이라는 바다를 항해하면서 우리는 때때로 고난을 당합니다. 버려집니다. 혼자 버려져 울 때도 있을 것입니다. 그러나 여기, 사랑 때문에 우리보다 더 고난당한 분을 기억하십시오. 우리보다 더 버려진분, 우리보다 더 큰 외로움과 고통 속에서 몸부림쳤던 그분이 지금 우리와 함께 계십니다. 참으로 깊은 슬픔은 우리를 정화시킵니다. 이분의 슬픔 안에서 우리는 새롭게 되고 삶은 새롭게 변화됩니다. 죽음을이기는 십자가의 사랑에서 삶은 다시 새롭게 될 것입니다.

28 [부활절] 세월호와 부활 신앙
고린도전서 15:12-20

　오늘은 부활절이지만 죽음의 권세가 우리를 짓누르고 있습니다. 지금 진도 앞바다에는 6,825t의 거대한 배가 침몰해 있습니다. 사건이 발생한 지 5일이 지났지만, 아직도 꽃다운 고등학생들 250여 명을 비롯한 많은 사람들이 생사도 모른 채 그 배 주변에 수몰되어 있습니다. 항상 다니던 뱃길을 따라가던 배가 갑자기 기울어져 침몰한 것도 이해할 수 없지만, 대응과 구조 작업이 이렇게 무력한 것이 한탄스럽습니다. 온 국민을 울리는 가슴 아픈 사연들이 계속 전해져 옵니다. 구조된 생존자 중에 부모를 잃고 혼자 빠져나온 다섯 살짜리 여자아이도 있고, 이번 항해만 마치면 곧 결혼할 20대 후반의 젊은이도 있습니다. 학생들 수학여행에 함께 나섰다가 구조된 교감 선생님은 학생들을 두고 자신이 살아남았다는 자책에 스스로 세상을 떠났습니다. 바다에서 육지에서 절망과 죽음의 권세가 한숨, 탄식 그리고 분노로 이어집니다. 수많은 종교인이 자기가 믿는 신에게 도움을 구하지만, 희망이 보이지 않습니다. 우리 하나님도 침묵하시는 것처럼 느껴집니다.

19세기 독일의 무신론 철학자, 루드비히 포이에르바하(Ludwig Feuerbach)가 생각납니다. 그는 원래 신학도였지만 후에 무신론 철학도가 되었습니다. 『기독교의 본질』이라는 책에서 그는 말합니다.

우리 인생에는 이겨 내기 어려운 고통과 눈물이 가득 차 있다. 그래서 사람들은 신이 있고, 이 신은 자비롭고 전능하며 우리를 어떤 어려움 속에서도 돌보아 줄 것이라고 생각한다. 이 신이 마침내 그 아들 예수 그리스도를 보내어 우리를 구원했고, 이제 우리의 모든 문제는 해결되었다고 믿는다. 그러나 그것은 그저 희망 사항에 불과하다. 그것은 인간의 구원에 대한 욕망을 외부에 있다고 상정한 신에게 투사한 것뿐이다.

사람들이 예수의 십자가 죽음을 가슴 아파하고 또 그것에 감동을 받는 것은, 결국 이처럼 고통당하다가 죽을 수밖에 없는 우리 인간들의 운명을 슬퍼하는 것이다. 예수의 부활을 기뻐하는 것은, 언젠가는 우리 역시 모든 죽음을 이기고 승리할 수 있음을 믿고 싶어 하는 사람들의 마음의 표출 이상도 이하도 아니다.

아무튼, 그런 것은 없다. 그런 신은 없다. 그런 것은 모두 심리학적인 위로에 불과하다. 오히려 그런 신이 있다고 믿고 신에게 영광을 돌릴수록 인간은 더 가난하게 되고 더 비참하게 된다. 그러니 신에게 돌린 모든 영광과 아름다움을 다시 찾아온 다음, 스스로 인간으로 최선을 다하며 살아야 한다.

결국 그는 이런 결론에 도달합니다. "신은 없다." "신학은 이제 인간학이 되어야 한다." 포이에르바하의 이런 생각은 이후 무신론을 주장하는 모든 사람들의 기본적인 주장이 됩니다. 철학자 니체, 프로이트, 마르크스뿐 아니라 오늘날의 저명한 무신론적 진화 생물학자인 리처드 도킨스나 철학자 다니엘 대넷 같은 이들도 상당 부분 포이에르바하의 주장에 기초하여 무신론을 주장하고 있습니다.

사실상 이런 참혹한 사건을 대할 때마다 이들의 말이 설득력 있어 보입니다. 설명할 수 없는 고통 속에서 사람들이 하나님의 존재에 대해 의구심을 갖는 것은 자연스럽습니다. 아프리카의 알제리에서 태어나 프랑스에서 활동했던 실존주의 철학자 알베르 까뮈는 그의 소설 『페스트』(흑사병)라는 소설에서 이렇게 말합니다. "삶이란 마치 페스트가 찾아온 도시와 같다. 여기저기에서 사람들이 수십 수백 명씩 죽어 가지만 왜 이런 일이 일어나는지, 이 문제를 해결할 길은 어디에 있는지 보이지 않는다…. 이 세상의 악과 고통, 그 숱한 부조리를 보면서 나는 이제 하나님은 계시지 않는다고 말하고 싶다. 나는 인간의 고통의 이름으로 하나님을 거부한다. 대신 나는 오직 가장 진실한 방식으로 한 인간이 되고, 나의 최선을 다해 이 땅의 악과 부조리에 저항하면서 살겠다."

그러나 오늘 사도 바울은 본문 말씀에서 정반대의 관점을 제시합니다. 그는 하나님으로부터 받은 위로를 통해 예수 그리스도가 죽음을 이겨 낸 승리자라고 확신합니다.

찬송하리로다. 그는 우리 주 예수 그리스도의 하나님이시요, 자비의 아버지시요, 모든 위로의 하나님이시며, 우리의 모든 환난 중에서 우리를 위로하사, 우리로 하여금 하나님께 받는 위로로써 모든 환난 중에 있는 자들을 능히 위로하게 하시는 이시로다(고후 1:3).

사망아, 너의 승리가 어디 있느냐? 사망아, 네가 쏘는 것이 어디 있느냐? 사망이 쏘는 것은 죄요 죄의 권능은 율법이라. 우리 주 예수 그리스도로 말미암아 우리에게 승리를 주시는 하나님께 감사하노니, 그러므로 내 사랑하는 형제들아 견고하며 흔들리지 말고 항상 주의 일에 더욱 힘쓰는 자들이 되라. 이는 너희 수고가 주 안에서 헛되지 않은 줄을 앎이라(고전 15:55).

죽음이 만연한 세상에서 바울은 절망하거나 쓰러지지 않고 그리스도 안에서 생명을 이야기하고 있습니다. 바울에게는 오늘날 우리에게서 찾아보기 힘든 생기와 기쁨이 있습니다. 다른 세상을 보게 된 사람들이 가질 수 있는 깊은 확신이 보입니다. 그런데 이런 고백을 하는 바울은 편안한 삶을 살았을까요? 결코 아닙니다. 바울의 삶이야말로 육체적으로 정신적으로 죽음의 경계를 넘나들었습니다. 그는 예수 그리스도를 전하기 위해 며칠씩 굶주리고, 폭행을 당하고, 사람들의 오해와 배신을 당하고, 감옥에 갇히고, 배가 파선해서 깊은 바다에 표류했습니다. 그러나 그는 세상에서 권력과 부를 누리는 그 누구보다도 큰 기쁨과 감사의 삶을 살았습니다.

다만 바울뿐일까요? 교회 역사 속에는 바울과 같은 삶을 살아 낸 많은 그리스도인들이 있습니다. 우리 한국 교회 손양원 목사님도 그 중 한 분입니다. 예수를 만나서 삶이 바뀐 그는 너무 감격스러워서 한평생 하나님의 종으로 살기로 결심하고 신학교에 입학했습니다. 졸업 후 첫 목회지로 거제도 나환자 수용소에 있는 교회를 섬겼습니다. 온 몸이 나병으로 비틀어져 있는 환자들을 보면서 그는 세 가지 기도를 드렸습니다.

"주님, 사람들이 병으로 살점이 떨어져 나가고 얼굴이 무섭게 변해 있으니 대하기가 힘듭니다. 무섭지 않게 하옵소서."

"주님, 환자들의 살이 썩으니 냄새가 심합니다. 냄새를 느끼지 못하게 하옵소서."

"주님, 처음을 나병 환자들을 위한 목회로 시작했으니, 나병 환자들을 위한 목회로 끝내게 해 주옵소서."

저에게는 세 번째 기도가 참 감동적입니다. 오늘날 우리들은 좀 더 나은 자리를 찾아 옮기는 데 익숙합니다. 자신의 가치를 보수와 직급으로 알리려고 합니다. 목회자도 별로 다르지 않아서 많은 목회자들이 좀 더 나은 목회지가 있으면 옮기려고 합니다. 그러나 손양원 목사님은 "나환자를 섬기는 목회로 목회를 시작했으니, 나환자를 섬기는 목회로 목회를 끝내게 해 주옵소서"라고 기도합니다. 그리고 그렇게 교회를 섬기다가 순교까지 합니다. 그는 나환자 중에서도 제일 중증

환자들이 모인 방에 수시로 들어가 들어가서 그들을 껴안고 기도해 주었다고 합니다. 환자들의 줄줄 흐르는 고름을 직접 닦아 줄 뿐 아니라 상처에는 건강한 사람의 침이 도움이 된다는 말을 듣고는 입으로 고름을 빨아 주기까지 했습니다.

사람이 어떻게 이런 삶을 살 수 있을까요? 이는 고통과 죽음을 잊기 위해 사람들이 신을 만들었고, 종교를 갖게 되었다는 포이에르바하적 관점으로서는 도저히 설명할 수 없는 일입니다. 손양원 목사님은 후에 자신의 아들 둘을 죽인 안재선이라는 청년을 양자로 삼았고, 그가 사형당하는 자리에 찾아가 그를 용서하고, 자기에게로 보내면 자신이 아들 삼아 잘 키우겠다고 하여 집으로 데려왔습니다. 그때 고등학생 딸이었던 손동희가 울면서 아버지께 불평했습니다. "아버지, 용서만 해도 되는데 왜 아들까지 삼아요?" 그러자 손 목사님이 답합니다. "동희야, 성경을 읽어 보아라. 용서만으로는 안 된다. 성경은 원수를 용서할 뿐 아니라 사랑하라고 하지 않았느냐? 그것이 예수님이 원하시는 삶이다."

그렇게 안재선은 그 집의 양자가 되어 이후에 예수를 믿고 삶이 변화됩니다. 안재선이 죽기 전에 동희에게 이런 말을 남겼답니다. "동희야, 나는 이제 예수 믿고 천국 간다. 천국 가서 너희 오빠들에게 평생 사죄할 거다." 그리고 그 안재선의 아들은 목사가 되었습니다. 그는 어느 인터뷰에서 자신은 커서 아버지와 손양원 목사님과의 관계를 알고 큰 충격을 받았고, 그로 인해 죄와 죽음과 용서와 화해의 문제를 일생 숙제처럼 지고 살아왔다고 고백했습니다.

프레드릭 뷰크너(Frederick Buechner)라는 미국의 목사이자 작가가 말합니다. "무신론자들은 이 세상의 악과 고통을 보면서 신이 없다고 말한다. 그런데 그들이 도무지 설명할 수 없는 것은 그런 세상에 선이 있고, 고통을 이겨 내는 사랑이 있다는 점이다. 이는 무신론으로서는 도무지 설명할 길이 없다. 그래서 무신론자도 유신론자도 다 같이 회의를 품고 살아가는 법을 배워야 한다."

체코슬로바키아의 시인이자 인권 운동가로, 훗날 대통령이 된 바클라브 하벨(Vaclav Havel)은 이렇게 묻습니다. "인간 마음 깊은 곳에 있는 영원을 향한 동경과 불변의 도덕적 법칙은 도대체 어디에서 온 것인가? 인생의 수많은 부조리와 고통을 보면서도 결코 꺼지지 않는 이 근본적인 신뢰는 도대체 어디로부터 온 것인가?" 기독교 신앙은 그 물음에 대해 하나님이 인간을 그렇게 만드셨기 때문이라고 답합니다. 또한 사랑이시며, 모든 고난받는 사람들을 돌보시며, 마침내 모든 고통과 죽음을 이기고 승리하시는 하나님이 지금도 우리에게 말씀하고 계시기 때문이라고 말합니다.

물론 우리는 앞에 말한 사실을 순수 이성만으로 증명할 수 없습니다. 당장 신이 있는가 혹은 없는가 하는 문제도 순수 이성만으로는 입증할 수 없습니다. 양쪽 입장은 모두 나름의 근거와 이유를 가지고 있습니다. 그런데 기독교 신앙은 사랑과 자비의 전능하신 하나님이 계신가 하는 질문에 대해 '에케 호모' 곧 "이 사람을 보라"라고 말하며 예수님을 가리킵니다. 예수님의 삶을 보고, 그분의 메시지를 보고, 그가 왜 십자가 죽음에 이르게 되었는지를 보고, 무엇보다도 그의 부활을 보라고 말합니다. 실상 많은 것이 예수님의 부활에 달려 있습니다. 본문 말씀은 말합니다. "그리스도께서 만일 다시 살아나지 못하셨으면 우리가 전파하는 것도 헛것이요, 또 너희 믿음도 헛것이며, 또 우리가 하나님의 거짓 증인으로 발견되리니, 우리가 하나님이 그리스도를 다시 살리셨다고 증언하였음이라"(고전 15:14).

본문 말씀은 부활이 없다면 모든 것이 헛것이 된다고 말합니다. 바울은 한평생 예수님을 전하는 사람이었습니다. 예수님은 하나님의 아들로 우리 가운데 오셨고, 우리 죄를 해결하고 하나님의 자녀로 삼아 주시려고 십자가에 죽으셨고, 마침내 하나님이 그를 다시 살리셨다고 전파합니다. 예수님 안에서 우리는 모두 하나님 자녀가 되었고, 새로운 생명이 우리에게 주어져 있다고 전합니다. 그런데 그 예수님이 부활하지 않았다면 이 모든 것은 거짓이 됩니다. 그들의 믿음도 헌신도 어리석은 것이 됩니다. 죄의 문제, 고통의 문제는 여전히 극복되지 않고 그대로 있습니다. 하지만 바울은 예수의 부활이 정녕 일어난 역사적 사실임을 분명히 말합니다. 거기에 수많은 증인들과 증거들이 있다고 말합니다. 무엇보다 바울 자신을 비롯한 변화된 제자들의 삶 자체가 가장 강력한 증거일 것입니다.

물론 우리 현실에는 악이 있고 고통이 있습니다. 설명할 수 없는 아픔이 우리에게 있습니다. 기독교 신앙은 이를 너무 잘 알고 있습니다. 그러나 그 가운데서 희망을 말합니다. 신학자 라인홀드 니버는 말합니다. "기독교 신앙은 희망의 메시지입니다. 그러나 그것은 절망 속의 희망의 메시지입니다." 그리고 이렇게 희망을 말하는 것은 바로 예수 그리스도 때문입니다. 이 땅에 오시고 하나님 나라를 전파하셨고, 십자가 죽음과 부활을 통해 마침내 하나님의 아들이자 구원자로 고백된 그리스도가 지금 우리와 함께 계시기 때문입니다.

하나님은 이 고통과 죽음의 순간에도 우리와 함께 계십니다. 세월호 사건을 보면 절망과 죽음만 있는 것 같지만 그곳에도 이미 희망의 징조가 있고 생명이 있는 것입니다. 세월호 생존자 중에 다섯 살 된 여자아이가 있습니다. 서울에서 부모가 계단 청소를 하며 악착같이 돈을 벌어 마침내 제주도에서 새롭게 인생을 시작해 보려고 제주도로 가던 중이었습니다. 사고가 나자 여섯 살짜리 오빠가 한 살 어린 여동생을 구하기 위해 자기가 입고 있던 구명복을 입혀서 살려 내고, 자기는 부모와 함께 실종되었습니다. 이 여자 아이가 혼자 남아 "엄마, 아빠"를 부르며 자판기 앞에 울고 서 있는 것을, 단원고 2학년 학생이 자기도 두려운 상황에서 이 아이를 안고 바다로 뛰어들어 구조대원에게 건네 주었습니다. 자기도 어릴 때 부모를 잃어 이 아이가 가여워 그냥 올 수가 없었다고 합니다.

어떤 선생님은 혼자 얼마든지 빠져나갈 수 있음에도 불구하고, 학생들에게 구명조끼를 건네 주어 빠져나오게 하던 중 결국 실종이 되어 버렸습니다. 세월호의 사무장 한 분도 스물여덟 명을 구한 다음 결국 자기는 나오지 못했습니다. 스물두 살 어린 여승무원 역시 자신의 구명조끼를 학생에게 준 다음 승객을 대피시키다가, 자기는 시신이 되어서 바다에 떠올랐습니다. 이뿐입니까? 전국적으로 수많은 사람들이 눈물로 기도하고 있고, 자원봉사자 2,000여 명이 내려가서 제 몸 아끼지 않고 봉사하고 있습니다.

어쩌면 이것이 하나님의 인도와 임재의 흔적, 혹은 이미 사람들 마음에 심겨져 있는 하나님의 생명의 능력, 부활의 힘이라고 말할 수 있지 않을까요? 죽음의 힘이 있지만 그래도 생명을 포기하지 않는 것! 미움과 절망의 그늘 속에서도 여전히 희망과 사랑을 말하는 것! 그렇게 하게 만드는 이유는 어쨌든 우리 사람들은 하나님의 형상으로 지어졌기 때문에, 그리고 우리 그리스도인들에게는 바로 예수 그리스도의 죽으심과 부활하심 때문이 아닐까요?

그러니 우리는 부활절을 맞아 이런 큰 절망 속에서 하나님을 원망하기보다 우리 자신을 돌아보고 주변을 따뜻이 돌아봐야 할 것입니다. 이런 사건이 일어나도록 만든 우리 사회의 현실을 직시하고, 생명이 더욱 존중받는 세상을 만들기 위해 노력해야 할 것입니다. 그래서 저는 "당신은 예수님의 부활을 믿습니까?"라고 누가 질문한다면 이렇게 대답하고 싶습니다. "예, 저는 예수님의 부활을 믿고 제 몸의 부활도 믿습니다.

그리고 이를 더 깊게 믿을 수 있기를 바랍니다. 하지만 더 원하는 것은 그 부활을 제 몸으로 살아 내는 것입니다." 그래서 저는 이 시간 모두 마음을 모아 이렇게 기도드렸으면 합니다. "주님! 세월호가 물에 빠져 있는 이 죽음의 시간에 우리는 다시 생명의 부활절을 맞습니다. 저희와 함께하시고 힘 주셔서 우리 각 사람이, 또 공동체 전체가 부활을 알고 믿을 뿐 아니라, 구체적인 삶의 현장에서 주님의 부활을 몸으로 증언할 수 있게 하여 주시옵소서. 아멘!"[9]

---

9   예수 부활의 역사적 근거를 찾고 싶은 분은 저의 2023년 저서 『인생의 질문, 신앙의 답변: 오늘의 기독교 신앙』에서 "예수의 부활은 역사적 사실인가?"를 참조하세요. 이외에도 예수님 부활의 역사성을 입증할 만한 아주 많은 연구가 이미 이루어져 있습니다.

29 [성령강림절] 이 뼈들이 살겠느냐?
에스겔 37:1-14

얼마 전 뉴스를 보니 우리나라 사람들 네 명 중 한 명이 어느 정도 이상의 우울증을 앓고 있다고 합니다. 그 증가 속도가 갈수록 빨라지고 있어서 이런 추세면 국민 다수가 우울증에 시달릴 것이라는 기사를 보았습니다. 여러분은 어떻습니까? 우울하신가요? 자가 테스트 항목이 있는데, 이 설문의 절반 이상에 해당한다면 우울증 초기 가능성이 있다고 합니다. 나는 어느 정도인지 아래 문항을 점검해 보시기 바랍니다.

⑴ 이유 없이 몸무게가 줄어든다.

⑵ 식욕, 의욕도, 성욕도 별로 없다.

⑶ 건강에 신경이 많이 쓰인다.

⑷ 사람들을 만나기 싫고, 혼자 있고 싶다.

⑸ 밤에 잠을 잘 못 이룬다.

⑹ 새로운 일을 시작하기가 두렵다.

⑺ 판단력이 흐려지고 결정을 잘 내리지 못한다.

⑻ 자살에 대해 자꾸 생각하게 된다.

⑼ 자신의 실수를 용납하지 못하고 자꾸 자기비판을 한다.

⑽ 인생을 잘못 살아 벌을 받고 있다고 생각한다.

⑾ 특별히 잘못한 것이 없음에도 자꾸 죄책감이 느껴진다.

⑿ 신체적 매력과 정신적 능력이 급속히 사라지고 있다고 느낀다.

⒀ 슬픈 영화나 사연을 보거나 듣지 않아도 자꾸 눈물이 난다.

⒁ 별로 움직이지 않았는데도 피곤이 빨리 찾아온다.

⒂ 미래에 대한 걱정이 많다.

⒃ 스스로에게 관대하지 못하고 실망을 많이 느낀다.

그런데 우울하다는 것이 항상 나쁜 것만은 아닙니다. 아이가 교통 사고를 당했는데 마냥 웃고 있다면 그것도 문제입니다. 인생에 큰 위기가 왔는데 아무렇지도 않다면 위험을 피할 수도 없고, 성장할 수도 없습니다. 우울한 마음은 환경에 적응하고 살아남기 위한 정상적인 반응입니다. 실상 인류사의 위대한 업적들 다수는 우울했던 사람들의 고뇌에 의해 이루어졌습니다. 문제는 이 우울함이 병이 되는 것입니다. 우울증이 깊어지며 희망을 잃어버리고 생을 포기할 수 있습니다. 의사들 중에는 앞으로 한국 사람들의 가장 주된 사망 원인은 암도 심장 질환도 아닌 우울증일 것이라고 말하는 이들도 있습니다.

이런 점에서 오늘 말씀은 의미심장합니다. 지금 바벨론 포로기의 이스라엘 백성은 일종의 집단 우울증에 빠져 있다고 할 수 있기 때문입니다. 하나님은 예언자 에스겔을 통해 이스라엘 백성의 모습을 이렇게 묘사하십니다. "여호와께서 권능으로 내게 임재하시고, 그의 영으로 나를 데리고 가서 골짜기 가운데 두셨는데, 거기 뼈가 가득하더라. 나를 그 뼈 사방으로 지나가게 하시기로, 본즉 그 골짜기 지면에 뼈가 심히 많고 아주 말랐더라"(겔 37:1-2). 어둠이 드리운 골짜기에 뼈들이 켜켜이 쌓여 있습니다. 그 모습을 보건대 오래된 시신들의 뼈입니다. 그 골짜기의 어느 구석에도 생명력이라고는 찾아볼 수 없습니다. 이 뼈들이 바로 깊은 우울증과 절망에 붙잡혀 있는 이스라엘 백성의 모습이고, 어쩌면 현재 한국 사회의 모습일 수 있습니다. 우울증 내지 절망감이 깊이 드리워 있는 것입니다.

그러나 하나님은 죽음과 절망이 가득한 삶 속에서 새 일을 시작하십니다. 하나님은 에스겔에게 "이 뼈들이 능히 살겠느냐?"(겔 37:3)라고 묻습니다. 그러자 에스겔은 "주 여호와여, 주께서 아시나이다."라고 대답합니다. 이 대답에는 부정과 긍정이 모두 들어 있습니다. 곧 그는 이렇게 말하는 것입니다. "하나님, 저는 모르겠습니다. 제 시각으로 보면 불가능합니다. 인간으로서는 도저히 못 합니다. 그러나 주님은 아십니다. 만일 주님이 다시 살리시겠다면 살아날 것입니다." 그러자 하나님은 에스겔에게 이스라엘 백성에게 가서 전할 희망의 메시지를 주십니다. "너희 마른 뼈들아, 여호와의 말씀을 들을지어다. 주 여호와께서 이 뼈들에게 이같이 말씀하시기를, 내가 생기를 너희에게 들어가게 하리니, 너희가 살아나리라"(겔 37:4-5).

에스겔은 하나님의 명령을 받아 외칩니다. "너희가 살아나리라!"

그러자 바싹 말라서 서로 떨어져 있던 뼈와 뼈가 서로 연결되기 시작했고, 그 위에 오래전에 사라져 버렸던 힘줄이 생기고, 살들이 덮이고 피부가 생겨납니다. 마침내 온전한 사람의 모습을 갖추기 시작합니다. 하지만 외형만 갖췄지 그 안에 생명은 없습니다. 그때 다시 하나님이 말씀하십니다. "또 내게 이르시되, 인자야, 너는 생기를 향하여 대언하라. 주 여호와께서 이같이 말씀하시기를, 생기야, 사방에서부터 와서 이 죽음을 당한 자에게 불어서 살아나게 하라"(37:9). 그러자 생기가 그들 안에 들어갔고, 그들이 한 명씩 한 명씩 살아나 자리에서 일어나는데, 마침내 큰 군대가 되었습니다.

이제 하나님은 마른 뼈 같은 이스라엘 백성을 다시 살리실 뿐 아니라, 그들을 조국 땅으로 돌아가게 해 주겠다고 약속하십니다. "주 여호와께서 이같이 말씀하시기를, 내 백성들아, 내가 너희 무덤을 열고 너희로 거기에서 나오게 하고, 이스라엘 땅으로 들어가게 하리라. 내 백성들아, 내가 너희 무덤을 열고 너희로 거기에서 나오게 한즉, 너희는 내가 여호와인 줄을 알리라"(겔 37:12-13).

당시 바벨론 제국은 한 지역을 점령하면 그곳의 주민들을 강제로 다른 땅으로 옮겨 버리고, 다른 민족이 그 땅에서 살게 하였습니다. 독립운동의 싹을 애초에 제거해 버리려는 시도였습니다. 그래서 이스라엘 백성들도 지금 바벨론 땅으로 끌려와 있는 것입니다. 포로인 이스라엘 백성이 다시 회복되어 그리운 조국 팔레스타인 땅으로 가는 것은 현실적으로 불가능해 보입니다. 아마 이 놀라운 환상을 본 에스겔조차도 믿기 어려웠을 것입니다.

인간의 고난, 하나님의 침묵 그리고 십자가

그러나 소망은 현실적 계산이 아닌 하나님으로부터 옵니다. 그 소망은 하나님에 대한 신뢰 속에 현실이 됩니다. 실제로 이 말씀이 전해진 얼마 후에 그렇게 강대하던 바벨론 제국은 내란으로 멸망했고, 이스라엘 백성은 고국으로 돌아갈 수 있게 되었습니다. 바벨론 제국을 멸망시킨 페르시아 왕조는 바벨론과 다른 식민 정책을 펼쳤습니다. 그들은 자신들이 점령한 땅의 민족들이 어느 정도 자치를 할 수 있게 하고, 대신 세금과 각종 부역을 제대로 감당하도록 했습니다. 이로 인해 유대인들도 자기들의 옛 땅으로 돌아가 자기들의 지도자를 뽑고, 어느 정도의 독립을 유지하게 된 것입니다. 이는 결코 생각지 못한 엄청난 변화였습니다.

우리 민족의 역사도 마찬가지입니다. 도저히 있을 것 같지 않은 일이 뜻밖에 생기기도 합니다. 저는 1979년의 어느 날을 기억합니다. 어느 주일 아침, 신문을 폈는데 거기에는 대문짝만하게 "박정희 대통령 서거"라고 쓰여 있었습니다. 당시 대학 2학년이었던 저는 도무지 제 눈을 믿을 수 없었습니다. 되돌아보면 박정희 대통령이 이룬 공도 많은 반면, 오랫동안 행해진 독재로 인해 저항도 컸습니다. 그 당시 전국의 웬 만한 대학 앞에는 탱크가 와 있었고, 군인들이 들어와 대학을 점령하고 있었습니다. 그들 앞에서 학생들이나 시민들의 힘은 무력했습니다. 그런데 어느 날 갑자기 "대통령 서거"라니요! 저는 전율을 느꼈습니다. 역사의 바퀴가 굴러가는 소리를 들었습니다. '아, 역사가 이렇게 바뀌는구나. 사람이 노력은 하지만 결국 역사는 하나님이 이끌어 가시는구나' 하는 생각에 두려움까지 느꼈습니다. 동독과 서독을 가로지르던 베를린의 장벽도 어느 날 아주 우습게 무너지지 않았습니까?

우리 사회도 마찬가지입니다. 우리가 여러 가지로 노력하고 있고 또 노력해야 하지만 결국 하나님의 때에 하나님의 역사하심 속에 놀랍게 바뀝니다. 교회도, 사회도 결국 바뀔 수 있습니다. 그래서 우리가 물어야 할 질문은 이것입니다. 어떻게 마른 뼈와 같은 이스라엘이 살아 있는 군대가 되었을까요? 또한 무엇이 그들로 그리운 고국으로 돌아가게 하였을까요?

성경은 여기에서 두 가지를 말합니다.

첫째, 하나님의 말씀이 바로 선포되고 거기에 사람이 순종하면 변화가 일어납니다. 본문 말씀에서 하나님은 에스겔에게 하나님의 말씀을 대언하라고 명령하십니다. 에스겔이 이 말씀에 순종하여 말씀을 대언할 때 기적이 일어납니다. 바싹 마른 뼈, 죽음만 있던 곳에 생명이 생겨납니다. 마른 뼈에 힘줄이 생기고, 살이 붙고 피부가 덮이며, 마침내 사람의 모습을 갖추게 됩니다. 하나님은 오늘도 우리에게 말씀하십니다. 예배를 통해, 개인 기도를 통해, 성경 읽기를 통해, 삶의 매 순간 우리에게 말씀하십니다. 그 말씀을 듣고 순종할 때, 우리 삶은 바뀌기 시작합니다. 가정이 바뀌고 교회와 세상이 변화합니다. 마른 뼈처럼 바싹 메마른 우리 속에 살이 생기고 힘줄이 생기고 피부가 붙어서 마침내 살아납니다.

둘째, 하나님의 생기가 불어와야 합니다. 여기에서 '생기'로 번역된 히브리어는 '루아흐'입니다. 숨결, 바람, 그리고 성령이라는 뜻입니다. 곧 성령께서 임하시면 새 일이 이루어집니다. 우리 개인과 가정과 교회가 하나님의 성령에게 붙잡히면 바뀌게 됩니다. 사람이 달라지기 시작하고, 가정이 따스해지며, 교회에 힘이 생깁니다. 교회의 생기로 조금씩 지역 사회가 바뀌어 가며, 사회가 새로워질 수 있습니다.

그러니 여러분! 지금 우리 삶이 에스겔 해골 골짜기와 같이 두렵고 막막할지라도 결코 낙심하지 마십시오. 우리의 희망이며 힘이신 하나님이 우리와 함께 하시며 우리를 도우십니다. 내 욕망과 좌절의 소리를 내려놓고, 살아서 역사하는 하나님의 말씀을 소중히 여기며 잘 듣고, 순종합시다. 하나님의 말씀에 생명이 있습니다. 성령의 인도하심을 신뢰하며 삶을 드립시다. 그때 우리 안에 하나님의 생기가 돌아 가정이 살고, 교회가 살고, 세상이 살아납니다.

이사야 선지자는 이렇게 외칩니다. "너는 알지 못하느냐? 듣지 못하였느냐? 영원하신 하나님 여호와, 땅 끝까지 창조하신 자는 피곤하지 아니하시며, 곤비하지 아니하시며, 피곤한 자에게는 능력을 주시며, 무능한 자에게는 힘을 더하시나니, 소년이라도 피곤하고 곤비하며, 장정이라도 넘어지며 쓰러지되, 오직 여호와를 앙망하는 자는 새 힘을 얻고 독수리의 날개 치며 올라감 같이 올라갈 것이다"(사 40:28-31).

여기에서 "독수리의 날개 치며 올라감 같을 것"이라는 말을 주목합시다. 우리 생각에는 마치 독수리가 자기 힘으로 날갯짓을 해서 올라가는 것을 묘사한 것 같지만, 그렇지 않습니다. 영어 성경에는 독수리가 나는 것을 'soar'라는 단어를 썼는데, 이는 독수리가 날개를 퍼덕거리며 날아오르는 것이 아니라, 바람을 타고 오르는 것을 말합니다. 실제로 독수리는 몸이 아주 무겁고 날개 길이도 2m나 됩니다. 참새는 자기 날개를 파닥거려 올라가지만, 독수리는 그 날개를 파닥거려서 올라갈 수 없습니다. 그럼 독수리는 어떻게 창공으로 날아오릅니까? 바람을 타고 오르는 것입니다. 태양이 비춰면 땅이 더워지고, 따뜻한 상승기류가 생겨나지요. 독수리는 이 따뜻한 상승기류 속에 날개를 쭉 펴고 몸을 맡김으로 하늘 높이 올라갑니다.

그리스도인들의 삶도 마찬가지입니다. 우리 힘으로 날 수 있습니까? 아닙니다. 자신의 힘으로 날갯짓을 했을 때 얼마나 올라갔나요? 그렇게 해서 우리가 얻은 것이 무엇입니까? 참새처럼 파닥거리면서 노력하지만, 우리의 가정, 교회, 직장은 지금 어떤 모습입니까? 노력해도 거기서 거기까지입니다. 하나님의 바람, 성령의 바람을 의지하십시오. 하나님의 생기가 임하고, 하나님의 성령의 바람이 우리를 붙잡으면 우리는 높이 도약할 수 있습니다. 소년이라도 넘어지고 장정이라도 자빠지지만, 여호와 하나님을 앙망하는 자는 새 힘을 얻습니다. 독수리처럼 날개를 펴서 바람을 타고 저 높은 창공을 날아올라갑니다.

오늘은 성령강림절입니다. 성령께서 메마른 뼈처럼 절망에 빠진 우리 개인과 가정과 교회 속에 임하셔서, 독수리 날개 펴 날아 올라가듯

인간의 고난, 하나님의 침묵 그리고 십자가

우리 모두 하나님의 나라를 향해 높이, 멀리 비상하기를 기도합니다. 우리 모두 성령의 바람을 타고, 이 바람을 벗어나지 않기를, 계속된 순종의 길을 잘 걸어갈 수 있기를 축원합니다. 아멘!

30 [감사절] 감사를 선택합시다
데살로니가전서 5:16-18

"항상 기뻐하라. 쉬지 말고 기도하라. 범사에 감사하라. 이는 그리스도 예수 안에서 너희를 향하신 하나님의 뜻이니라"(살전 5:16-18). 오늘 말씀은, 기도 가운데 기뻐하고 감사하며 사는 것이 성도들의 기본적인 삶의 태도라고 말합니다. 우리 역시 기뻐하고 감사하고 기도하면서 살기를 원하지만, 이게 쉽지 않습니다. 조금만 힘들어지면 우리의 기쁨과 감사는 순식간에 사라집니다. 미국의 자연주의 철학자 폴 솔벨로우는 "대부분의 사람들은 조용한 절망 가운데 살아간다"라고 했는데, 그것이 오늘을 살아가는 많은 사람들의 모습일 것입니다. 여러분, 지난 한 주 168시간 중에서 감사하고 기뻐하며 지낸 시간이 많았습니까? 아니면 무덤덤하거나 염려하고 짜증내며 보낸 시간이 많았습니까?

우리 생활에 감사가 없다면 왜 그럴까요?

첫 번째로, 우리에게 내일에 대한 염려와 불안이 크기 때문입니다.

인간의 고난, 하나님의 침묵 그리고 십자가

특별히 우리 한국 사회는 변화의 속도가 너무 빠릅니다. 아마 세계에서 제일 빠른 곳일 것입니다. 이처럼 변화가 많고 그 속도가 빠르다 보니, 우리는 피곤합니다. 내일 무슨 일이 있을지 예측이 쉽지 않으며, 정신이 없고, 잠시만 정신을 놓아 버리면 뒤처질 것 같아 불안합니다. 사는 것이 생존을 위한 투쟁 같습니다.

학생들은 진학 걱정, 청년들은 직장 걱정, 부모들은 자녀 교육 걱정, 장년들은 은퇴 걱정, 노년들은 건강 및 노후 걱정 등 끝이 없습니다. "걱정해서 걱정이 없어진다면 걱정이 없겠네!"라는 말처럼, 걱정해도 걱정이 사라지지 않으니 정말 걱정입니다. 우리는 '내일에 대한 걱정'으로 오늘을 불안하게 보내고 있습니다. 그리고 이처럼 걱정을 키우다 보면 감사는 어느새 사라집니다.

그런데 우리가 걱정하는 것들이 과연 꼭 그렇게 걱정해야 할 것들일까요? 심리학자들이 우리가 염려하는 것들을 통계 내어 보았더니, 40%는 절대 일어나지 않을 것에 대한 염려, 30%는 이미 일어나 버린 일에 대한 염려, 22%는 아무리 염려한다 해도 결코 해결할 수 없는 것들에 대한 염려라고 합니다. 결국 내가 염려해서 바꿀 수 있는 것은 8%뿐이고, 92%는 해도 소용없는 염려, 곧 할 필요가 없는 염려입니다.

실제로 우리는 지금까지 많은 것 염려하며 살지만, 지나 보면 어떻게 해서든 살아왔습니다. 지금보다 더 어려울 때도 살아왔습니다. 힘든 세월을 살아 내고 얼마 전 80세 생신을 맞은, 저의 작은 아버님이 어느 날 이런 말씀을 하시더군요. "우리 때는 일제강점기와 6.25 전쟁을 겪으며 하루 두 끼 먹기도 힘들었다. 살아 있는 것이 기적이었지. 그래서 밥만 먹으면 감사할 줄 알았다. 요즘 사람들은 너무 편해서 그런지 별걱정을 다 하고 사는 것 같다. 나는 지금 이 나이에도 하루 세 끼 밥만 먹을 수 있다면 뭐든 다시 새롭게 시작할 것이다." 그 말씀이 저에게 가벼운 감동으로 다가왔습니다.

우리가 왜 염려가 많을까요? 결국 믿음이 없고 고생할 마음이 없어서 그렇습니다. "너희 염려를 다 주께 맡겨 버려라. 이는 주께서 너희를 권고하심이라"(벧전 5:7). 하나님이 우리를 돌보아 주겠다고 하십니다. 이 사실을 믿고 열심히 살라고 하십니다. 결국 우리의 눈을 들어 하나님의 신실하심을 계속 신뢰하고 있을 때, 우리는 염려를 넘어서서 감사로 나아갈 수 있을 것입니다.

둘째로, 감사를 사라지게 하는 다른 하나는 욕심입니다. 욕심이 찾아오면, 있는 것에 대한 감사는 사라지고, 없는 것에 대한 욕구만 커집니다. 영어 단어에 need(필요)와 desire(욕구)를 구분할 필요가 있습니다. 필요(need)는 글자 그대로 필요한 것입니다. 우리에게는 먹을 것이 필요하고, 하루 일 마치고 비바람을 피해서 쉴 수 있는 집이 필요합니다. 사랑하는 가족들과 어느 정도 안정된 생활을 할 수 있는 돈도 필요합니다. 하나님께서는 이런 필요를 채워 주기를 원하시고, 채워 주겠다고 약속하십니다. 그래서 구하라, 찾으라, 열심히 노력하라 하십니다. 그러면 주겠다고 하십니다. 우리는 필요한 것을 하나님께 구하면서 각자 열심히 자기 삶을 살아가야 합니다.

이와 더불어 하나님은 사회 구조적인 이유로 삶에 꼭 필요한 것을 얻지 못하는 사람들을 돌봐주라고 하십니다. 이것은 교회의 기본적인 사명입니다. 그러기 위해서 우리 교회 안에 환대와 나눔이 있어야 합니다. 교회는 무엇보다도 따뜻함을 경험하는 곳입니다. 따뜻함을 경험해야 봉사도 하고 선교도 합니다. 우리 교회가 누구든지 환대받기에 마음이 훈훈해지는 곳이길 바랍니다. 성경은 말합니다. "서로 돌아보아 사랑과 선행을 격려하며, 모이기를 그만두자는 어떤 사람들의 습관과 달리, 주님이 임하시는 그날이 가까워져 올수록 더욱 열심히 모이자"(히 10:24). 이 말씀처럼 모이고 서로 격려하고 따뜻하게 환대하는 것, 이것이 교회의 임무입니다. 더 나아가 이런 일을 세상으로 확산해 가야 합니다. 여러 이유로 인해서 삶에서 기본적인 것도 충족하지 못하는 사람들에게 교회가 희망의 증거가 되기를 바랍니다. 교회의 크기와 상관없이 우리가 할 수 있는 한 나누고 섬기며, 세상의 빛과 소금으로 살아가는 축복이 있기를 바랍니다.

하지만, 욕구(desire)는 필요(need)와 다른 것입니다. 있으면 좋지만 없어도 괜찮은 것이 욕구입니다. 오늘날 우리 사회의 문제는, 없어도 되는 욕구(desire)를 자꾸 부추기는 데 있습니다. 그것이 없으면 살지 못할 것처럼 만들어서 매이게 합니다. 핸드폰을 충분히 잘 쓸 수 있는데 계속 새것을 사게 만듭니다. 끊임없이 새로운 가구나 새 옷을 사도록 충동합니다. 이런 욕구가 우리 마음을 지배할수록 기쁨과 감사는 사라집니다. 항상 모자라고 항상 아쉽고, 그만큼 불만과 분노가 생기기 때문이지요.

『죽도록 즐기기』라는, 닐 포스트만이 1985년에 쓴 책이 있습니다. 그때 그는 이미 텔레비전의 등장과 함께 모든 것이 쇼가 되었다고 말합니다. 교육도, 도덕도, 종교도 모두 쇼가 되었습니다. 어떤 것을 판단할 때 그 기준이, 옳고 그름의 의미와 가치가 아닌, 재미가 모든 도덕적 가치를 대신하는 시대가 온다고 했습니다. 그는 죽도록 소비하고 죽도록 즐기는 시대는 결국 공허해지는 시대가 된다고 말합니다. 실제로 그런 시대는 오래전에 우리에게 왔습니다.

TV 홈쇼핑에서는 갖가지 물건을 팝니다. 옷도 팔고, 화장품도 팔고, 전자 제품도 팝니다. 그날은 "500만 원을 투자하면 화장실을 이렇게 멋있게 고쳐 드립니다" 하는 것도 팔더군요. 그 많은 광고 상품들 중에서 정말 우리에게 필요한 것은 무엇일까요? 대부분은 있으면 좋겠지만 없어도 괜찮지 않을까요? 없으면 조금 불편하기도 하지만 근본적으로는 괜찮습니다. 괜히 충동적으로 샀다가 뒤에 후회할 가능성이 많습니다.

더 많이 소유하면 더 많이 행복할 것이라고 말하는 소비주의 시대에도 성경의 가르침은 분명합니다. 그것은 소박한 삶을 살라는 것입니다. "그러나 자족하는 마음이 있으면 경건에 큰 이익이 되느니라. 우리가 세상에 아무것도 가지고 온 것이 없으매 또한 아무것도 가지고 가지 못하리니, 우리가 먹을 것과 입을 것이 있은즉 족한 줄로 알 것이니라"(딤전 6:6).

우리는 하나님을 의지하면서 단순하고 소박하게 사는 연습을 해야

인간의 고난, 하나님의 침묵 그리고 십자가

합니다. 마음을 비우고 손을 펼쳐 나누며 본질적인 것에 집중하는 훈련이 필요합니다. 그럴 때 감사할 수 있습니다. 우리 그리스도인은 마음도 물질도 소박하고 단순하게 살아가는 삶을 살도록 부르심을 받았습니다. 인터넷에 본 기사입니다. 뽀빠이 이상용 씨가 진행하는 어느 프로그램에 전남 곡성에 사시는 107세 할아버지가 출연했습니다.

> 뽀빠이: "할아버지, 이렇게 오래 사신 비결이 무엇입니까?"
> 할아버지: "할아버지가 뭐야? 그냥 형님이라고 불러!"
> 뽀빠이: "아, 형님 죄송합니다. 형님, 오래 사신 비결이 뭐죠?"
> 할아버지: "비결이 뭐 있나? 안 죽으니까 오래 살았지!"
> 뽀빠이: "형님, 그동안 살면서 미운 사람도 많고, 스트레스도 많았을 텐데 어떻게 그런 걸 다 참고 사셨어요?"
> 할아버지: "미운 사람들도 있었지. 그냥 내버려 뒀어. 그랬더니 지들이 알아서 80살이 넘으니 다 죽던데 뭘. 그러니 미운 사람 있어도 그냥 즐겁게 오래 살면 돼! 끌탕하지 마! 화날 때는 그냥 웃어 버려! 하하하, 이렇게 말이야."

과도한 욕심을 내려놓고 소박하게 사는 삶은 아름답습니다. 소박한 삶에서 우리는 감사를 배웁니다. 매스컴은 지속적으로 우리에게 더 많이 가져야 행복하다고 말합니다. 매년 월급은 올라가야 하고, 더 좋은 차, 더 좋은 집, 더 좋은 가구가 있어야 한다는 생각을 주입합니다. 그러다 보니 소비주의 사회를 살아가는 대부분의 사람들은 자신이 충분히 소유하고 있다고 생각하지 않습니다(I don't have enough). 이 생각은 곧 자신은 충분하지 못한 사람(I am not enough)으로 전환됩니다. 나는 충분하지 못하기에 인생을 잘못 살고 있다고 생각하게 되는 것이지요. 이 생각은 곧 자신은 여러모로 문제 있는 사람(I am not good enough)으로 악화됩니다. 결국 소유 자체가 그 사람의 존재 의미를 규정해 버리는 소비주의 사회 속에서 감사는 사라져 버립니다.

어떻게 이런 시대정신에 저항하고 다르게 살아갈 수 있을까요? 그것은 계속해서 크고 작은 일에 감사를 회복하는 것입니다. 아침에 일어나 걸을 수 있음에 감사! 세 끼 먹을 밥이 있으니 감사! 그것을 먹을 건강이 있으니 감사! 멀리 여행 못 가도 집 근처 공원을 거닐 수 있음에 감사! 백화점 가서 좋은 옷 못 사도 갈아입을 옷 있는 것 감사! 일할 수 있음에 감사!

소박한 삶을 살아가며 감사하기에 오히려 남는 시간들로 나의 내면을 성숙시키고, 다른 사람을 돕는 일에 쓸 때, 우리는 우리 시대의 소비주의, 물질주의 가치관을 넘어 함께 풍성해질 수 있습니다.

물론 이렇게 하기는 쉽지 않습니다. 더 많은 소유와 소비가 하나님의 축복이라고 말하는 이 시대에 이것은 힘든 일입니다. 그렇기에 우리는 스스로를 훈련해야 합니다. 그것이 하나님의 뜻이기도 하지만, 우리가 살고 있는 지구가 더 이상 이런 소비주의적인 문화를 견딜 수 없기 때문입니다.

그래서 저는 오늘 본문 말씀 중, 기뻐하라는 말과 감사하라는 말 사이에 있는 '기도하라'는 말씀에 집중하게 됩니다. 기도할 때 우리는 이 땅만 바라보던 우리의 눈을 들어 하나님을 쳐다보게 됩니다. 나의 시선에서 하나님의 시선으로 나와 세상을 바라보게 됩니다. 그때 비로소 우리는 기뻐하고 감사하게 될 것입니다. 감사는 연습을 통해서 우리 몸에 스며드는 영적 훈련입니다. 불평할 거리는 언제나 있습니다. 마찬가지로 어떤 상황에도 감사할 거리를 찾을 수 있습니다. 어느 것을 선택할 것인가? 이것은 매 순간 우리가 결정할 일입니다. 우리가 수시로 주님을 바라보며 기도한다면 우리 삶이 여러모로 달라질 것입니다. "주님, 선한 목자 되신 주님으로 인해 제 삶이 넉넉합니다. 주님의 시선으로 살기에 불필요한 욕심 대신 소박한 삶을 살게 해 주십시오. 자족을 배우며 환대와 나눔으로 이웃에게 손을 펼치며 살아가게 해 주십시오."

일본에서 있었던 일입니다. 제2차 세계 대전이 끝나고 한 해군 장교가 자기 고향 땅에 돌아와 보니 너무나 기가 막혔습니다. 온 동네는 폐허로 변했고, 자기가 살던 집도 잿더미가 되어 있었습니다. 시간이 지날수록 가슴에 분노가 치밀어 올라 불평과 원망을 연발했습니다. 화병이 생기고, 전신 마비가 와서 그만 쓰러지고 말았습니다. 한 의사가 그에게 처방을 내렸습니다. "당신은 무엇이든 먹을 때마다 '하나님, 감사합니다'라는 말을 다섯 번씩 반복하시오. 그러면 당신의 병이 나을 것입니다." 장교는 살기 위해서 의사 처방대로 입에 무엇이 들어가든지 "감사합니다"를 다섯 번씩 말했습니다. 물 마실 때도 "감사합니다." 밥 먹을 때도 "감사합니다." 그렇게 여섯 달쯤 지났습니다. 어느 날 중학교에 다니는 딸이 하교 길에 풀빵을 하나 사 와서 아빠에게 건넸습니다. 그 풀빵을 받아들고 "하나님, 감사합니다"라고 말하는데 뭔가 이상했습니다. 몸의 마비가 풀리고 병이 나은 것입니다. 그는 기뻐서 춤을 추듯 몸을 움직이며 "하나님, 감사합니다. 하나님, 감사합니다"를 외쳤습니다. 감사는 기적을 만듭니다. 원망과 불평에 매여 있던 생각을 바꾸고, 행동을 바꾸고, 질병에 매여 있던 몸마저 회복하게 만든 것입니다.

뇌 과학자들에 의하면, 반복해서 짜증을 내고 화를 내면 뇌의 편도체가 활성화되어 스트레스 호르몬이 지속적으로 분비되어 온몸을 긴장 상태에 몰아넣어 점점 더 힘들어진다고 합니다. 그럼 더 짜증스럽고 화를 내게 되며 악순환을 반복하게 되지요. 하지만 "감사합니다"라는 말을 할 때마다 편도체가 안정되며 안정 호르몬이 분비되어 평안이 지속된다고 합니다. 우리 한 달만, 한 주만, 아니 하루만이라도 불평대신 "감사합니다"를 의도적으로라도 말해 봅시다. "아침에 눈을 떠서 감사합니다. 하루를 말씀 읽고 기도로 시작하니 감사합니다. 비가 내려 감사합니다. 움직일 수 있어 감사합니다…." 갈수록 평안해지며 삶이 아름다워질 것입니다.

감사는 우리가 할 수 있는 최고의 선택입니다. 매 순간 불평과 원망을 선택할 수도 있고, 감사를 선택할 수도 있습니다. 그것은 우리 의지의 자유입니다. 그러나 그 선택이 쌓여 나타나는 결과는 엄청나게

달라질 것입니다. "항상 기뻐하라. 쉬지 말고 기도하라. 범사에 감사

하라" 이 말씀을 매 순간 실천함으로써 감사의 기적이 풍성하기를 축

원합니다. 아멘.

31 [종교개혁주일] 다시는 정죄함이 없다[10]
로마서 8:1-2

　미국의 소설가 애드가 앨런 포우(Edgar Allan Poe)가 쓴 『고자질하는 양심』이라는 소설이 있습니다. 이 소설에서 주인공이 어쩌다 보니 사람을 죽이고, 시신을 아무도 모르게 지하실에 매장합니다. 아무도 보지 못했고, 아무에게도 들키지 않은 완전범죄입니다. 그런데 이 사건 이후, 주인공에게 이상한 일이 벌어집니다. 그가 지하실 근처에만 가면 죽은 사람의 심장박동 소리가 둥둥 들려옵니다. 분명히 죽여서 파묻었는데, 거기만 가면 심장 소리가 들립니다. 처음에는 지하실 근처에서만 들리던 심장박동 소리가 이제는 그가 가는 곳마다 따라다닙니다. 식당에 가도 둥둥둥, 침실에 가도 둥둥둥, 심지어 일을 하러 밖에 나가도 둥둥둥! 분명히 그 사람은 죽었기에 그의 심장박동 소리가 들릴 리가 없는데, 그 소리가 갈수록 크게 들려옵니다. 괴로워 미칠 지경입니다. 밥도 못 먹고 잠도 못 자고 사는 게 말이 아닙니다. 어느 날

10　필자의 2023년 저서 『인생의 질문, 신앙의 답변: 오늘의 기독교 신앙』에 실린 글을 부분적으로 수정했습니다.

인간의 고난, 하나님의 침묵 그리고 십자가

갑자기 이 주인공이 깨닫습니다. 이 심장 고동 소리는 죽은 사람의 소리가 아니라, 바로 자기 심장이 뛰는 소리였던 것을! 아무도 그 살인 현장을 보지 않았지만, 자기 심장은 자신이 바로 사람을 죽인 살인범이었을 고발하고 있었던 것입니다.

무슨 이야기일까요? 우리 마음 깊은 곳에는 남이 알지 못하는 깊은 죄책감이 있다는 말입니다. 겉보기에는 잘 사는 것처럼 보여도, 그 내면에는 자신의 부족함과 잘못을 고발하는 양심이 있습니다. '너 계속 이렇게 살래?' '너 이러면 결국 후회할 텐데 계속 이렇게 할 텐가?' 누군가는 이런 소리를 좀 더 예민하게 듣고, 다른 누군가는 좀 둔할 수 있습니다. 정도 차이일 뿐, 이런 양심의 가책에서 완전히 자유로울 수 있는 사람은 아무도 없습니다.

이런 죄책감의 문제를 어떻게 해결할 수 있을까요? 일단 선하게 살아야 하겠지요. 할 수 있는 한 착하게 살고, 남을 해치지 않고 살아야 할 것입니다. 하지만 그것이 잘 안 되기 때문에, 사람들은 잘못했을 때 그 잘못을 보상하는 길을 찾으려 합니다. 죄의 값을 치러야 마음이 조금이라도 편해질 것 같기 때문입니다.

어떤 분이 안개 자욱한 국도를 달려가다가 그만 무단 횡단하는 분을 치었는데, 그분이 그 자리에서 죽고 말았습니다. 과실치사였지만 그래도 사람이 죽었기에 이분은 유치장에서 한 달을 보내고, 상대 가족과 합의하여 합의금을 치루고 나왔습니다. 이 일 후에 그분이 말하길, "그래도 감옥살이를 하고 나니 마음이 좀 나아졌습니다. 조금이라도 죗값을 치렀다는 마음입니다"라고 하시더군요. 이것이 인간입니다.

　오늘은 종교개혁기념일이기 때문에 개혁자 마르틴 루터에 대한 말씀을 좀 드리겠습니다. 루터는 머리가 좋고, 신경이 아주 예민한 사람이었습니다. 스물두 살 때, 친구랑 들판에 나가 놀다가 갑자기 소나기가 쏟아졌습니다. 큰 나무 밑에 서서 비를 피하는데 하필이면 그 나무에 벼락이 떨어졌습니다. 정신을 잃고 쓰러졌다가 깨어나 보니, 친구는 벼락을 맞아 새까만 숯덩어리가 되었는데 자기는 멀쩡했습니다. 그때 루터는 두려움에 떨며 자신에게 질문을 던집니다. '만일 죽어 있는 것이 친구가 아니라 바로 나 자신이었다면, 내 영혼은 지금 어디 있을까? 내 영혼은 천국 갈 수 있을까? 과연 나는 구원 받을 수 있을까?' 그는 자신이 없었습니다. 결국 전도양양하던 법학도 루터는 모든 것을 뿌리치고, 당시 규율이 가장 엄격했던 성 아우구스투스 수도원의 수도사가 됩니다.

　루터는 수도원에서 일주일에 이틀을 금식하고, 밥을 먹는 날에도 하루에 한 끼만 식사합니다. 나머지 시간을 노동과 기도로 보내고, 하나님 마음에 들기 위해 모든 노력을 다합니다. 그는 성 베드로 성당의 수백 개의 계단을 무릎으로 기어오릅니다. 살갗이 터져 피가 흐르고, 살이 패일 정도로 고행을 하지만, 자신이 구원받으리라는 확신은 없었습니다. 오히려 심판에 대한 두려움만 더 커졌습니다. 이때 일을 회고하며 루터는 이렇게 기록합니다. "수도원에 있을 때 나는 세상에서 가장 비참한 피조물이었다." "낮이나 밤이나 나는 심판에 대한 공포

인간의 고난, 하나님의 침묵 그리고 십자가

심에 떨며 절망의 눈물을 흘렸다." "수도원에 걸린 그리스도의 초상화에서 나를 심판하는 지옥의 악마를 보았다." "그때마다 나는 새파랗게 질려서 성모 마리아여, 당신 아들의 진노로부터 불쌍한 나를 구원하여 주소서라고 절규했습니다."

루터는 왜 이렇게 힘들어했을까요? 이는 당시 로마 가톨릭교회의 구원관과 연관되어 있습니다. 당시 로마 가톨릭교회는 인간이 구원받기 위해서는 하나님이 원하시는 수준의 거룩하고 선한 삶을 살아야 한다고 가르쳤습니다. 그 거룩함에 이르기 위한 방법으로는 교회 출석, 성직자들에 대한 순종, 고해성사, 가난한 사람들을 위한 헌금, 성지순례 등이었습니다. 그러다 보니 사람들은 아무리 노력해도 자신이 정말 하나님의 구원을 받을 만큼 거룩해졌는지를 확신하지 못했습니다. 마치 해를 등지고 달려가면 아무리 빨리 뛰어도 우리 앞에 있는 그림자를 결코 잡을 수 없듯이, 누구도 자신이 충분히 의롭게 되었다는 확신을 가질 수 없는 것입니다. 정말 나는 하나님의 시험에 통과하고 구원에 이를 수 있을까? 그 확신이 없기에 불안했고, 불안한 만큼 사람들은 교회 생활에 얽매게 되었고, 교회는 이를 이용하여 사람들을 통제하는 거대한 구원의 시스템을 만들었습니다. 그러니 시대 전체가 하나님을 만나는 것이 어려웠습니다. 모든 것이 캄캄했습니다. 이것이 루터를 붙잡고 있었던 고통의 근본 이유였습니다.

루터는 이런 와중에도 계속 공부하여, 신약신학 박사 학위를 받고 비텐베르크 대학의 교수가 됩니다. 그는 성서 강의를 위해 시편을 연구하고, 갈라디아서와 로마서를 몇 번씩 강의합니다. 1517년 9월의 어느 날 밤, 루터는 그가 거주하던 비텐베르크 성의 다락방에서 로마서 1장 16-17절을 새로운 관점에서 읽게 됩니다. "복음에는 하나님의 의가 나타나서 믿음에서 믿음으로 이르게 하나니, 기록된 바, 오직 의인은 하나님의 말씀으로 살리라 함과 같으니라." 이전에 루터는 여기 나오는 "하나님의 의"라는 말을, 각 사람이 노력해서 이루어야 할 의로 이해했습니다. 그런데 이제 그는 하나님의 의를 인간의 노력으로써의 의가 아니라, 하나님이 예수님의 십자가에서 피 흘리심으로 우리 위에 덧입혀 주시는 의라는 깨달음을 얻습니다. 깜짝 놀란 루터는 교부들의 가르침들을 다시 읽기 시작했고, 그 가운데 이전의 위대한 교부들도 자신과 같은 깨달음을 얻었음을 알게 되었습니다. 아우구스티누스, 안셀무스도 그렇게 말했고, 루터 직전의 개혁자 얀 후스도 동일한 것을 주장하다가 죽은 것을 알게 되었습니다. 그는 다시 성경으로 돌아가 시편, 갈라디아서, 에베소서를 읽으면서 이 사실을 거듭거듭 확인합니다.

루터의 이 깨달음에서부터 종교개혁이 일어납니다. 이때의 충격을 루터는 뒷날 이렇게 표현했습니다. "그때 나는 하늘 문이 열리고, 그리스도께서 나를 위해 기뻐하고 계심을 보았다." "그리스도는 이제는 나의 심판자가 아니라, 나를 지극히 사랑하여 내 대신 십자가를 지신 분이 되셨다." 루터는 이를 "예수 그리스도의 십자가에서 즐거운 교환이 일어났다"라고 표현했습니다. 곧 나의 죄는 예수님께 주어지고, 예수님의 의로우심은 나의 것이 되어, 이 의로우심으로 인해, 하나님은 나를 사랑하고 긍휼히 여기고 구원하시는 일이 일어났다"라는 것입니다. 루터의 이 신앙 체험이 종교개혁을 일어나게 한 원동력이 되었습니다. 골짜기가 깊은 만큼 산의 높이가 더 높아지듯이, 죄와 죄책의 깊이만큼 은혜의 깊이가 더 컸습니다. "죄가 더한 곳에 은혜가 더욱 넘쳤다"라는 말씀을 체험한 것입니다.

그런데 이런 루터의 깨달음이 오늘 우리에게 어떤 의미가 있을까요? 루터의 경험은 중세적인 상황에서 일어난 것입니다. 그때는 하나님이 계실 뿐 아니라 그분이 우리의 일거수일투족을 다 보고 계시고, 심판하신다는 것이 너무 분명했습니다. 중세는 종교의 시대였습니다. 모든 사람들이 교회를 중심으로 살았습니다. 성벽이 둘러싸고 있는 마을 한가운데 교회가 있습니다. 마을의 길들은 어디서 출발하든지 걷다 보면 결국 교회 앞마당에 이르게 됩니다. 눈을 들어 보면 교회당의 뾰족한 탑이 바로 눈앞에 있습니다. 고딕식 건축 양식의 교회당 안에 들어가면 사람들의 시선은 자연히 위를 향하게 되어 있고, 거기에는 천사들로 둘러싸인 삼위일체 하나님의 모습이 그려져 있습니다. 이런 시대적 분위기 속에서, 하나님이 나를 바라보고 계시고, 나는 그 말씀 따라 살아야 하며, 그 말씀대로 살지 않으면 심판받고 버려질 수밖에 없다고 생각하는 것은 자연스럽습니다.

하지만 오늘날의 상황은 다릅니다. 우리 현대인들은 하나님이 계시며 그분이 심판주라는 생각을 하기가 쉽지 않습니다. 이는 믿지 않는 분들은 말할 것도 없고, 그리스도인들도 마찬가지입니다. 예배드릴 때는 하나님을 생각하겠지만 막상 집에 가면 그렇지 않습니다. 그래서 루터가 경험한 것처럼 하나님이 더 이상 '심판하시는 하나님'이 아니라 '은혜롭고 자비로운 하나님'이라는 루터의 경험이 바로 우리의 경험이 되기는 쉽지 않습니다.

그러나 그 모습은 달라졌지만 루터가 경험했던 '심판'은 여전히 우리 삶 속에 있는 것을 봅니다. 우리 현대인들도 이 도시 문명을 살아가면서 '다른 종류의 심판' 곧 '내 삶이 의미가 없고 가치도 없어 보인다는 심판'을 자주 경험하게 됩니다. 우리 모두 '나는 바로 살고 있는 것일까? 내 삶은 과연 가치 있는 삶일까?' 하는 질문 앞에 서게 되는 것입니다. 특히 우리가 살고 있는 자본주의 사회는 한 사람의 가치를 그가 이루어 내는 성과에서만 찾기 때문에 우리는 자주 자신의 무가치함을 느낍니다. 학생은 학교 성적이라는 실적을 내어야 합니다. 그래야 원하는 대학에 들어갈 수 있습니다. 대학에서도 학점, 어학연수, 각종 인턴쉽, 사회봉사 같은 스펙들을 쌓아야 취직을 할 수 있습니다. 어렵게 취직을 해도 성과를 내지 못하면 언제든지 퇴출될 수 있습니다. 나의 자리를 대치할 사람은 언제나 기다리고 있습니다. 실상 오늘의 자본주의 사회에서 우리 모두는 얼마든지 대치될 수 있는 건전지와 같고, 고장 나면 언제든지 버려지는 전구와 같습니다. 나를 대신할 사람은 노동 시장에 얼마든지 있기 때문입니다.

그러니 대치되어 퇴출당하지 않도록 죽도록 일합니다. 성과를 내지 않으면 죽기 때문입니다. 하지만 아무리 성과를 내어도 언제나 나보다 잘하는 사람이 있습니다. 고속도로를 달리다 보면 언제나 내 앞에 달리는 차가 있듯이, 아무리 노력해도 나보다 잘하는 사람이 있고, 나보다 앞서 있는 사람들이 있습니다. 결국 조금이라도 더 앞서기 위해 몸부림치다가 마침내 소진되어 버리는 것이 많은 현대인의 삶입니다. 이런 현대 사회의 모습을 철학자 한병철은 '성과 사회'라고 부르면서 전에는 다른 사람이 시키는 것을 그냥 할 수밖에 없는 규율 사회였는데 이제는 스스로가 자기 인생의 감독관이 되어 기꺼이 '자기를 착취하고 소진시키는 사회'가 되었다고 합니다. 이로 인해 그는 우울증, 주의력 결핍 과잉 행동 장애, 경계성 성격 장애, 소진 증후군 등을 우리 시대의 주도적인 질병이라고 말합니다.

그 한 사례가 2010년 1월에 있었던 S 그룹 어느 부사장의 자살 사건입니다. 그는 서울대 전자공학과를 나와 미국 유명 대학에서 박사 학위를 받고, 1992년 S그룹에 입사한 엘리트였습니다. 입사 후 그는 2000년 상무, 2007년 부사장 등 초고속 승진을 했습니다. 2010년 세상을 떠날 당시 연봉 10억 원, 보유 주식 60억이 있었고, 서울에서 제일 비싼 동네에 거주했습니다. 그런데 이런 그가 스스로 목숨을 끊은 것입니다. 부인에게 남긴 유서와 주변 정황으로 미루어 볼 때 승승장구했던 그였지만 지난 2년간 성과를 못 내었고, 이로 인해 주요 보직에서 밀려나 우울해했다고 합니다. 결국 더 이상은 해낼 수 없다고 느꼈을 때 그는 죽음을 선택하였습니다. 사람이 살다 보면 실패할 수도 있고, 해결 못할 문제가 있기도 한데 이를 못 견딘 것입니다. 누구보다 탁월한 인물이 참 안타깝습니다. 성과 사회에서 사람들은 완전히 망가질 때까지 자신을 착취하게 되는 것입니다.

이런 상황 속에서 우리는 오늘 말씀을 듣습니다. "그런즉 누구든지 그리스도 예수 안에는 정죄함이 없나니, 이는 그리스도 예수 안에 있는 생명의 성령의 법이 죄와 사망의 법에서 너를 해방하였음이라." 여기서 "정죄"는 '채무'를 말합니다. 이자가 눈덩이처럼 불어나는 채무를 생각해 보십시오. 갚을 능력은 없는데, 시간이 지날수록 상환할 빚이 더욱 많아지는 상황이 바로 '정죄'입니다. 그런데 어느 날, 은행장이 와서 기쁜 소식을 전합니다. "어떤 분이 당신 상황을 딱하게 보고 그분의 모든 것을 바쳐서 갚아 주셨습니다. 이제 당신은 빚이 없습니다. 당신은 이제 자유입니다." 그러고는 당신이 보는 앞에서 채무증서를 찢어 버립니다. 엄청난 채무가 사라져 버린 것이지요. 이게 '정죄함이 없다'는 뜻입니다.

이런 일이 일어나면 어떻겠습니까? 당연히 의심하게 될 것입니다. 도무지 믿을 수 없을 것입니다. 그러나 이것이 정말 사실인 줄 알게 될 때 얼마나 기쁘겠습니까! 새로운 희망이 솟아날 것입니다. 그렇게 빚을 갚아 준 사람에 대해 평생 고마워하며, 그의 은혜에 보답하는 삶을 살고 싶어 할 것입니다. 본문 말씀이 그런 뜻입니다. "그런즉 누구든지 그리스도 예수 안에는 정죄함이 없나니, 이는 그리스도 예수 안에 있는 생명의 성령의 법이, 죄와 사망의 법에서 너를 해방하였음이라."

그래서 이제 그리스도 예수 안에는 정죄가 없다는 것입니다. 루터 시대처럼 죄책감의 문제이든지, 우리 시대처럼 '내가 아무런 가치가 없다'는 무력감과 무가치함의 느낌이든지 관계없습니다. 어느 경우이든 하나님은 예수님 십자가 죽음으로 인해 우리를 더 이상 정죄하지 않으십니다. 하나님이 나를 정죄하지 않는다는 말은, 내가 죄를 지어서 괴롭든, 성과를 못 내어서 힘들든, 내가 퇴출의 위기 앞에서 스스로 무가치함을 느끼든 관계없이 하나님께서 우리를 사랑하신다는 것입니다. 나의 어떠함에도 불구하고 하나님은 우리를 예수 그리스도 안에서 소중히 여기신다는 말입니다. 우리는 결코 어떤 일을 위한 수단이 아니라 그 자체로 목적, 그 자체로 사랑받는 하나님의 아들, 딸이라고 선언하십니다.

개인적으로 이를 받아들이는 것이 믿음입니다. 신학자 폴 틸리히는 이렇게 말합니다. "당신보다 크신 이가 당신을 무조건적으로 용납하셨습니다. 당신도 이를 용납하는 것이 믿음입니다." 이것을 확인하고 체험하는 곳이 교회입니다. 세상이 우리를 향해, 당신이 계속 성과를 내지 못한다면 당신은 가치가 없고, 언제든지 대치될 수 있는 존재라고 말할 때, 교회는 아니라고 말하는 곳입니다. 그렇게 해서 세상에 참된 소망을 가져오는 곳입니다.

몇 년 전 세상을 떠난 탁월한 사회학자 지그문트 바우만은 우리 시대를 "사냥꾼의 시대"라고 불렀습니다. 그는 정원사의 시대와 사냥꾼의 시대를 대비합니다. 정원사는 나름의 계획을 가지고 이쪽에는 꽃을 심고, 저쪽에는 나무를 심고, 여기는 비워 두고 하는 식으로 정원을 가꿉니다. 이처럼 자신의 인생을 가꾸고 또 사회를 설계해 보던 시절이 있었다는 것입니다. 하지만 어느덧 그 시대는 지나갔고, 이제는 살아남기 위해 매순간 사냥을 하지 않으면 안 되는 시대가 되었습니다. 그렇게 사냥꾼이 되지 못한다면 최소한 사냥감이 되어서는 안 되기에 모두가 조심조심 살아가는 시대가 되었다고 합니다. 실제로 그렇습니다. 오늘날 우리 한국 사회를 특징 짓는 것이 '생존주의' '각자도생'입니다. 언제 어떻게 될지 모릅니다. 그 누구도 믿고 의지할 수 없습니다. 어떻게든 살아남아야 합니다. 이런 모습은 특히 청년들에게서 나타납니다. 그래서 '헬 조선'이라고 하고 '불바다 반도'라고 합니다. '이생망'(이번 생은 망했습니다)이라고 말합니다. 참 가슴 아픈 이야기입니다.

그렇기 때문에 교회는 더욱 중요합니다. 교회는 세상과 다른 메시지를 전하는 곳입니다. 교회는 우리를 효율성에 따라 평가하는 세상을 향하여 "아니다. 너는 너 자체로 아름답고 소중하다. 하나님은 우리를 있는 그대로 받으시고 사랑하신다"라고 말하는 곳입니다. 그리고 그것을 직접 경험하게 하는 곳입니다. 한 걸음 더 나아가 결코 정죄가 없는 세상을 만들어 가는 꿈을 꾸고 행동하는 곳입니다.

그래서 저는 종교개혁주일인 오늘, 우리 시대의 종교개혁이란 과연 무엇일까를 물어봅니다. 그것은 '정죄함이 없는 교회', '무조건적인 은혜와 용납이 체험되는 교회'로 거듭나는 것이라고 말씀드리고 싶습니다. 참으로 우리 시대의 종교개혁은 효율성과 생산 능력에 따라서만 사람을 판단하고 평가하고 대우하는 세상을 향해 "우리 인간은 그런 존재가 아니다. 효율성 이전에 우리는 존재 자체로 소중한 사람들이다"라고 도전하는 거룩한 공동체로 변모되어 가는 데 있을 것입니다.

그렇게 되려면 우리가 진짜 공동체가 되어야 합니다. 종교개혁 502주년을 맞이하는 오늘, 우리 교회에 주어지는 도전은 결국 이런 복음으로 새롭게 되는 공동체가 될 수 있는가 하는 것입니다.

이제 말씀을 맺습니다. 동화 작가인 정채봉 선생님의 어머니는 그녀가 열여덟 살에 아들을 낳고, 그 아들이 세 살 되던 해인 스무 살 꽃다운 나이에 세상을 떠났습니다. 이로 인해 정채봉 선생님은 평생토록 어머니에 대한 그리움을 간직하고 살았습니다. 「엄마가 휴가를 나온다면」시 안에 그 마음이 담겨 있습니다.

하늘나라에 가 계시는

엄마가

하루 휴가를 얻어 오신다면

아니 아니 아니 아니

반나절 반시간도 안 된다면

단 5분

그래, 5분만 온대도

나는 원이 없겠다

얼른 엄마 품속에 들어가

엄마와 눈 맞춤을 하고

젖가슴을 만지고

그리고 한 번만이라도

엄마!

하고 소리 내어 불러 보고

숨겨 놓은 세상사 중

딱 한 가지 억울했던 그 일을 일러바치고

엉엉 울겠다.

    오늘의 세상에는 이런 엄마 같은 분이 필요합니다. 그것이 우리 가정이 되어야 하고, 특히 우리 교회가 되어야 합니다. 그 품에 안겨 엉엉 울 수 있는 엄마 같은 교회! 심히 어렵고 힘든 일이지만 하나님의 도우심 안에서 이런 교회를 우리가 만들 수 있다면, 우리는 무너지고 있는 이 세상을 지탱할 수 있을 것입니다. 그렇게 지탱하다 보면 사람이 자신의 효율성이나 능력 때문이 아니라 자신의 존재 자체로 존중받는 새로운 세상의 꿈도 꿀 수 있겠지요. 이것이 우리 시대의 종교개혁이 되기를 바랍니다.

    실상 희망은 별로 보이지 않습니다. 그래도 우리는 해야 합니다. 20세기 초, 무너져 가던 조국의 모습을 안타깝게 바라보면서 당대 중국의 대지식인이자 소설가인 루쉰은 『고향』이라는 그의 소설에서 이런 말을 남깁니다. "희망은 과연 있는가? 희망은 있다고도 할 수 없고, 없다고도 할 수 없다. 그것은 길과 같다. 길은 처음에 없었다. 그러나 한 사람이 그 길을 가고, 또 다른 사람이 그 뒤를 따라가고, 또 다른 사람이 그 길을 걸어가다 보면 길은 어느새 만들어진다. 희망도 그와 같다." 성령의 감동 감화가 있어서 이런 꿈이 우리 가운데 생기고, 또 구체적으로 자라 가기를 축원합니다. 아멘!

설교집 벽돌 쌓기

이 책이 나올 수 있도록 한 장씩 크고 작은 벽돌을 쌓아주신 분들께 감사드립니다. 또한 이렇게 쌓인 벽돌들이 멋진 집이 되도록 힘써주신 세움북스 출판사의 모든 분들께도 깊은 감사를 드립니다. 하나님의 말씀 안에서 우리가 함께 쉼을 누리고 새 힘을 받는 은혜의 집이 되길 희망합니다. 참여하신 모든 분들께 신실하신 주님의 축복을 간구합니다.

강두리, 강민수, 강시철, 강신애, 강지향, 공광식, 공용찬, 구덕모, 구성찬, 구소영,
구한나, 권남궤, 권도균, 권순현, 권연경, 권예찬, 김동휘, 김부전, 김성미, 김성파,
김세영, 김수화, 김신홍, 김연희, 김영숙, 김예진, 김왕범, 김용현, 김윤겸, 김윤희,
김재현, 김정민, 김정석, 김정은, 김종국, 김종인, 김종호, 김주만, 김진열, 김진하,
김진효, 김찬효, 김태진, 김백산, 김해정, 김현국, 김현정, 김현철, 김희원, 나아름,
남은숙, 노석규, 노치훈, 류상민, 류상아, 문은영, 문지련, 문채욱, 박갑수, 박상현,
박상효, 박성환, 박세영, 박은욱, 박정임, 박지현, 박지훈, 박 진, 박진수, 박현익,
배남우, 백상환, 서동휘, 서세우, 성은혜, 손능력, 손동현, 손병희, 손영락, 신규식,
신명철, 신민휘, 신영숙, 신은정, 신현옥, 안 영, 안유리, 양대성, 양성휘, 양태왕,
엄정희, 여설희, 여수원, 염명숙, 예기쁨, 오규자, 오두용, 오상엽, 오세민, 옥진희,
원성국, 원인재, 유성용, 유성희, 유철만, 유효민, 윤봉선, 윤상미, 윤성원, 이동훈,
이상재, 이성규, 이성규, 이성민, 이승민, 이승배, 이영웅, 이영은, 이용표, 이원재,
이윤화, 이정이, 이정혜, 이정호, 이정환, 이제헌, 이종민, 이중헌, 이지현, 이지혜,
이현주, 임미진, 임상민, 임종환, 임형철, 장라엘, 장무한, 장호동, 전대홍, 전지호,
전 혁, 정명숙, 정보경, 정상화, 정시경, 정용순, 정지민, 정혜민, 정혜정, 제찬양,
조영수, 조원종, 조은아, 최귀헌, 최은미, 최정화, 최혜정, 최 훈, 추민정, 팽경순,
하나라, 하미진, 하시운, 하은애, 허민우, 홍순일, 황미숙, 황사라, 황순영, 황영욱,
황제연, 황진철, 황진혁, 황태숙, 황혜빈, 구드보라, 장신대 학생, 마을교회, 묘동교회,
반석교회, 새시대교회, 소토교회, 옥토교회(김순보), 은성교회